- 四川师范大学影视与传媒学院播音与主持艺术专业国家级一流本科专业建设点建设成果
- 四川师范大学2021年"校级规划教材"项目成果

新闻伦理学教程

XINWEN LUNLIXUE
JIAOCHENG

张 骋 徐丛丛 赵琳玉 骆 平 ◎编著

新文科建设·影视传媒类专业系列教材

四川大学出版社

图书在版编目（CIP）数据

新闻伦理学教程 / 张骋等编著. -- 成都：四川大学出版社，2024.1
新文科建设·影视传媒类专业系列教材
ISBN 978-7-5690-6622-7

Ⅰ.①新… Ⅱ.①张… Ⅲ.①新闻学－伦理学－高等学校－教材 Ⅳ.①G210-05

中国国家版本馆CIP数据核字（2024）第029796号

书　　名：	新闻伦理学教程
	Xinwen Lunlixue Jiaocheng
编　　著：	张　骋　徐丛丛　赵琳玉　骆　平
丛　书　名：	新文科建设·影视传媒类专业系列教材
总　主　编：	王　博

丛书策划：侯宏虹　罗永平
选题策划：侯宏虹　罗永平
责任编辑：罗永平
责任校对：吴近宇
装帧设计：墨创文化
责任印制：王　炜

出版发行：	四川大学出版社有限责任公司
地　址：	成都市一环路南一段24号（610065）
电　话：	（028）85408311（发行部）、85400276（总编室）
电子邮箱：	scupress@vip.163.com
网　址：	https://press.scu.edu.cn

印前制作：四川胜翔数码印务设计有限公司
印刷装订：四川省平轩印务有限公司

成品尺寸：170mm×240mm
印　　张：14.125
插　　页：2
字　　数：253千字
版　　次：2024年6月 第1版
印　　次：2024年6月 第1次印刷
定　　价：46.00元

本社图书如有印装质量问题，请联系发行部调换

版权所有　◆　侵权必究

扫码获取数字资源

四川大学出版社
微信公众号

前　言

新闻伦理问题自大众传播媒介诞生以来就一直存在，在"人人都有一个麦克风"的新媒介技术与新媒介生态环境下更是如此。这就是说，当新闻活动的主体不再仅仅是职业新闻人，还可以是普通民众的时候，新闻伦理也就不再仅仅是新闻专业领域的人应该关注的问题，它甚至成了所有人都应该具备的一种公民素养。当然，在这种形势下，职业新闻想要获得社会大众更多的信任，就需要职业新闻人具备更高的伦理道德水平。总之，怎样使新闻业成为道德的新闻业，怎样使新闻人成为道德的新闻人，怎样使社会大众成为具有新闻素养的社会大众，就成了摆在新闻从业者、教育者、研究者面前的一个重大课题。

本教材就是在这样的时代背景下完成的，旨在为新闻专业的学生、新闻从业者和社会大众构建起具有一定理论指导价值和现实应用价值的伦理道德体系。纵观现有的与"新闻伦理"相关的教材，虽然都有一定的价值和意义，但仍然存在一些问题：

第一，教材逻辑尚不够清晰。现行教材都不同程度地兼顾理论阐述与案例分析两条线索，但内容结构的逻辑体系还不够严密，部分版本的教材缺乏系统性。具体表现在：不同内容主题之间的关联性、同一内容主题内在的层次性不明确；知识点逻辑不够明确、边界不够清晰。

第二，教材的理论深度不够。现行教材都不同程度地阐述和分析了中西方著名伦理学家提出的伦理学思想，但对于这些伦理学思想的阐述并不是很深入和透彻，而且部分版本的教材为阐述理论而阐述理论，并没有将这些伦理学思想有效地运用到新闻实践之中。

第三，教材中思想政治教育元素的挖掘不够。"新闻伦理学"是新闻与传播专业人才培养体系中的核心课程，它将新闻学与法学、伦理学融为一体，其课程本身就蕴含着丰富的思政内容。但现行教材对于思政元素的挖掘明显不够，更多的是理论阐述和案例分析，"育人"的效果并不是很好。

第四，教材的案例选择较为陈旧。现行教材在一些案例设计上所选用的材料较为陈旧，存在滞后性，缺乏时代感、典型性、针对性。

针对这些问题，本教材有以下几点特色和创新之处：

第一，本教材积极探索"新闻伦理学"这门课的课程思政建设路径，对于更好地挖掘其思政教育资源，引导学生正确认识新闻的政治性和思想性，树立良好的新闻职业道德、法治观念以及社会主义核心价值观，培养高素质的新闻媒体人才具有重要意义，弥补了现行教材思想政治教育元素挖掘不够的缺憾。

第二，本教材对于伦理学理论有较为深入和透彻的阐述，同时，章节的逻辑结构较为清晰，弥补了现行教材逻辑结构不清晰、理论深度不够的缺憾。

第三，本教材选取的案例很多都是新近发生的，弥补了案例选择较为陈旧的缺憾。

本教材从设计、写作、修改、交稿，前后持续了近三年，由四川师范大学的张骋教授、徐丛丛老师、骆平教授，成都锦城学院文学与传媒学院赵琳玉老师共同担任主编，负责整体框架的设计和最后的校稿。本教材写作的具体分工如下：徐丛丛老师撰写第一章；张骋教授撰写第二章；南方医科大学马克思主义学院硕士研究生何琪撰写第三章；四川师范大学影视与传媒学院硕士研究生张文佳和孙楚童分别撰写第四章的第一节和第二节；四川外国语大学成都学院国际传媒艺体学院曾诗雨老师撰写第四章的第三节；赵琳玉老师撰写第五章和第六章。此外，四川外国语大学成都学院国际传媒艺体学院周钰丹以及成都锦城学院文学与传媒学院的刘艳、陈丽帆、陶思思、王益蓉、王远利、赖佳怡、王菲、曾雅涵等同学也参与了本教材的资料搜集和案例整理。

在此，向这些老师和同学的辛劳付出表示感谢！同时，还要感谢四川大学出版社社长侯宏虹教授和编辑罗永平老师，没有你们的帮助和支持，本教材不可能顺利出版。最后，本教材的出版还得到了学校和学院的大力支持，在此一并表示感谢。

虽然我们为本教材的编写付出了不少的心血，历时三年几易其稿，但是由于水平有限，本教材还存在诸多不足之处，望请各位专家和读者批评指正。

目 录

第一章 伦理学与新闻伦理学 …………………………………………（1）
    第一节 伦理学的基本内涵 ……………………………………（1）
    第二节 伦理学的任务与研究方法 ……………………………（11）
    第三节 新闻伦理学的基本内涵 ………………………………（18）
    第四节 新闻伦理学的研究方法与意义 ………………………（29）

第二章 四种经典伦理学理论在新闻实践中的运用 …………………（35）
    第一节 亚里士多德的"中庸之道"在新闻实践中的运用 ……（35）
    第二节 康德的"绝对命令"在新闻实践中的运用 ……………（38）
    第三节 边沁、密尔的"功利主义"在新闻实践中的运用 ……（40）
    第四节 罗尔斯的"无知之幕"在新闻实践中的运用 …………（42）

第三章 马克思主义伦理学在新闻实践中的运用 ……………………（45）
    第一节 马克思主义伦理思想 …………………………………（45）
    第二节 马克思主义伦理思想在新闻实践中的运用 …………（57）

第四章 新闻伦理追求的三个层次 ……………………………………（77）
    第一节 新闻报道的真实性 ……………………………………（77）
    第二节 新闻报道的社会责任 …………………………………（89）
    第三节 新闻报道的人文关怀 …………………………………（102）

第五章　新闻伦理失范的案例……………………………………（114）
  第一节　新闻伦理失范——虚假新闻……………………………（114）
  第二节　新闻伦理失范——新闻寻租……………………………（120）
  第三节　新闻伦理失范——人文关怀的缺失……………………（129）
  第四节　新闻伦理失范——隐性采访……………………………（141）
  第五节　新闻伦理失范——媒介审判……………………………（154）
  第六节　新闻伦理失范——滥用生成式人工智能………………（171）

第六章　新闻伦理教育与媒介素养的提升…………………………（187）
  第一节　新闻伦理教育……………………………………………（187）
  第二节　媒介素养教育……………………………………………（201）

参考文献………………………………………………………………（218）

第一章 伦理学与新闻伦理学

伦理学是一门历史悠久的学科，公元前5世纪左右，孔子和柏拉图分别揭开了中西方伦理学研究的序幕。千百年来，伦理学在理论家的探索与思辨中不断地完善和发展，形成了较为严密的逻辑结构和完备的理论体系。而以伦理学为母体的新闻伦理学则是一门相对较新的年轻学科，作为一门边缘学科，新闻伦理学既具有伦理学的特质，又融合了新闻学的特点。基于伦理学和新闻伦理学的相似性，两者在研究方法上有诸多相同之处，但归根结底是不同的学科，然而在社会主义现代化建设中，伦理学和新闻伦理学都发挥着举足轻重的作用。下面就让我们一起来认识和学习伦理学与新闻伦理学的相关知识。

第一节 伦理学的基本内涵

当下，伴随着社会和时代的飞速发展，伦理学被注入新的内容，成为具有广阔发展前景的学科，并渗透到政治、经济、教育等方方面面。在具体的研究领域中，伦理学的学科面不断拓展，形成了理论伦理学、实践伦理学、描述伦理学、规范伦理学、应用伦理学、比较伦理学等学科分支。作为21世纪社会科学的"显学"，伦理学正以其旺盛的发展前景和发展潜力走进大众视野。那伦理学到底是怎样产生和发展起来的？我们该如何定义它，它的研究任务又是什么？对这些问题的追溯是我们认知伦理学的基础和关键，要把握伦理学的知识框架和体系就需要从其基本内涵来切入。

一、伦理学的界定与产生

（一）伦理学的界定

每一门学科都有其自身的研究对象，研究对象是不同学科相互区别的重要依据，也是决定不同学科内容和性质的主要因素，所以学习伦理学首先要弄清楚它的研究对象。关于伦理学的研究对象，探讨与争论从未停止过。有人认为，伦理学的研究对象是个体德性，是人的品行；有人指出，善与恶才是伦理学的研究范畴，因为善与恶代表了个体的道德价值；有人指出，人生理想、人生目的、人生意义是伦理学的研究对象；还有人认为伦理学的研究对象就是人的道德行为。尽管伦理学学者对伦理学的研究对象有不同的认知，不同学派的伦理学学者也对伦理学有不同的理解。但他们的观点并非大相径庭，反而在核心内涵层面具有共识性认知，那就是都认可伦理学是涉猎人类道德问题的一门学问。在很多情况下，"伦理"与"道德"也常常联合使用，甚至可以相互替换使用。由罗国杰等编著的《伦理学教程》对这一概念的界定是这样的："随着人类文化的发展，'伦理'或'伦理学'这个概念，一般就是用以表示道德伦理，而'道德'这个概念，则一般用以表示实际生活中的道德现象。这就多少反映出，伦理学是以道德为研究客体的一门科学。"[①]

一般来说，伦理学是一门关于道德的科学，其本质是道德思想观点的系统化、理论化。或者说，伦理学是以人类的道德问题作为研究对象的科学。伦理学的研究对象不仅包括道德意识现象（如个人的道德情感等），还包括道德活动现象（如道德行为等）、道德规范现象等。[②] 所以，伦理学又称"道德哲学"或"道德学"，是一门研究社会道德现象的本质及其发展规律的社会科学，是探讨道德本质和发展规律及人生意义的学说，是关于人的品质、行为和修养的科学，又叫人的道德行为科学。

（二）伦理学的产生

伦理学的产生并不是一蹴而就的，不管是从人类的历史发展来看，还是从

---

① 罗国杰、马博宣、余进：《伦理学教程》，北京：中国人民大学出版社，1985年，第4页。
② 参见文祺：《全国高校专业解读》，北京：北京理工大学出版社，2015年。

伦理学的词源研究来看，伦理学的产生都经历了一个漫长的发展过程。当人猿揖别，人类社会形成后，人与人的道德关系就已形成了，从萌芽期的行为习俗到原始社会后的自身规范，个体道德意识逐渐显现。而抽象层面的伦理思考，出现的时间相对要晚一些。通常意义上来说，奴隶社会是人类开始对道德进行系统思考的一个关键阶段。原始社会瓦解后，剩余劳动出现，人类进入阶级对抗的文明社会，奴隶主阶级与奴隶阶级之间的剥削与被剥削的关系也随之出现。奴隶没有人身自由，作为奴隶主的私有财产，可被自由买卖；奴隶在奴隶主的强迫下劳作，无任何报酬。当然，这种指导人与人之间的行为和关系的"规则"在很大程度上也促进了生产力的发展。与此同时，奴隶制的生存规则又为人们所思考。所以，人们的交往行为抑或是个体自身对他者行为的评判意识就蔓延开来，存在于人类心中的道德发问也不断涌现。社会文明每一次进阶，人类对道德的思考便加深一层。可以说，在人类社会中，人类为了维持自身生存和发展，不断对自己的行为做出适当调整，以完善自己与周遭人的关系。当个体与个体、群体交往过程中所形成的习俗和规范在潜移默化中被固定化和程式化后，关于人际关系的思考便推动着道德观念和道德认识的形成。随着文明程度的提升，较为系统的伦理思想逐步建立起来，于是便产生了伦理学。

其实，上溯到三千多年前的殷商时期，中国人便有对道德思考的痕迹。从出土的商朝甲骨文字已有了"德"字，这说明"德"字的使用频率是比较高的，意义也较为广泛。西周初期的大盂鼎铭文中的"德"则明确具有"规劝"之意。大盂鼎铭文的原文大意为：周王告诫盂（人名），殷代以酗酒而亡，周代则忌酒而兴，命盂一定要尽力地辅佐他，敬承文王、武王的德政。在这里，"德"指按照规范去行事而有所得。在中国最早的典籍中，"德"就是对事物运动和变化之"道"的认识，践履之后才有所得。东汉时刘熙对"德"的解释是："德者，得也，得事宜也"，"德"就是要把关系处理好，尤其是人与人之间的关系要合理得当，唯有如此，自己和他人才能都受益。许慎在《说文解字》中说"德，外得于人，内得于己"，意为以善德对待他人，使他人能够有所收获，将善念存于自己的心中，自己也会有所得。从词源的意义来看，这些解释说明"德"和"所得"有着紧密的联系。在中国古代，人与人的交往发生了利益问题的时候，人们便开始思考道德，尤其是对他人、对自己有所得的时候，即展开道德的反思。

"道德"二字的首次联合出现在先秦老子的《道德经》里，《道德经》曰："道生之，德畜之，物形之，势成之。是以万物莫不尊道而贵德。"意思是，道生成万事万物，德养育万事万物。故此，万事万物莫不尊崇道而重视德。不难发现，这里的"道"和"德"并不属于同一概念。"道德"一词作为同一概念出现，始于春秋战国时期的典籍《管子》《庄子》《荀子》中，真正把"道"和"德"联系起来使用的人首推荀子。《荀子·劝学》曰："故学至乎礼而止矣，夫是之谓道德之极。"这里是说如能一切都按"礼"的规定去做，就是达到了道德之顶峰。"道德"在此被赋予了明确的意义，作为学习的最高境界，它调整和指导人与人之间的关系，并将一定的社会规范和原则转化为个人品德。通过以上分析可看出对道德的思考是许多古代先哲所关注的一个重要问题。而中国早期的哲学，也是围绕着道德问题展开的，公元前5世纪左右，孔子在《论语》中集中论述了孔子及儒家学派的伦理思想、道德观念、教育原则，可以说这是国内最早的规范伦理学，当然，这种研究并不是以伦理学学科的名义展开的，而是以伦理为内容展开的。

与"道德"的概念情况相似，在汉语词汇中，"伦"与"理"最初也是作为两个概念而存在的，"伦"往往是"辈、类"的意思，"理"指代道理、条理。两个字连起来用且作为一个相同的概念最早见于《乐记》，《小戴礼·乐记》曰："乐者，通伦理者也。"这里指明了礼乐在伦理上的教化作用，此时的"伦理"有道德理论之意，就是人与人之间的道德关系和应遵守的行为准则。可以说，中国伦理文化是古人伦理道德意识与自然经济、政治管理、内省参悟相互作用的结果。也正是缘于中国早期文化侧重宏观思维的特点，在很长的一段时期内伦理学未上升为一门独立的学科，尽管中国在伦理道德方面有诸多的长时间研究。大概在清朝末年，"伦理学"才真正成为一门学科名称。当时，日本学者在翻译英文"ethics"时，没有找到恰当的词汇，而后发现汉语中的"伦理"一词很适合阐释其内涵，于是便将"ethics"翻译为"伦理学"，此后我国学者也沿用过来。清末民初，资产阶级启蒙思想家严复在翻译赫胥黎的著作时，借用日文的意译，将其翻译为《进化论与伦理学》。从此，我国学者便把专门研究伦理道德的学问称作"伦理学"。也就是说直到19世纪后期，伦理学才在中国成为一门独立的学说。

在西方,"伦理学"的产生同样经历了哲学家孜孜不倦的探索与研究。我们知道,"伦理学"一词来源于希腊文 ετησs,本意是"本质""人格",也具有"风俗""习惯"之意。早在荷马时期(公元前12—前8世纪),西方人就对伦理进行了分析和思考。最初,他们将"伦理"解释为"住所""驻地""场所",赋予其地域学色彩。后来,在经过了"生活惯例"的释义后,"伦理"又具有"品德""德性""性格"等意义。所以通常来说,"伦理"一词杂糅了风俗、规约、性情、思想方式等内涵,泛指人与人之间符合某种道德标准的行为准则。而最早对"伦理学"这个学科进行命名的西方学者是古希腊的亚里士多德。大约在公元前5世纪,亚里士多德开始关注人的品德与习性,提出了"伦理美德"和"理智美德"之说。他认为伦理美德并非天生具备,而是通过日积月累的性格锤炼来达成的。研究伦理美德的科学被亚里士多德称为"伦理学",之后他在雅典的学园里正式系统地讲授伦理学。他的儿子和弟子将其讲授内容整理出来,汇编成了《尼各马可伦理学》《优台谟伦理学》和《大学伦理学》,这三部著作的诞生标志着伦理学正式成为一门独立的学科。尤其是《尼各马可伦理学》奠定了亚里士多德在伦理学和希腊哲学中的地位,从此,亚里士多德也被后人称作"伦理学之父"。

继亚里士多德之后,斯多亚学派和伊壁鸠鲁学派继续对伦理学展开研究。他们认为哲学应包含物理学、逻辑学和伦理学三大内容。在伊壁鸠鲁学派看来,物理学、逻辑学与伦理学关系密切,它们的关系就像医药、卫生与人体健康的关系:健康是目的,医药和卫生是辅助健康的手段。斯多亚学派认为,哲学就像果园,物理学是果园中的树,伦理学是长在树上的果实,而逻辑学则是果园的围墙。他们还将鸡蛋与哲学来做对照,如果说哲学是一颗鸡蛋,那么逻辑学是蛋壳,物理学相当于蛋白,而伦理学就是蛋黄。所以在古希腊,伦理学是哲学的一部分,是其分支,并且处于哲学的核心位置。同样,中国也十分注重伦理学,中国古代思想家极为重视的诗、书、礼、易、春秋等经典,其主要目的就是通过"为学"从伦理道德上改变人的气质,涵养人的德性。

生产力飞速发展的当下,人们对道德的研究不断加深。在西方,随着经济的繁荣,人们对社会道德机制的了解日益加深,伦理学作为一门学科取得了长足的进展。然而在资本主义社会发展的后期,许多研究者对现代社会中出现的由"贪欲"导致的破坏性和一些由"魔性的欲望"所造成的"道德危机"感到无奈和失望,从而认为伦理学无法解决这些难题。在社会主义社会,物质文明和精神文明齐头并进的发展进程中,道德原则其实发挥着更多的作用,人们对伦理道德的认识更是不断提高,伦理学在引起人们关注的同时也呈现出蓬勃发展的生机。

二、伦理学的学科性质

在众多观点中,关于伦理学的学科性质的探讨依旧存有争议。总体而言,古代哲学家把伦理学看作人生哲学,这是毋庸置疑的。但由于在理解人生问题上,每个人的建树各不相同,所以对人的本性和本质议题也有了分歧。一种观点认为人的本性在于有理性,"道德就被看作人的本质的体现,是人之所以为人的根本规定性,人生活在世界上的目的和意义就是要实现人的这种本质,成为有道德的人。既然如此,作为人生哲学的伦理学就是要研究如何使人成为有道德的"[1]。另一种观点则认为理性作为人的一种特性是不能涵盖其全部本性的,至于人在世上生活的目的,无非就是让自己变得快乐、幸福,而道德不过是实现幸福与美好生活的一种方式。因此,作为人生哲学的伦理学不但要研究道德,还要研究人生如何达致幸福,研究人生终极指向和总体目标的幸福,从这个层面来讲,伦理学又是一门关于幸福的学问,是幸福哲学。因为在社会生活中,它所关注的是人生的根本性和总体性问题,包括人的本质属性、价值尊严、目标追求,这个轴心议题其实就是幸福问题;延伸至更远,幸福是在个人与他人、个人与社会的交集中展开的,作为群居性的高级动物,人与人的关系往往派生出社会之间的关系问题、人与自然宇宙的关系问题。尽管不同时代的伦理学研究有不同的侧重点,但归根结底都着眼于人生的根本性和总体性问题,而这也成为伦理学的学科性质的基本出发点。

伦理学的学科性质取决于其研究对象——社会道德现象。在前文中我们说过,伦理学是一门研究道德的科学,它从道德现象中探究着道德的发展规律和基本原理,正是社会道德的特殊性决定了伦理学既是哲学理论科学,又是社会价值科学,还是实践科学。

首先,伦理学是一门哲学理论科学,是哲学的分支科学。《简明大不列颠

---

[1] 罗国杰、马博宣、余进:《伦理学教程》,北京:中国人民大学出版社,1985年,第23页。

百科全书》是这样表述的："ethics，哲学的一个分支。它研究什么是道德上的'善'与'恶'、'是'与'非'。伦理学的同义词是道德哲学。它的任务是分析、评价并发展规范的道德标准，以处理各种道德问题。"[1] 伦理学在研究道德现象和道德问题时，并不停留在简单的道德事实及单纯描述上，而是深入社会道德现象去挖掘其中的本质及发展规律，论证道德问题背后之所以如此的缘由，揭示其"必然之理"。也就是说，伦理学作为哲学理论科学要为人们认识道德现象、分析和解决道德问题提供思想指导和路径引导。

其次，伦理学是一门社会价值科学。"价值"作为核心关系范畴体现了伦理学的功用，从认识论来说，是指伦理学能够满足社会及大众主体的需要，并能产生效用、效益或效应。人生是由活动构成的，而活动是有目的和指向性的，这种目的和指向性就是价值。人在生活中对事物与行为的认知、把握、评估、选择、追求等活动都以价值为导向，这些活动实则构成了人们生活的全部，也是人类实践活动的全部内容。从这个层面来看，关于人生的哲学其实也是关于价值的哲学。而伦理学的研究倘若只停留在研究人生幸福的问题上是无法真正指导人生的，所以伦理学还要落实到更广泛的人生价值的研究问题上。在社会生活中，人的行为多多少少都会对他人和社会产生一定的影响，这些行为无形之中就成为他人和社会进行价值评判的依据。当人的行为"利"于他人和社会的时候，此人就会获得"善"的评价，其行为价值也凸现出来；当人的行为"不利"于他人和社会的时候，此人就会获得"恶"的评价，其行为是负价值属性的。就社会场域而言，道德价值对人的行为方式和社会活动产生了导向作用，在道德实践中，它使人们形成高尚的行为、崇高的品质、完美的人格，使人际关系融洽和谐，以此构建合乎时代要求的道德规范。所以说，基于对善恶价值的探讨与评判，伦理学能为人们的生活和行为实践提供知识和价值指导，帮助人们树立正确的价值观，为人类生活提供价值引领。

最后，伦理学是一门实践科学。康德曾把伦理学称作"实践理性"，这道出了伦理学的实践性特质，这是因为道德不能脱离纯粹的物质世界而存在，它是主观精神与客观世界的统一，是知和行的合一，道德选择、道德评价、道德修养、道德教育总是通过实践来完成自身使命。实践作为人类生命的存在方式

---

[1] 《简明大不列颠百科全书》第5卷，北京：中国大百科全书出版社，1986年，第456页。

为人们理解自己的本性提供了一个全新的视角，按照马克思的观点来说，人与动物的最根本区别就是实践，实践是人类的基本活动，"全部社会生活在本质上是实践的"①。现在兴起的生命伦理学、伦理社会学、"优死"道德等无不涉及现代人面临的道德难题，而对实践现象的关注与探索也恰恰能为现代伦理学提供发展动力。伦理学的实践特质还表现为道德在社会生活中通过"实践精神"的方式来掌握世界，表达其人文关怀。道德掌握世界的手段并非依附权威，而是在扬善惩恶的过程中潜移默化地增强人的主体意识和选择能力，以此提高人的道德修养。作为一种实践精神，伦理学直接导向人的行为，指导人的行为目的，使主体自觉化、道德化。伦理学的实践性也力证着只有在实践的基础上才能建立科学的实践理论。

三、伦理学的基本问题

伦理学体系虽涉及非常丰富的内容，但毋庸置疑的一个事实是，此体系中存在着一个基本问题，这个基本问题制约着该学科的发展，也是其本原的关键，这就是伦理学的基本问题。

一种观点认为伦理学的基本问题是善与恶的问题。苏格拉底曾将"善"看作道德的最高范畴，在他看来，哲学的最高范畴就是善，他认为宇宙中万事万物都有着一个确定的秩序，这个秩序的存在有其必然性，那就是为了某个目的，而这个目的就是宇宙万物和人类的最终目的——善。可以说在苏格拉底的伦理哲学里，无论是人的自我生活还是社会生活，皆以通达善为旨归。在个人层面上，善良是生活的最高目的和维度；在社会层面上，善良是所有社会生活的目的和最高道德价值。柏拉图则认为，善就是知识，"善的范型是最高的知识，所有别的东西，唯有利用善的范型，才能变为有用和有益的"，"没有善的范型，则其他任何的知识或财产，都于我们毫无益处"。②柏拉图还认为善

---

① 马克思、恩格斯：《马克思恩格斯选集》第1卷，北京：人民出版社，1995年，第56页。
② 周辅成：《西方伦理学名著选集》上卷，北京：商务印书馆，1964年，第165页。

是最高理念，世界的本原是精神性的理念，我们的感觉及我们所接触的世界是不真实的，精神理性才是真实且崇高的，所以真正的幸福与快乐在于作为精神理念的"善"。在中国的伦理哲学中，人性善恶的研究也是一个核心议题，孟子的"性善论"、荀子的"性恶论"以及告子的"性无善恶论"，都是对善恶问题的伦理思考。善与恶的关系是人类道德现象中的一组矛盾，也只有在道德中才存在善与恶的问题，也只有伦理学才研究善恶矛盾，尽管其他学科也涉及善与恶，但并非专门研究善恶问题。善与恶的矛盾是道德发展的动力，它存在于一切道德现象中，也贯穿于人类道德生活的一切领域，将其视为伦理学的基本问题无疑是合理的。

另一种观点认为伦理学的基本问题是"实有"（实然）和"应有"（应然）的关系问题。"实有"代表的是"事实""是"；"应有"则是"应当""价值"。通俗地讲，实有是客观的，应有是主观的。从词意来看，两者分属于不同的领域，能否从"事实""是"中推导出"应当""价值"似乎成了一个争论不休的难题，这也是哲学史上著名的"休谟难题"。这个问题的回答似乎是辩证的，因为有两种答案，一种认为通过"是"不能推导出"应当"。在休谟看来，道德不是由理性产生的，道德更大程度上是感性的，它只可能是感性产物，甚至是激情作用的产物。情感活动直指意志发动，并产生相应的行为，所以情感构成了人的行为活动最真实的运动。"理性是，并且也应该是情感的奴隶。"[1] 理性可使人们做出对某行为的真假判断，情感却像尺度一样，能告诉人们对某行为的善恶判断。基于此，结论就是从真假出发不能够推导出善恶，不能从"是"中推导出"应当"。另一种观点与之相反，认为从"是"的经验中可以推导出"应该"的价值判断。美国伦理学家麦金太尔指出，道德与情感有着密切的联系，但把道德建立在感性情感上是不科学的，对此他举了这样一个例子：根据一块手表走得很不准确、戴起来又不舒服的事实，可以推断出这块表是坏的。因为我们是基于这块表的原有功能来界定它的，我们不能完全独立于好表的概念来界定表，所以"任何从断言某适当标准被满足了的诸前提，推出一个'这是一个好某某'的结论（而这里某某指的就是一个具体的功能性概念）的论证，都将是从事实性前提推出评价性断言；如果有人要提出某种修正方案使

---

[1] 休谟：《人性论》下册，关文运译，北京：商务印书馆，1980年，第453页。

'是'前提不能生'应该'结论的原则成立,那么必须将所有涉及功能性概念的论证都排除它的范围"①。可见,"事实""是"与"应当""价值"虽分属不同的领域,"是"不能简单地推导出"应当","事实"也并不能直接等同于"价值",但在社会生活中,它们有着千丝万缕的联系,两者相辅相成。在面对诸多可能性时,人类有必要做出选择,这种选择不是随意的,大都是基于实际情况和客观事实来进行的,但人类活动的目的在于改变世界,此时必然要用"内在尺度"对事实对象进行分析,这个过程就是一个依据"价值""应当"来确定改造对象方向的过程。

还有一种观点把道德与利益的关系问题视为伦理学的基本问题。这是目前占据主导地位的观点,也是最符合伦理学实质和要义的,因为其他诸观点大体可视为道德与利益关系问题的延伸或表征。此观点主要包含两方面内容。一是物质(经济)利益和道德之间的关系问题,即物质利益决定道德还是道德决定物质利益,对于物质和经济而言,道德有没有相对独立性,道德对物质与经济有无反作用。对这个问题的不同回答决定着对道德的起源、本质、作用和发展规律等一系列问题的不同解决。二是人们的利益关系问题,即个人与个人、个人与社会集体、社会集体与社会集体之间的利益关系问题。在这三种关系中,最重要的是个人与社会集体的关系。个人利益与社会集体利益是一致的还是不一致的?当两者发生冲突时,是个人利益服从社会集体利益还是社会集体利益服从个人利益?对这些问题的回答决定着道德体系的性质、道德原则的内容,也决定着道德行为的选择、评价差异。一般来说,个人利益应服从社会集体利益,但需注意的是,不能仅仅从是否强调社会集体利益来划分各种伦理学说的进步与落后。在特定历史时期,所谓的社会集体利益如果体现为剥削阶级利益,先进阶级为了反对旧的统治者,理应强调重视个人利益,如此以个人利益为中心反而具有进步意义。因此,对伦理学要做具体的历史的分析,要看其所代表的阶级在社会发展中所处的地位和实际起到的作用。

将道德与利益的关系问题看作伦理学的基本问题,具有普遍的现实依据和广泛的说服力。其一,伦理学本身以道德现象为研究对象,道德与利益反映着

---

① A. 麦金太尔:《追寻美德:伦理理论研究》,宋继杰译,南京:译林出版社,2003年,第73页。

人类道德生活领域各种现象形态中最简单、最普遍、最根本、最经常存在着的事实,它提炼和概括了伦理学的基本内容。在人类生活中,利益是推动道德形成及发展的重要因素,道德的根源深藏于社会经济关系所表现的利益中。没有奴隶制的利益关系,就不可能有奴隶社会的道德;没有封建制的利益关系,就不可能有封建社会的道德。道德的使命就是调节社会中的各种利益关系,并为社会利益关系服务。道德与利益的紧密关系奠定了其在伦理学中的地位。其二,道德与利益的关系问题是研究和解决其他一切伦理问题的前提和基础。解决好了道德与利益的关系问题才能去解决其他问题,尤其是利益关系问题的解决,决定着道德体系原则和规范的确定,决定了对各种道德活动的标准与方法等问题的处理。其三,道德与利益的关系贯穿伦理思想发展的始终,围绕这一问题,古今中外各派伦理学者都对道德给予了不同程度的探讨,尽管涉猎范围很广,观点各不相同,但始终都是围绕着道德与利益的关系展开研究。在马克思看来,道德的基本问题就是利益问题。"'思想'一旦离开'利益',就一定会使自己出丑。"[①] 而利益取决于人们的社会物质生活条件,因此,道德和利益直接发生联系,并贯穿于社会生活中。

第二节 伦理学的任务与研究方法

每一门学科都有其特定的任务与研究方法,没有特定的任务和研究方法的学科是无法立足学科界,甚至无法存在和发展的。伦理学作为一门古老而常新的学科,恪守着自身的使命任务,在社会主义道德建设中发挥着服务和指导的功能。这些任务与伦理学学科自身的性质有关,同时也反映着一定时代的要求。而伦理学的研究方法随时代和社会发展也在不断更新和完善,所以我们在学习了伦理学的基本内涵后,还需掌握和了解伦理学的任务和研究方法。

---

① 马克思、恩格斯:《马克思恩格斯全集》第2卷,北京:人民出版社,1957年,第103页。

一、伦理学的任务

伦理学这门学科的任务是什么？我们认为，每门学科的任务应该根据其研究的对象和一定时代、社会的要求来考虑。那么结合实际，在当代社会主义中国，伦理学的任务既包括理论方面，也包括实践方面。这就要求伦理学工作者要将理论研究的成果应用到实践中去，推动社会主义道德建设，同时要回答社会生活中提出的一系列理论问题，拓宽伦理学研究的视野，丰富伦理学研究的内容。具体说来，当代中国伦理学研究的任务包括以下四个方面。

（一）科学揭示道德的根源、本质、发展和规律

从历史发展的角度来看，人类道德的发展经历了不同的阶段，具有不同的历史类型。伦理学要全面审视人类历史上各种道德类型的发展，深入研究道德现象，建立学科理论，与此同时，还要明确道德的起源、本质、发展和规律等基本理论问题。马克思主义强调道德不是脱离历史发展的抽象概念，而是经济基础的反映。再者，道德关系作为建立在经济基础上的关系，也与其他政治和法律关系相互作用、相互影响。因此，在唯物史观的基础上，辩证、科学地讨论道德规律，是伦理学研究中应该解决的一个重要问题。所以，当代中国伦理学特别需要揭示共产主义道德和社会主义道德产生与发展的客观必然性和客观规律性，更应结合社会主义的特点，科学而全面地总结建设社会主义条件下的道德特征及其规律，更好地指导人们的社会生活与道德行为。

（二）总结和明确与社会主义市场经济相适应的社会主义道德标准体系

对于一个社会或一个阶级而言，基本的道德原则、重要的伦理道德规范、人们公共生活的规范以及人与人之间关系中某些特殊方面的要求，构成了一个社会或阶级的道德规范体系。我们如果不讨论规范体系，就不可能建立科学的伦理学，也不可能加强伦理学的系统性。改革开放后，我国实现了从计划经济向社会主义市场经济的重大转变，这种转变的背后必然需要建立相应的法制和道德体系。因此，当前要建立中国特色社会主义道德体系，必须要正确认识市场经济与道德建设的关系，必须厘清什么是社会主义道德体系的核心、原则和

规范。

社会主义道德规范体系是一个开放而包容的体系，其内容不是一成不变的，它会随着社会生活的发展而不断补充、更新和完善，其中也必然涉及许多辩证关系和重要的理论问题，这种发展特点决定了伦理学的当代任务。

（三）探索和研究培养社会新人的规律和个体自我完善的途径

伦理学作为一门实践学科，其主要目的是将伦理道德的科学认识深入人们的意识，并转化为道德实践。自古以来，按照一定社会的道德要求培养和教育社会成员，敦促个体自我完善，一直是伦理学的一项重要任务。伦理学要不断地发展和被社会重视，就必须立足于某一阶级，运用一定的原则和规范，采取必要的培养和教育方法，陶冶人的性情，增强人的品格，以培养社会所需人才。在社会主义市场经济条件下，精神文明建设的核心问题就是提高人的道德素质，所以伦理学要完成塑造新人的任务，需发扬与时俱进的精神，辅以改革传统的道德教育的内容和方法，来推动和强化社会个体成员的道德修养。

（四）思考和研究社会生活提出的新的伦理问题

现代经济和科技发展引起的社会实践变化，为伦理学带来了许多新的道德课题，当代中国伦理学不应"闭门造车"，更不应局限在"书房"内，而是要积极应对时代新挑战，在挑战中拓展研究思路，以实现学科的不断发展。从伦理思想的角度来看，在建设社会主义精神文明的过程中，马克思主义伦理学必须以唯物史观为指导，科学分析和批判历史上一切旧的道德理论，辨明其精华和糟粕，并根据社会实际生活的进程和需要，批判错误的观念，继承科学的、合理的因素和成分。尤其是在面对国际化大潮，面临道德观念转变的过程中，应多关注社会主义市场经济发展的要求与道德规范体系之间的关系，传统文化与现代化的碰撞与冲突关系。当下，科学技术在推动当代社会发展的同时，也给现实生活带来一些负面效应，这都是伦理学应反思和协调的。面对社会生活提出的新的道德课题，伦理学的任务任重而道远。

二、伦理学的研究方法

每门学科的研究对象都有自己的特点，因此每门学科必须根据自己学科的不同特点，发展出独特的研究方法。伦理学作为社会科学的一门特殊学科，不仅要以一般科学方法和社会科学方法为指导，而且要以本门具体学科的方法为指导。从伦理学的发展史来看，它已建立起一套属于自己的研究方法，在古今中外伦理学家的著作中，都有着诸多特殊方法。随着各门具体学科的发展，以及人们对社会科学的进一步认识，伦理学研究中的具体方法又有了新的发展与更新。总的来说，伦理学研究已形成了辩证唯物主义与历史唯物主义统一、理论与实践统一、事实与价值统一、逻辑与历史统一、推己及人与自我省察统一的方法。

（一）坚持辩证唯物主义与历史唯物主义统一的研究方法

对于一般科学或研究整个自然、人类社会和人类思想现象的科学而言，当今最基本的方法就是唯物辩证法。唯物主义辩证法具有科学性和实践性，它是人类在生产实践、科学实践、阶级斗争等实践基础上产生的，是人类智慧的伟大成果。恩格斯早在一百多年前就曾指出："我们所面对的整个自然界形成一个体系，即各种事物相互联系的总体。"[①] 又说："这些问题是相互联系着的，并且正是这种相互作用构成了运动。"[②] 恩格斯还特别强调，辩证法"以近乎系统的形式描绘出一幅自然界联系的清晰图画"[③]。所以，辩证唯物主义是从物质世界、人类社会和人类思维的发展中所概括出来的最完整、深刻的关于发展的学说。同样，历史唯物主义的方法也构成了社会科学的重要方法，唯物史观是马克思主义哲学中关于人类社会发展的一套理论，是科学的社会史观，是认识和改造社会的科学方法论。历史唯物主义认为，历史进程中所有事件发生的根本原因在于物质条件的改变，社会历史的发展有其内在的客观规律。而考察人类社会的道德现象，最重要的和最应做的就是把道德现象置于一定的历史条件中，特别是放在当时的经济关系和政治制度、文化形态中来进行研究，如此才能做出全面的、历史的和具体的分析，才能得出科学的回答。在社会主义条件下，坚持辩证唯物主义和历史唯物主义的世界观和方法论，特别要以习近平新时代中国特色社会主义思想为指导，只有这样，伦理学研究才能体现

[①] 马克思、恩格斯：《马克思恩格斯全集》第20卷，北京：人民出版社，1971年，第409页。
[②] 马克思、恩格斯：《马克思恩格斯全集》第20卷，北京：人民出版社，1971年，第132页。
[③] 马克思、恩格斯：《马克思恩格斯全集》第4卷，北京：人民出版社，1958年，第242页。

出鲜明的中国特色、中国风格和中国气派，才能为实现中华民族伟大复兴提供科学的理论支撑和价值引领。

（二）坚持理论与实践统一的研究方法

理论联系实际是马克思主义的最基本方法，也是一切哲学社会科学研究的基本方法论原则。目前，伦理学的研究有两个方面需要特别强调，一是要关注和处理好历史与现实的道德关系，从中推导出具体的道德规律。人类社会与现实生活都是复杂且多变的大系统，要从社会系统的总体全面地、联系地、发展地研究伦理道德现象、伦理道德理论，深刻地洞察其来龙去脉，精确地把握其本质特征，以界定它们在社会生活中的地位和作用。不能孤立地就事论事，抽象地从理论到理论，要用联系的眼光去把握道德与政治、经济、文化、宗教、艺术等之间的关系，深入分析影响与冲击伦理道德发展变化的各种因素。二是应特别注意正在发展变化的社会实际。世界本就是发展变化的，伦理学要随时掌握社会发展的动态，积极展开调查研究，结论产生于调查研究之后，而不在之前。当然要加强科学的调查研究，把握实际情况，掌握第一手资料，然后再进行理论的分析解剖，这样才能真正认识社会的道德现实本质和规律。要坚持从实际出发，针对社会发展过程中不断出现的新情况、新问题，切实解决道德观念的转变和更新问题；可通过实地考察、参观访问、座谈讨论、典型案例等分析方法，针对各种伦理道德问题进行实事求是、有的放矢的研究；要深入研究人的心理行为，从人的实际境遇中，从人的需求和追求中，从现实的社会人际关系中去分析、考察人的心理体验和道德实践活动，做到知与行的统一。

（三）坚持事实与价值统一的研究方法

事实与价值的关系是哲学社会科学研究方法论的重要内容。哲学社会科学的研究要坚持实事求是，坚持事实与价值相统一。对于伦理学而言，就是既要研究道德事实，又要研究道德价值。道德是一定的经济关系的产物，道德实际上是从作为经济关系的表现的利益中引申出来的。道德现象之所以区别于其他社会现象就在于它是以人们的利益为基础所形成的善恶关系。任何道德都是一定社会的阶级、阶层或集团的利益的反映，并为一定阶级、阶层或集团的利益服务，离开了利益，就无从认识道德的产生和发展，无从认识道德的本质特征，无从认识道德的功能作用。因此，从人类历史的发展来看，在人与人的关系中，在对待自己、对待他人和对待社会方面，哪些是有价值的，哪些是无价值的，哪些是负价值的，这些是伦理学特别要研究的。并且人们的主观态度，人作为主体对客体的关系，也证明了伦理认识总是同从一定利益出发的人们的主观评价相联系的。在阶级社会中，这种主观评价带有阶级的特点；在一个阶级内部，不同的阶层对事物的评价也是不一致的。这就是说，伦理认识总是由一定利益关系所制约的人的评价与分析。应当指出，尽管不同利益的人对善有不同的认识，但是，只有代表历史进步的先进力量的个人或群体的认识与评价，才真正是善的。所以，正是在利益的基础之上产生了道德问题，重视利益、分析利益、调节利益成为伦理学必须面对的问题。坚持事实与价值统一的研究方法就是在遵循事实的基础上，冷静客观地用价值分析的方法来考察、研究社会伦理道德现象，要通过对利益关系的分析揭示社会道德观念、价值观念形成的根源和变化的动力，找出社会价值和个人价值相互关系的内在依据，认清道德价值的本质特征。基于事实，做出正确的价值评判既有利于伦理学研究的纵深发展，也有利于从更高层次上认知社会道德。

(四) 坚持逻辑与历史统一的研究方法

坚持逻辑与历史统一的研究方法，由黑格尔初创，后经马克思、恩格斯予以唯物主义的改造和完善。逻辑与历史的统一，要求我们在伦理学的研究过程中既要遵从历史的客观进程，又要善于对历史事实做出符合逻辑的理论提升。一方面，要把道德放在具体的历史中分析，把道德置于人类历史发展的过程中进行研究。要多关注社会的发展，尤其是不断变化的道德意识、道德规范和道德活动。马克思主义伦理学反对对道德进行抽象的、超历史的孤立片面分析，重视从道德发展的各种内外机制及其相互联系的考察中得出客观、全面的科学结论。同时，在处理道德评价、道德建设等现实道德问题时，也要站在历史的客观立场上，结合历史发展阶段来审视和剖析道德，不能无视道德进步的可能性，也不能刻意拔高道德。另一方面，要善于运用逻辑思维方法对伦理事实进行理论提升，不能依靠直觉，而必须运用科学的抽象思维。这就是要把在事实基础上得到的感性的或表象的具体，在思维中提升为抽象的规定性，并在思维中加以综合，把各种抽象规定结合为"思维中的具体"，从而得到关于现象的本质认识。例如，从道德现象中得出对道德的特殊本质的认识，就必须从大量道德现象的事实中剔除一切直观的、直接的具体因素，抽象出"对人的活动和关系的规范调节"这个一般规定。然后再从历史起源和发生过程中，把道德的规范调节同其他社会规范调节区别开来，从而进一步找出道德规范调节的特殊规定性。而这种分析，必须是选取道德现象的完成的、典型化的形态，从这种形态中把握逻辑与历史的统一。对道德结构的分析、对道德原则和规范的分析，以及对个体道德的分析，无不是运用逻辑与历史统一的方法进行剖析，把握道德现象中的结构、模式、本质和规律的。离开此方法，很多伦理学的研究是行不通的。

（五）坚持推己及人与自我省察统一的研究方法

对道德现象的观察和研究，特别是个体伦理学的研究，往往将推己及人与自我省察的方法结合起来。所谓推己及人，就是从自己的特殊需要、愿望和追求推向他人的需要、愿望和追求，从而观察和理解他人，有意识地调解自己与他人的关系。这种推己及人的方法，实质是一种"换位思考"的模式，即从自己所需之中推导出别人所需，在与人交往的过程中尽量换位思考，理解和帮助他人。从"类"观念视角出发对他者进行推知，就是把他者当作自己的同类（同一人类、同一民族、同一阶级、同一家族等），按照同类的本来面目来对待他者。当然，在阶级社会和阶级斗争中，这种对自己和他者的同情非常有限，但从伦理学研究的角度来看，仍然是一种值得采用的方法。由于伦理学主要关注人的道德活动、道德意识和道德规范，对这些现象的理解除了遵循唯物主义认识论的基本原理，贯彻实践—认识—再实践—再认识的原则，对于道德自觉原则，特别是在考察"良心"方面，也必须肯定内省的重要性。唯心主义心理学家经常将所谓的内省视为心理学的基本方法，认为心理现象只能通过内省或自省才能认识，而不需要社会实践对这些从内省和自省得来的认知的检验。这种说法当然是错误的。辩证唯物主义认识论认为，道德意识现象会受到个体生理、心理等各方面的影响，只要正确运用通过自我省察获得的认识，并把这种认识与人的道德活动结合起来，同时用道德活动来检验由自我省察所获取的认识，那么，这种方法就应该是一种积极有效的方法，特别对于研究意识现象是不可缺少的道德辅助方法。

最后，对伦理学的研究来说，心理学的方法、教育学的方法、社会学的方法也具有借鉴作用，如观察实验的方法、个案研究的方法、调查统计的方法等。对于控制论和信息论中的某些原理，除作为一般的方法论外，也可以在辩证法的指导下，成为研究伦理学的方法，如反馈原理，对于研究社会的道德教育、个人的道德修养都能产生一定的作用。伦理教育的目的是要在特定时间内对受教育者施加影响，提高其道德觉悟，因此，这些方法并不是孤立的，而是相互联结、相互渗透和相互影响的，它们都是伦理学研究的有效方法论。

第三节　新闻伦理学的基本内涵

新闻伦理学是我国新闻理论界和伦理学界早已认可的一门新兴学科，既是伦理学的一个分支，也是一门边缘的交叉学科。新闻伦理学以伦理学为母体学科，既有伦理学的特点，同时又有新闻学的特点，但它又不是新闻学和伦理学简单的叠加。到底什么是新闻伦理学？对于这个问题的回答，需要学者们系统而深入地研究。研究新闻伦理学，首先要明确新闻伦理学的基本内涵，这是把握和学习新闻伦理学的关键，否则，此项研究就无法深入进行下去。在这一节里，我们需从伦理学的界定、学科产生与发展历程、研究范围与研究特征来探讨这个首要问题。

一、新闻伦理学的界定与形成

（一）新闻伦理学的研究对象

合理且科学地界定研究对象，对一门学科的建构关系甚大。新闻伦理学的研究对象应该如何界定，在目前是一个有争议的问题，这就如同伦理学的界定争议，充满了思辨色彩。目前，关于新闻伦理学的研究对象形成了两种观点。一种认为，新闻伦理学的研究对象是新闻工作者的职业道德。持这种意见的代表是两部新闻学辞典对"新闻伦理学"词条的表述。由余家宏等编写的《新闻学简明词典》（浙江人民出版社，1984）指出，新闻伦理学是研究新闻工作者的职业道德产生与形成规范的科学，其内容包括：新闻道德的产生、发展的历史；新闻道德的内容、规范、作用；新闻道德与新闻法制、公共道德的关系等。在甘惜分主编的《新闻学大辞典》（河南人民出版社，1993）里，新闻伦理学也是研究新闻工作者的职业道德和行为规范形成及其规律的学科。还有一种观点与之有差异。1995年，中国新闻学院周鸿书教授在《新闻伦理学论纲》一书中做了具体的阐释。周鸿书认为，新闻伦理学研究的范围划定得过窄，完全忽略了新闻媒介，尤其是新闻媒介的社会道德功能。在周鸿书看来，新闻伦理学的研究对象除了新闻工作者的职业道德，还应包括新闻媒体的道德功能，所以，"新闻伦理学是以新闻道德现象为研究对象，并视其为研究的唯一客体。它是阐明新闻道德的起源、发展及其社会作用，揭示新闻道德的本质及其发展规律的学说；是用一般伦理学的原理、原则解决新闻实践活动中人与人的道德关系、行为规范，以及新闻媒介的社会道德功能的一门科学；还是研究新闻从业人员道德品质和道德修养的一门学问"[1]。周鸿书进一步指出，新闻伦理学的研究内容相当广泛，涉及记者、编辑、采访对象、读者，要处理好新闻与事实、传者与受众、新闻传播与社会利益，以及新闻机构本身内外上下各方面的关系。由此可见，这两种观点的关注点不完全相同，前一种关注的焦点是新闻工作者的职业道德，后一种聚焦于新闻工作者的职业道德和新闻媒介的社会道德作用。

1996年，华中理工大学的周秦颐发表《新闻伦理学研究对象和研究范围辨析》一文，在周秦颐看来，新闻伦理的研究对象应该是记者的职业道德，不应包括新闻媒体的道德功能，因为两者是截然不同的，"新闻职业道德是对人——新闻工作者的道德要求的反映，而新闻传媒的道德功能，是对产品——新闻传媒的道德作用的要求。前者研究新闻工作者在新闻实践活动中的种种道德现象，无疑应是新闻伦理学研究的对象；后者研究新闻传媒在社会道德建设中有什么作用以及怎样发挥作用，如同研究新闻传媒在社会政治、经济、文化、法制等方面的建设中有什么作用以及怎样发挥作用一样，是新闻传播规律研究的重要内容，而新闻传播规律，正是新闻学的研究对象"[2]。周秦颐进一

---

[1] 周鸿书：《新闻伦理学论纲》，北京：新华出版社，1995年，第13页。
[2] 周秦颐：《新闻伦理学研究对象和研究范围辨析》，《华中理工大学学报（社会科学版）》，1996年第11期，第79页。

步指出，新闻媒介在促进或危害社会道德方面的经验教训是历史新闻学的研究对象；新闻媒介在社会道德建设中的地位、作用、任务是理论新闻学的研究对象；新闻媒介在采、写、编、评等业务活动中实现促进社会道德建设的功能隶属于应用新闻学研究的对象。所以，新闻媒介的道德功能不宜划为新闻伦理学的研究对象。与这种观点相呼应，1993年4月，美国堪萨斯州立大学大众传播学院副院长保罗·帕森斯（Paul Parsons）曾进行了一次关于新闻伦理学的座谈。他说："我们把新闻伦理学定义为'知道新闻工作者行为的道德原则系统'。"这个定义虽有不甚明了、准确之处，但也把新闻伦理学的研究范围框定在新闻工作者的职业道德和行为规范。尤其是他提出的"道德原则系统"，非常有价值。

要确定和界定一门学科的研究对象，首要目标就是弄清楚该学科所要解决的问题。基于这样的认知，我们基本赞同周秦颐的观点，即新闻伦理学研究的对象应集中和框定在新闻工作者的职业道德范围之内。其实，这个范围要研究的内容有很多，并不狭窄，当然在研究的过程中，较多地关注新闻媒体的社会道德功能，并把这种关注和新闻工作者的职业道德联系起来考察，也是顺理成章的。

（二）新闻伦理学的产生

伦理学因道德而产生，新闻伦理学也不例外，源于新闻道德的发展。新闻道德形成于近代报业，勃兴在现代新闻事业之中。现代新闻事业使新闻道德得到了比较充分的发展，形成了规范性的新闻道德准则。在此基础上，新闻学学者们在不断地研究中创立了新闻伦理学，建立起新闻道德的思想理论体系。新闻道德和其他道德一样，都是由当时社会的经济关系决定的。现代社会的经济形态主要是资本主义和社会主义两大类，因而新闻伦理学也分为两种基本类型，即资产阶级新闻伦理学和无产阶级新闻伦理学，后者在现阶段又称为社会主义新闻伦理学。

1. 西方新闻伦理学的产生

现代新闻事业是资本主义经济发展到一定程度的产物。早在十五六世纪西方资本主义商品经济萌芽时期，手抄新闻纸就产生了，首先出现在地中海沿岸的威尼斯。现存最早的手抄新闻纸是1556年的《威尼斯公报》。随后，罗马、米兰、巴黎等城市也出现了手抄新闻纸，此时的手抄新闻纸是具有鲜明商业性的有偿传播媒体，也是西方近代报业的雏形。随着手抄新闻纸的广泛传播，其内容不再局限于经济和商业信息，甚至涉及反教会、反王权等诸多信息。在16世纪末17世纪初，西方手抄新闻纸在成为近代报纸的同时也充当着资产阶级的耳目喉舌。1660年世界上第一份真正意义上的报纸《莱比锡新闻》创办。在这个时期，报刊成为资产阶级反对封建专制制度，争取出版自由的舆论喉舌，表现出强烈的党派性质。19世纪30年代，在工业革命的推动下，一种面向社会大众、以盈利为目的，以刊载社会新闻为主要内容的廉价报纸出现，直到19世纪后半期，报业有了广泛的发展，还出现了新闻通讯社和广播电台等众多现代新闻媒介。与此同时，国际上有几家新闻通讯社也相继诞生，并显现出通讯社作为"新闻事业之总枢纽，传播媒介之总耳目"的独特功能。例如，1844年美国纽约六大报成立"联合采访部"，1900年正式定名为美联社，1901年美国创办了合众社；1849年德国创办了沃尔社；1850年英国创办了路透社。

在西方资本主义经济繁荣与发展的过程中，无产阶级同资产阶级的矛盾不断加深，而与资产阶级报刊相对立的无产阶级报刊也纷纷创办起来。马克思、恩格斯和列宁先后创办《新莱茵报》和《星火报》，还参与和指导了许多报刊的实际活动。他们以报刊为思想武器推动着无产阶级的革命事业，当然也在报刊中提出了一些新闻道德原则。然而，西方资产阶级当时流行的新闻理论宣称报业是独立的，报纸是业主的私有财产，业主自负盈亏，享有绝对自由。如此一来，西方报业带来诸多社会矛盾，一方面，私人报纸业主利用自由为资本主义制度服务，为资产阶级利益服务；另一方面，他们为了获得高额利润，争夺读者和市场，不择手段地抢新闻，诸多报纸甚至还刊登着色情、凶杀、抢劫等噱头性的新闻或图片。这极大地危害了社会道德，并引起广大读者和社会人士的不满，于是社会上出现了要求把新闻自由同社会责任联系起来的声音，要求政府对这类不负责的报刊进行干预，同时提出要探讨新闻职业道德问题，制定新闻道德法规。一些报刊的业主迫于压力主动订立了本报新闻道德规约，但都是针对记者的相关规定。

1874年，为了维护新闻事业的尊严与责任，防止内部的腐化和外界的攻击，瑞典成立了舆论家联谊会，主动建立了新闻事业工作标准，即新闻道德准则。1896年，《纽约时报》发行人奥克斯在报头上印上了一句箴言——"所有的新闻都是适宜刊登的新闻"，以此告诫从业人员重视职业道德。该报也以不登商业广告、不滥登社会性新闻的严正态度和行为树立了美国严肃性报纸的一面旗帜。这标志着新闻从业人员的自律开始受到重视。1904年，普利策在《北美评论》上发表了《新闻学院》一文，对报人的职责提出了具体要求，因此成为新闻伦理学的奠基之作。该文认为报人的理想和愿望应该是崇高且神圣的，报人应明确自己的目标和追求，对于本身所接触的问题具有准确的知识和最诚挚的道德责任感；报人还应该服务社会，促进共同利益发展，而不是受制于商业利益或追求个人利益。1908年，美国著名新闻学者华特·威廉斯（Walter Williams）创办了美国第一所新闻学院——密苏里大学新闻学院，其宗旨是提高学生的新闻道德水平，培养新闻专业人才。为此，他还主持制定了《记者守则》，首次系统地提出了新闻职业道德规范。基本内容是：新闻是一种专门职业；一份大众的报纸应为大众所信赖，如果没有完全做到为大众服务，就辜负了这种信赖；思路清晰、表达清晰、正确公正是做好新闻工作的基础；记者应该写他深信不疑的事实和事件；如果不是为了社会公益，就不应该没有理由禁新闻；如果不是为了社会公众利益，就不应该为禁载新闻做辩护；作为记者，别人不想谈的、不愿意谈的，不应该写出来；广告、新闻和社论应为读者的最大利益服务，并遵守真实和诚信的标准；最成功和最能取得成功的新闻业必须敬畏上帝，尊重人类，坚持超然的态度，不为偏见和权力欲望所左右。这被认为是世界上最古老的新闻道德准则文件，先后被翻译成50多种文字，广为流传，并被世界报业协会采用。

　　第二次世界大战后，有二十多个国家相继制定了新闻道德规约等条例，作为新闻从业者道德自律的准则。此外，一些新闻机构为了协调各方面的关系，也制定出各种新闻道德准则，提出明确的新闻媒介和记者的新闻规范，确定了新闻报道必须遵循的道德原则。还有一些新闻行业根据社会的要求和本行业的共同需要，在新闻机构"信条""守则"的基础上，制定出有行业特点的新闻规约。1923年，美国报纸编辑人协会通过了由《纽约环球报》创办人赖特执笔的《新闻界信条》，其主要观点是：新闻自由是作为一项极其重大的权利而得以维护的，新闻记者不应为了任何自私或其他不正当目的而使用其权利，即为不忠于其所承受的一种崇高的信托——新闻事业应该忠于读者，忠于社会利益；新闻报道应避免含有成见以及损人名誉或传播卑劣行为的诱导因素。此后，西方新闻职业团体纷纷制定各自的职业道德规范。1953 年，英国成立报业总评议会，对新闻职业道德问题做了总结性的规定，其体制比较完善，成为许多西方国家仿效的样板。随着"信条""守则"和"规约"的产生和实施，许多西方新闻学学者开始对新闻道德进行了深入的探讨。他们认为只制定条例还远远不够，还应给予合理的理论阐释，这样便于人们的理解，也利于规约的贯彻实施。在对新闻道德问题的横向研究和纵向研究中，新闻研究者不断提出一系列的新闻道德理论，于此便逐渐形成了新闻道德科学，即新闻伦理学。

2. 中国新闻伦理学的产生

作为一门学科，新闻伦理学的产生与新闻道德的起源和发展密不可分，而新闻道德的发展又经历着一个漫长的过程。新中国成立前没有一本资产阶级新闻伦理学专著，以马克思主义为指导的社会主义新闻伦理学是 1995 年后才出现的。可见，这门学科的创立何等不易，它取决于诸多条件，非水到渠成不可能实现。

其实古代的伦理道德已经折射出一定的新闻道德标准，也包含着新闻道德的萌芽。例如先秦诸子提倡的"诚""信""实""公"，不仅是做人的品德，也是新闻传播的品德。"道听途说，德之弃也。"（《论语·阳货篇》）"巧言令色，鲜矣仁。"（《论语·学而篇》）"巧言乱德。"（《论语·卫灵公篇》）孔子这些关于道德的言论，也包含了日后某些新闻传播道德思想。在古代，新闻传播就是凭借当时的社会道德标准，特别是"文德""史德"标准来维系和支撑的。

如果说唐代是古代报纸的发轫期，那么宋代便是办报职业的萌芽阶段。兴于北宋末年、盛于南宋的民间小报出现后，社会上开始出现萌芽中的办报职业，从这时期，新闻道德才作为一种行业逐渐凸显出来，形成一些成文或不成文的道德标准。宋周麟之《海陵集》卷三中的《论禁小报》，指责小报报道"往往以虚为实，以无为有"。《宋会要辑稿·刑法二》也指责小报报道"甚至凿空撰造，以无为有"等问题。这些材料从负面说明小报的某些报道有悖新闻的真实性原则。那新闻道德该如何坚守？关于坚持真理，秉笔直书，人们常以晋董狐做榜样。"春秋作而乱臣贼子惧，董狐直笔，赵盾胆寒。这是天地的正义，也可以说就是代表了舆论的力量。"孔子曰："董狐，古之良史也，书法不隐。"除董狐外，人们还曾赞颂"齐太史简"。这样的品格，应为记者的圭臬。关于记者要能经受富贵、贫贱、威武各种考验，应如孟子所言："富贵不能淫，贫贱不能移，威武不能屈。"关于文风，要文直事核，"不虚美，不隐恶"（班固《汉书·艺文志》），等等，也常在引述之例。清代史学巨擘章学诚指出"才、识、学、德四者之中，以德为要"。可见，中国传统伦理道德对新闻工作有着宝贵的借鉴价值。

到近代，随着生产力的发展和政治、经济的需要，加上外国人在中国办报的影响，中国报业开始有了大发展，新闻道德作为一种社会职业道德变得突出起来，引起有识之士的关注。一些具有深厚中国传统文化根基，又受到近代西方文明影响或熏陶的政治家、思想家、报刊活动家和政论家，在论述报纸的文章中开始有片段文字明确提到新闻职业道德的问题。首先是洪仁玕，他在《资政新篇》"关于太平天国之办报条陈"中谈到"兴各省新闻官"时说"其官有职无权，性品诚实不阿者"，强调了新闻官的人品问题。接着，王韬在《论日报渐行于中土》中提到"顾来笔之人，不可不慎加遴选"的问题。他特别指出那些以挟私恨来攻击别人的人品行低下，"士君子当摈之而不耻"。关于论说，王韬提出"其立论一秉公平，其居心务期诚正"，讲的也是新闻职业道德。此后，郑观应、梁启超等人都在不同程度上结合新闻业务问题，对新闻职业道德有所论述。郑观应在《□报》中讲了清正廉洁的问题："执笔者尤须毫无私曲，暗托者则婉谢之，纳贿者则峻拒之，胸中一尘不染，惟澄观天下者得失是非，自抒伟论，倘有徇私受贿，颠倒是非，逞坚白异同之辩，乱斯民之视听者，则援例告官惩……"① 梁启超则在《论报馆有益于国事》一文中抨击了"闭门而造，信口以谈"等违背新闻职业道德的弊端。从洪仁玕到梁启超，他们的论述开了中国历史上直接论述新闻伦理道德的先河。然而他们对新闻职业道德缺乏系统、深入的研究，只限于提出问题，尚缺乏解决问题的方案。

1918年，北京大学成立了"新闻学研究会"，新闻学被当作一门学问来研究，从这时起，新闻伦理的道德问题开始被纳入新闻学的研究范畴。1919年新闻学研究会主任徐宝璜在其《新闻学》中，把"提倡道德"作为报纸的六大职务之一提出来。徐宝璜还指出当时报纸上的报道、评论、广告、诗词、小说等有悖伦理道德的种种表现，并点破这些"于记者之道德，亦大有关系"。

---

① 参见张之华主编：《中国新闻事业史文选（公元724年—1995年）》，北京：中国人民大学出版社，1999年。

1923年记者邵飘萍出版了我国第一本新闻采访学专著《实际应用新闻学》。邵飘萍在论述"外交记者之资格与准备"这一问题时,把"品性"作为记者资格的第一要素。无独有偶,1933年,上海著名报人、复旦大学新闻系教授郭步陶在《编辑与评论》一书中,也把"品性"看作"记者资格"的第一要素。他还指出编辑或新闻记者应具备高尚的人格,做到"为人民服务",表明作者已把伦理道德研究的视角与记者和编辑的人生观、价值观联系起来了。1941年,曾留学日本的新闻学者任白涛的《综合新闻学》出版,在书中他以"新闻事业道德"为题,进一步论述了新闻伦理道德,并提出了道德法则、报人和新闻团体制定的新闻道德准则。

20世纪三四十年代,是中国新闻职业道德研究的勃发阶段。这一时期,报刊上还发表了一些论述新闻职业道德的专文和涉及新闻职业道德的文章,如陈学昭的《记者的道德》(1930)、张季鸾的《新闻记者根本的根本》(1931)、俞颂华的《论报业道德》等。尽管如此,此时的研究并没有把新闻伦理当作一门学科来认识。1984年余家宏等编写的《新闻学简明词典》,收入了"新闻伦理学"的词条,我国学者第一次对新闻伦理学做出了解释。1991年1月,中国记协第四届第一次全体会议通过了《中国新闻工作者职业道德准则》。该准则的制定,既为广大新闻工作者规范了职业道德行为,又为新闻伦理问题的研究及新闻伦理学这门学科的创立奠定了坚实的基础。1995年周鸿书的《新闻伦理学论纲》出版,该书填补了我国没有新闻伦理学专著的空白,为我国创立新闻伦理学学科迈出了第一步。值得一提的是,90年代,随着教育的发展,新闻伦理道德教育被纳入新闻教育课程,有些大学的新闻学院开设了新闻伦理道德课程。可以说,学科教育的完善、经济转型的现实需求以及众多学者的研究皆推动了新闻伦理学的产生。

二、新闻伦理学的研究范围

研究对象与研究范围密不可分,如果说研究对象侧重于从内涵上认识研究客体,那么研究范围则偏重于对研究对象的外延把握。一般来说,研究对象是决定研究范围的主要因素,而研究范围是对研究对象的具体说明与阐释,明确研究范围有利于加深我们对研究对象的认识。新闻伦理学的研究范围主要包含以下内容。

第一，新闻伦理学要研究新闻道德的起源、发展历史。要从新闻发展历史中了解新闻道德产生和形成的时间，研究其形成的社会背景和时代因素；要了解新闻道德准则和行为规范形成的历史过程，研究新闻道德准则和行为规范形成的政治、经济、文化因素等；要了解和研究资产阶级新闻伦理学的基本内容和发展现状，明确哪些应该摒弃，哪些应该批判，可吸收和借鉴的有哪些。研究新闻道德的起源、发展的历史，要厘清新闻道德的本质、发展规律及其作用，并为社会主义新闻伦理学提供必要的历史借鉴。

第二，新闻伦理学要研究新闻职业道德的现状。了解资本主义国家新闻伦理的特点、原则和规范，以及道德自律制度的运作。考察社会主义新闻伦理与社会主义伦理的关系以及与新闻职业的相互关系。明确和研究社会主义记者职业道德和行为规范，以及提出贯彻落实"准则""规范"的监督机制和措施，加强新闻职业道德教育和修养的途径和方法，从而揭示社会主义新闻职业道德的本质属性、特征，掌握新闻职业道德的内在规律。

第三，新闻伦理学要研究新闻工作者的自身道德修养和整体道德素质。社会主义新闻工作者必须具备较高的道德水平，才能胜任且愉快地从事新闻工作。新闻传媒通过所刊发的新闻作品的"道德含量"，以直接引导或潜移默化的方式作用于广大受众，从而对社会道德发挥重大影响。而新闻作品的"道德含量"，除了取决于新闻事实，还取决于新闻工作者的道德素质。更进一步说，新闻工作者的道德素质高低问题直接关系到社会道德建设的大问题。新闻工作者的这种特殊社会责任，决定了我国对新闻工作者整体道德素质的高要求，所以，如何加强新闻工作者的自身道德修养，提高其整体道德素质就成为新闻伦理学研究的重要课题之一。

值得注意的是，有学者将新闻工作中的纪律关系和道德关系也纳入新闻伦理学的研究范围。一般来说，道德关系是在一定经济关系基础上按照体现一定的善恶判断的道德原则和规范形成的社会关系，这种社会关系是依靠社会舆论、内心信念和传统习惯来维系的。不符合这些条件的社会关系不能称为道德关系。有著作将新闻机构同上级领导的道德关系归纳为"要尊重、服从上级主管部门的领导，领会上级意图、严格遵守稿件送审制度、以民主集中制来处理分歧"等内容。严格意义上，这只是上下级之间的纪律规定，纪律的遵守需要个体有高度的自觉性，这种自觉性除了以良好的道德素质为基础，也需要纪律的力量来维系。但纪律与道德有着根本区别，前者具有强制性，是一种外化的他律手段，后者具有自我约束性，是内化的自律方式。所以，上述"五要"是基于上下级关系做出的原则规定，不是基于善恶判断的道德原则做出的规定，倘若把这种工作纪律关系作为新闻伦理学要研究的道德关系，便扩大了其研究范围，是缺乏科学性的。

三、新闻伦理学的学科特征

每个学科的特征都是由许多特性组成的，尽管每项特性不是独有的，但是总要有自己的特色，以有别于其他学科，否则就不能称其为特征了。按照这样的原则来考察，我们认为社会主义新闻伦理学具有以下四个方面的特征：

（一）新闻伦理学是一门年轻的边缘学科

从伦理学角度来看，新闻伦理学属于应用伦理学的范畴。伦理学除伦理学说史外，还包括基础伦理学和应用伦理学。新闻伦理学属于应用伦理学分支下的又一个分支学科。从新闻学角度来看，它属于新闻学领域的边缘学科。从时间的比较来看，伦理学是一门古老的科学，而新闻学较为年轻。在世界范围内，新闻学研究始于17世纪末的德国，直到20世纪才有较大发展。就中国而言，从1918年北京大学校长蔡元培倡导在该校成立"新闻学研究会"算起，新闻学作为一门学科的研究历史至今才刚过百年。一门古老学科和一门年轻学科嫁接成的新闻伦理学则更显年轻。"第二次世界大战后，由美国等西方国家的学者首先创立了资产阶级新闻伦理学，至今不过几十年。"[1] 所以不论是从嫁接性来看，还是从创立来看，新闻伦理学都是一门年轻的边缘学科。

（二）新闻伦理学具有伦理学和新闻学的双重特点

边缘学科大都具有嫁接双方的特点，就像新闻心理学具有心理学和新闻学的特点，新闻美学具有美学和新闻学的特点，新闻伦理学也不例外。新闻伦理学作为一门嫁接而成的学科，既有伦理学的特点，又有新闻学的特点，我们对其伦理的研究是关于新闻从业者及其道德关系的伦理研究，对其新闻学的体系

---

[1] 周鸿书：《新闻伦理学论纲》，北京：新华出版社，1995年，第2页。

研究主要聚焦于它的伦理关系层面。但新闻伦理学不是新闻学和伦理学的简单重复和组合，它是一门新学科，是伦理学的一般原理通过新闻特点的具体体现。

（三）新闻伦理学具有理论性和实践性特点

从中外新闻发展史上考察，新闻道德学说产生的年代要比新闻现象晚得多，随着经济的发展和社会的进步，人们要求对新闻道德现象进行规范，并给予理论的阐释。就是说，新闻伦理学不是单纯地描述新闻道德现象或解释新闻道德关系和行为规范，而是以科学的态度再现新闻道德现象，用理论思维的形式揭示新闻道德本质，阐明新闻道德产生、发展及社会作用的规律。新闻伦理学研究涉及新闻活动的导向、准则，作为一门知行统一的科学，它要求人们掌握这门科学的系统知识，而且要身体力行地去实践。不重视新闻伦理学的实践性，就是把它变成脱离实际的道德说教，我们研究新闻伦理学的目的之一就是要指导新闻实践活动，改善新闻道德现状。新闻伦理学的实践性在很大程度上也是由其理论性决定的。所以说，新闻伦理学既具有理论性，又具有实践性。

（四）新闻伦理学具有社会性特征

道德的社会性是不容置疑的，新闻道德作为社会道德的一部分，也无疑具有社会性。新闻伦理学的研究对象是广泛存在的新闻道德现象，这本身就是一种社会现象，它们不但发生在新闻从业人员之间，还出现在被采访者和广大受众群体里。新闻伦理学的研究往往从其社会性出发来探讨道德原则，制定相关的道德规范，创造新的办法与途径。再者，新闻传媒反映的领域是极为广阔的，社会生活的每一个角落都有新闻记者的足迹。因此，新闻工作是社会联系最广泛的一项工作，与社会有着广泛复杂的关系。在新闻传播活动中，有社会各界人士的参与，传播的结果又会影响社会有关人士的思想和工作，这也决定了新闻伦理学研究的社会性。

第四节 新闻伦理学的研究方法与意义

新闻伦理学有着伦理学、新闻学的交叉性，这就决定了其研究方法的交叉性。当然，伦理学不能取代新闻伦理学，新闻学也不能取代新闻伦理学。这两个学科研究的边缘地带、交叉地带，正是新闻伦理学生存的空间，茁壮成长的土壤。尽管新闻伦理学是一门新兴学科，但它对社会生活和经济建设有着积极的作用，所以全面系统地了解新闻伦理学的研究方法及这门学科的价值意义非常重要。

一、新闻伦理学的研究方法

前面我们学习了伦理学的研究方法，新闻伦理学的研究方法与伦理学的研究方法有着诸多的相似之处。新闻伦理学作为一门不断向前发展的科学，必须首先坚持马克思主义的世界观和方法论，坚持以马克思主义的辩证唯物主义和历史唯物主义为指导思想，从总体上把握新闻职业道德之间的联系。辩证唯物主义和历史唯物主义的世界观和方法论，规定了新闻职业道德研究的方向性和科学性，贯穿于新闻伦理学体系的各个部分。同时，新闻伦理学涉及的面比较广，需要面对各种复杂的关系，尤其是新闻媒介与社会的关系，这就要求研究者具有广博的知识文化素养，大胆借鉴人文科学、社会科学其他学科和自然科学的研究方法，并在此基础上建立起一个新闻伦理学的研究方法体系。在新闻伦理学的研究方法中，坚持马克思主义的世界观和方法论，即要以马克思主义为指导思想，坚持历史分析的方法、阶级分析的方法和理论联系实际的方法。

历史分析的方法，即运用发展、变化的观点分析客观事物和社会现象的方法。新闻伦理学的历史分析法就是要把新闻职业道德现象放在一定的历史阶段中进行考察，把新闻职业道德现象置于一定的社会历史环境中，阐释社会、历史对新闻职业道德的作用与影响。我们在研究新闻职业道德原则规范以及新闻职业道德评价、教育与修养等问题时，不能离开所处的历史阶段。特别是要关注在社会中起重要作用的经济因素，经济因素与新闻道德关系密切，经济基础决定上层建筑，新闻伦理学的历史分析要关注经济关系对新闻职业道德的决定性作用，经济关系对新闻职业道德的本质的规定性，绝不能割裂历史发展的链条。当然，在运用历史分析的方法时，也不能无视或不顾其他因素的制约和影响，变成单纯的经济决定论。恩格斯 1890 年在给布洛赫的信中指出："我们自己创造着我们的历史，但是第一，我们是在十分确定的前提和条件下进行创造的。其中经济的前提和条件归根到底是决定性的。但是政治等等的前提和条件，甚至那些存在于人们头脑中的传统，也起着一定作用，虽然不是决定性的作用。"① 事实上，社会文化、心理、习惯等因素对新闻职业道德具有极大的影响乃至制约的作用。总而言之，历史分析的方法要求新闻伦理学研究立足现实，回顾以往，放眼未来。

阶级分析的方法，是一种涉及社会学阶层理论、观点的分析方法，此方法作为一种史学方法具有普遍意义。新闻伦理学的阶级分析法就是要把新闻职业道德现象与一定社会的阶级与阶级斗争联系起来加以考察。新闻职业道德是为阶级利益、为阶级的政治路线服务的。列宁在《论国家》一书中指出：在阶级社会中，必须牢牢地把握住社会阶级划分这一事实，"把它作为基本的指导线索，并用这个观点去分析一切社会问题，即经济、政治、精神和宗教等等问题"②。新闻职业道德与其他职业道德一样，虽然其许多规范具有行业的特点而与阶级或阶级性无关，但是它作为一种社会意识形态，在总体上也是为特定的社会经济基础服务的，因而也常常直接或间接地受到阶级意识的制约，具有一定的阶级性。因此，我们不能抛弃马克思主义的阶级分析方法，去进行抽象的、超阶级的新闻职业道德研究。当然，在研究过程中也要反对那种把阶级性简单地作为新闻职业道德评价的标签到处乱贴，用阶级性来否定历史上一切进步的新闻伦理思想和新闻职业道德建设成果。事实上，虽然不同的阶级各有一套自己的观念，但是新闻职业道德作为一种行业道德，还是有很多共性和相通之处。

理论联系实际的方法，既是伦理学的研究方法，也是新闻伦理学的研究方法。此方法要求我们在研究新闻伦理学时，必须把研究新闻职业道德的理论问题与提高新闻工作者的职业道德素质、加强新闻行业的职业道德建设乃至改善

---

① 马克思、恩格斯：《马克思恩格斯选集》第 4 卷，北京：人民出版社，1972 年，第 477 页。
② 列宁：《列宁选集》第 4 卷，北京：人民出版社，1995 年，第 30 页。

整个社会的道德风尚等实践问题结合起来。必须注意客观实际的发展，并及时反映客观实际，努力解答新闻实践活动中出现的新的职业道德问题，不断充实作为客观实际的一种反映的科学理论。理论联系实际的研究方法，还要求我们在注重理论指导实践的同时，通过实践去验证、纠正、发展理论，以促进新闻伦理学的发展与进步。

对新闻伦理学的研究，除了马克思主义的辩证唯物主义和历史唯物主义的研究方法，逻辑分析法、系统分析法、比较研究法也是常用方法。

逻辑分析法包含演绎和归纳。演绎即从原理出发，经过正确的推理形式得到特殊情况下的新结论，是从一般到特殊的方法；也就是在阐释新闻伦理思想和新闻职业道德现象时，对道德命题或道德判断进行逻辑分析以寻求其成立与否的理由的方法。新闻伦理学要根据伦理学所揭示的一般原理探讨新闻职业活动中的道德现象，根据伦理学的一般原则推导出新闻职业道德的特有准则，都必须借助于逻辑演绎。而归纳，即从具体的、个别的事实中归纳结论的方法，是一种从具体到一般的方法。新闻伦理学要从新闻实况活动的各种具体表现形式中总结出一般特征，概括出具有普遍指导意义的新闻职业道德原则和标准，就必须借助于归纳总结。

系统分析法作为一种研究策略源自系统科学，它可以在不确定的情况下确定问题的性质和原因，明确问题目标，找到各种可行的解决方案，并能按照一定的标准对这些解决方案进行比较，以帮助决策者在复杂的问题和环境中做出科学抉择。引申到社会科学上，就是在阐释某一社会现象时，不但要把事物看作一个整体，而且看作一个活生生的、不断运动着的各种因素相互关联的复杂系统来进行考察分析法。在新闻伦理学研究中应用系统分析法，首先应该把新闻职业道德现象作为一个系统来看待。新闻职业道德系统是由新闻职业道德意识、新闻职业道德活动、新闻职业道德关系等各种因素组成的有机统一体，各种因素相互关联、相互制约，因而我们在研究时必须立足于全局，站在全局的高度考察局部，从局部研究中把握全局，或从个别研究中把握整体。

比较研究法对于新闻伦理学来说是不可或缺的重要方法，不管是在科学实验还是理论研究中，比较研究法都很实用，就是要在阐释某一社会现象时，从特定方面进行时空或主题的比较，从而更好地认识事物的本质，把握其普通规律。新闻伦理学研究需要对各种新闻职业道德现象进行不同的比较分析，如通过不同时代的、不同社会制度下的新闻职业道德规范的比较，了解新闻职业道德观念的变迁，认识新闻职业道德在不同时代、不同社会制度下的特点。具体而言，一是横比，即对各种新闻职业道德现象进行横向的比较；二是纵比，即对各种新闻职业道德现象进行纵向的比较；三是同比，即对相同或相同类别的新闻职业道德问题进行对比分析，如比较不同社会制度下的新闻失实问题，或比较同一社会制度下不同时期的新闻失实问题；四是异比，即对不同性质、不同派别所研究的新闻职业道德问题进行比较；五是同异交比，即在同中比较相异，在异中比较相同。可以说，比较研究法是进一步认知新闻伦理学本质特征的一种有效方法。

除此之外，人文科学、社会科学研究中常用的其他方法，如社会抽样调查法、心理实验法、观察实验法、语言逻辑分析法等，也都可纳入新闻伦理学的研究方法体系中，使新闻伦理学的研究不断深化。

二、学习新闻伦理学的意义

学习新闻伦理学有什么意义呢？具体来说，新闻伦理学的学习意义主要体现在以下四个方面：

第一，从学科建设上来说，学习新闻伦理学对发展和完善社会主义新闻伦理学具有直接的理论价值。马克思主义伦理学是一门新兴学科，以马克思主义为指导的社会主义新闻伦理学亦是一门新兴学科，是一门发展中的伦理学科。与之相比的资产阶级新闻伦理学创立已久，并在我们的新闻队伍中有所传播，造成了一定的影响。大力发展社会主义新闻伦理学，首先，要研究和总结我国新闻发展的历史经验，特别要学习和研究我党新闻历史的优良传统，解释新闻道德本质及其发展规律，探讨新闻道德准则和行为规范，以及道德传播的原则和规律等。其次，要研究和总结我国目前的新闻伦理现象，分析新闻道德行为，并将其概括上升为新闻伦理原则，这对建设社会主义新闻伦理学有着直接的推动作用。最后，还要研究资产阶级新闻伦理学，吸收其合理的思想资料，丰富我们的新闻伦理思想。只有采取这种实事求是的科学态度，社会主义新闻伦理学的思想理论体系才能科学、完备，制定出来的各项新闻道德准则和规范才能实用、有效。对于这项工作，专门的研究人员负有更多的责任，但又绝不仅仅是专门的研究人员的责任，需要有更多的人来参与，特别是在新闻一线工作的同志。学习新闻伦理学是发展这门学科的需要。只有不断地学习，不断地研究新问题，研究学科前沿问题，才能不断地超越自己，把学科一浪高过一浪地推向前进。"众人拾柴火焰高"，我们相信，在各方人员的参与和努力下，新闻学这门新的边缘学科在我国将有一个大的发展。总之，这项学习和研究必将促使社会主义新闻伦理学的发展与完善。

第二，就新闻从业人员的道德素养培养，学习和研究新闻伦理学是加强新闻队伍建设的一项必不可少的重要措施，有利于逐渐实现新闻从业人员人格的完善。新闻道德是客观存在的，并有其规律性，相对来说，我们以往的研究缺乏深入、系统的总结，对它的规律性认识尚有更多的探讨余地，我们的新闻工作和新闻活动带有很大的自发性，缺少一定的理论指导。研究新闻职业道德理论，科学阐明新闻职业道德的规范体系，指出遵循这些规范体系的必要性和重要性，促进新闻从业人员加强自我教育和修养，使新闻职业道德的原则与规范转化为新闻从业人员的职业道德意识，并作为新闻工作中道德评价和道德行为选择的标准，以塑造新闻从业人员的理想人格，营造新闻职业道德的理想境界，是新闻伦理学的出发点和归宿点。近些年来，少数新闻工作者和新闻媒介在工作中还存在着一些不正当行为。对新闻伦理学的学习和研究，可切实纠正新闻队伍中的不正之风，提高新闻队伍的道德素养，改善新闻工作者在大众心目中的形象，增强社会主义新闻工作的信誉。因此，要研究新闻职业道德教育和修养的途径与方法，揭示新闻从业人员职业道德品质形成和发展的规律，阐释新闻从业人员内心矛盾转化过程中各种因素的相互作用和联系，提出可供选择的各种方案，促使新闻从业人员更加自觉地提升新闻职业道德修养，提高新闻职业道德素质，逐渐实现新闻从业人员人格的完善。总之，学习和研究新闻伦理学是队伍建设的一项重要措施，对造就一支新闻道德理论水平高和素质好的新闻大军，有着重要的现实作用。

第三，在社会发展方面，学习和研究新闻伦理学有利于促进社会主义文明建设，加速经济发展。新闻伦理学把如何加强新闻职业道德建设、促进新闻行业职业道德风尚的完善、推动整个社会的精神文明的进步作为研究重点，并努力在这方面发挥积极作用。新闻从业人员具有正确的职业道德情感和意识，具有良好的职业道德品质和行为习惯，能够自觉地用新闻职业道德原则与规范去调节新闻职业内外的各种关系，选择符合新闻职业道德要求的新闻行为，从长远来看，对社会的发展与进步具有明显的推动作用。我们要通过学习和研究新闻伦理学来提高社会主义新闻从业者的道德意识，充分认识新闻作品对新闻道德的作用，正确把握新闻传播道德的规律，增强社会道德责任心和使命感，提高道德选择和道德评价能力，更加自觉地发挥新闻作品对社会道德进步的巨大推动作用。所以，新闻职业道德不仅能推动新闻从业人员去完成本职工作，而且还会给新闻行业风气乃至整个社会的道德风貌带来新的气象。可以说，新闻职业道德既是新闻业履行社会责任的重要思想保障，也是夯实社会经济基础、提高社会精神文明水平的强大动力。

第四，掌握学习新闻伦理学，无论是对新闻工作者还是非新闻工作者，其意义都在于掌握一门新的知识。我们的时代，既是一个信息时代，又是一个知识经济的时代，这需要多方面的知识。知识贫乏，面对纷繁复杂的事物，就不能应对自如，就会出现捉襟见肘的窘境。从另一个角度看，多掌握一门知识，就多一种认识世界、改造世界的武器。知识越多，我们就越能在世界这个广阔的舞台上纵横驰骋，大展才华，大显身手，为国为民做出更大的贡献。

【思考题】

1. 何谓伦理学，它是如何产生的？
2. 伦理学的基本问题和研究任务是什么？
3. 新闻伦理学的研究对象、学科特征分别是什么？
4. 新闻伦理学的研究方法和研究意义有哪些？

第二章 四种经典伦理学理论在新闻实践中的运用

从古至今，学者们提出了很多经典的伦理学理论，虽然这些伦理学理论都有值得商榷的地方，但是它们对于新闻实践仍然具有重大的参考价值。本章就选取其中最经典的四种理论，分析它们如何运用于新闻实践之中。

第一节 亚里士多德的"中庸之道"在新闻实践中的运用

一、亚里士多德的"中庸之道"

亚里士多德的伦理学可以被称为"美德伦理学"，他也是美德伦理学的开创者。美德伦理学强调的是一个人具有的德性，而不是一个人做事情的行为和手段，也不是做事情的结果。这里的"德性"是指我们将道德原则和规范融入自己的本性之中，使其成为真正属于自己的、稳定的美德。正如亚里士多德所言："不在于行为本身的正义和善，而在于它有助于人性的善。他预先假定人有与生俱来的道德倾向，以一

> **扩展资源**
>
> 余纪元：亚里士多德说的"中庸"是什么？
> （来源：守望者公众号）

贯和谐均衡的普遍态度遵循这种倾向性便构成了有道德的生活。"① 由此可见，在亚里士多德看来，美德是一种好习惯，有了这种好习惯之后，我们就能够做出好的行为。也就是说，"好习惯是一种美德，而坏习惯是一种邪恶。这些习惯指人的行为举止和个性，它们可以通过重复而强化，通常会产生各种后果"②。同时，亚里士多德认为，美德本身就是一种善，是一种具有道德价值的品德。这种品德是依靠合乎伦理地做事情而养成的。那么，什么是合乎伦理地做事情？或者说，合乎伦理地做事情的评判标准是什么？

亚里士多德认为，"中庸"是合乎伦理地做事情的评判标准。那么，何谓"中庸"？亚里士多德将人类的一切伦理行为分为三类：第一类是不遵守伦理道德的行为，这种行为被称为"不及"；第二类是过度遵守伦理道德的行为，这种行为被称为"过度"；第三类是适度遵守伦理道德的行为，这种行为被称为"中庸"。由此可见，"中庸"就是处于过度和不及的两个极端之间，"过度与不及都破坏完美，唯有适度才保存完美"③。正如亚里士多德所言："伦理德性，它是关于感受和行为的，在这里面就存在着过度、不及和中间。……德性就是中庸，是对中间的命中。……德性作为对于我们的中庸之道，它是一种具有选择能力的品质，它受到理性的规定……中庸在过度和不及之间，在两种恶事之间。……所以，不论就实体而论，还是就是其所是的原理而论，德性就是中间性，中庸是最高的善和极端的美。"④ 由此可见，中庸是一切道德规范和道德价值中最普遍和最根本的一种。只有在一定范围内（中庸地）遵守道德的行为才是道德的、善的，超出这个范围（过度地或不及地）遵守道德的行为都是不道德的、恶的。亚里士多德认为："怯懦的、鲁莽的和勇敢的三者都与同一对象相关，但品质却各不相同。有的是过度的，有的是不及的，有的则恰得中间。"⑤ 例如，同样是面对有人落水这个现象，如果一个根本就不会游泳的人选择跳下去救人，这种行为显然就是过度了，是鲁莽的行为；如果一个人站在旁边什么事情都不做，这种行为显然是不及，是怯懦的行为；如果一个游泳健

---

① 蒂洛、克拉斯曼：《伦理学与生活》，程立显、刘建等译，北京：世界图书出版公司，2008年，第68页。
② 卡伦·桑德斯：《道德与新闻》，洪伟等译，上海：复旦大学出版社，2007年，第46页。
③ 亚里士多德：《尼各马可伦理学》，廖申白译，北京：商务印书馆，2003年，第45—57页。
④ 亚里士多德：《尼各马科伦理学》，苗力田译，北京：中国人民大学出版社，2003年，第34页。
⑤ 亚里士多德：《尼各马科伦理学》，苗力田译，中国人民大学出版社，2003年，第5页。

将选择跳下去救人，这种行为就是中庸，是勇敢的行为。

二、新闻实践中的"中庸之道"

亚里士多德的"中庸之道"在新闻实践中的运用主要体现在新闻媒体在报道一个新闻事件时应避免出现两个极端：一个极端是新闻记者为了获取一则有新闻价值的新闻而不择手段，完全不考虑新闻伦理道德；另一个极端是新闻记者过于顾及新闻伦理道德，而放弃了自己作为记者的职责，错过了一些极具价值的新闻。

合理选择"隐性采访"是最能体现亚里士多德"中庸之道"的一种新闻实践方式。新闻记者在实施自己舆论监督职责的时候，可能会报道一些违法乱纪的事情。为了不引起违道德者或违法者的注意，新闻记者通常会采用偷拍、暗访等隐性采访的方式。但是，使用这种采访方式非常容易走向极端而违背"中庸之道"。这就是说，如果一个新闻记者面对任何事件，遇到任何情况都使用隐性采访，这显然就过度了；但是，如果一个新闻记者面对任何事件，遇到任何情况都不使用隐性采访，这显然又有所不及。

由此可见，隐性采访在新闻实践中并不是随时随地都可以用，其运用必须要遵守四个原则。一是隐性采访的出发点和目的都必须是公共利益，不能为了私人利益而采用。也就是说，隐性采访的事件必须是损害了广大人民群众切身利益的事情。二是面对一个具有公共利益的新闻事件，必须是显性采访行不通的时候，我们才能用隐性采访。也就是说，隐性采访能不用尽量不用，除非是别无他法。三是隐性采访只能在公共场所运用，不能在私人场所运用。四是新闻记者通过隐性采访获得一些不为人知的内幕和细节之后，不能全盘托出，应该尽量省略一些细节，尽可能不侵犯当事人的隐私。

同时，新闻记者在隐性采访中隐藏自己身份，或者说进行"角色扮演"的时候，也应该注意以下几点：一是新闻记者不能扮演成国家公务人员，以行使公权力的名义获取新闻，因为国家公务人员的公权力是人民赋予的，其身份和职务都非常特殊；二是新闻记者不能扮演成违法犯罪之徒，因为这样既会威胁到记者的人身安全，也会玷污记者的形象；三是新闻记者在隐性采访过程中不能改变自己的性别角色，到另一个性别世界中去获取新闻，这显然是违反伦理道德的。

第二节　康德的"绝对命令"在新闻实践中的运用

一、康德的"绝对命令"

我们要理解康德的"绝对命令",首先需理解"善良意志"这个概念。康德认为,所谓善良意志,是一种建立在自身基础上的、无条件的、绝对的善。正如他所言:"真正无条件的善是自身为善的东西,它是不以外在的、经验的或实用的东西为目的。"[①] 康德进一步指出:"在世界之中,一般地,甚至在世界之外,除了善良意志,不可能设想一个无条件善的东西。如若没有一个善良意志去正确指导它们对心灵的影响,使行动原则和普遍目的相符合的话,大家都知道,一个有理性而无偏见的观察者,看到一个丝毫没有纯粹善良意志的人却总是气运亨通,并不会感到快慰。这样看来,善良意志甚至是值不值得幸福的不可缺少的条件。"[②] 这就是说,善良意志既不是以善为目的,也不是以善为手段,而是以善为意愿。这种以善为意愿的善良意志具有两个作用:一是对我们自身而言,善良意志可以指引我们向善,因为善良意志能使我们心存善念,这样就增加了我们做善事的可能性;二是对他人而言,善良意志可以作为评价他人是否是一个遵守道德的人的重要依据,因为一个人做善事只有出于善良意志才是真正遵守道德,否则就是伪善。

在这种善良意志的指导下,我们能够树立起绝对的道德原则。正如康德所言:"一个彻底善良的意志,它的原则必定表现为绝对命令,包含着意志的一般形式,任何客体都不能规定它,它也就是作为自律性。由于它,一切善良意志才能使自己的准则自身成为普遍规律,也就是每个有理性的东西加于自身的、唯一的规律,不以任何动机和爱好为基础。"[③] 这里,康德所说的绝对的

---

① 张会永:《回到道德现象本身——康德道德形而上学的论证方法初探》,载《道德哲学研究》,2005 年第 3 期。
② 康德:《道德形而上学原理》,苗力田译,上海:上海人民出版社,1986 年,第 42 页。
③ 康德:《道德形而上学原理》,苗力田译,上海:上海人民出版社,1986 年,第 29 页。

道德原则就是"绝对命令"。

关于绝对命令,康德首先分析了"命令"这个概念。他指出:"一切命令式都用一个应当来表述,并且由此表示理性的一个客观法则与意志的关系,这个意志就其主观性状来说并不必然为这个法则所规定(一个强制)。"① 也即是说,命令是一种指导我们做事情的强制原则。而命令又可以分为绝对命令和假言命令,其中,绝对命令是把善行视为目的,与任何利益都无关,只来源于善良意志。"'绝对'在这里意味着'无条件',没有任何情有可原的情况,没有任何例外。正确的就是正确的,即使在最极端的条件下也必须做到。即使天塌下来,我们也要做道德上正确的事,不论结果如何。"② 那么,什么样的道德原则才能成为每个人必须遵守的绝对命令呢?康德认为,能够成为绝对命令的道德原则必须具有普遍性和前后一贯性。也就是说,作为绝对命令的道德原则必须对每个人和一切情况都有效,而不是只对大多数人或大多数情况有效。比如,康德认为,人不能说谎,那就任何情况下都不能说谎,不能特殊情况特殊处理,也没有善意的谎言可言。

相比于绝对命令,康德的"假言命令"不再将善行视为目的,而是将善行视为达成某种利益的手段。正如他所言:"如果行为仅仅为了别的目的作为手段是善的,那么,命令式就是假言的。"③ 康德将这种以实现某种利益和目的的善行视为伪善。比如,一个商家做生意虽然讲诚信,但是他并不是出于对诚信价值的守护,而是为了赚取更多的钱,我们就不能说他的行为是善行。

二、新闻实践中的"绝对命令"

康德的"绝对命令"在新闻实践中的运用主要体现在:"新闻工作者不能要求什么特权,例如为了获取新闻而撒谎或侵犯隐私的权利。如果认真对待康德的观点,它就会在你做出某些伦理抉择的时候提醒你放弃什么——真实、隐私等等。"④ 这就是说,按照康德的观念,新闻工作者无论什么情况都不能使

---

① 李秋零主编:《康德著作全集》(第4卷),北京:中国人民大学出版社,2005年,第413页。
② 克利福德·G.克里斯蒂安:《媒体伦理学:案例与道德论据》,张晓辉等译,北京:华夏出版社,2000年,第14页。
③ 李秋零主编:《康德著作全集》(第4卷),北京:中国人民大学出版社,2005年,第414页。
④ 菲利普·帕特森、李·威尔金斯:《媒介伦理学:问题与案例》,李青藜译,北京:中国人民大学出版社,2006年,第9页。

用隐性采访，哪怕获取的新闻有极高的新闻价值，"因为绝对命令不随情况的不同而改变。'人总是被当作目的而不仅仅是手段'这一绝对真理使那些只想着得到好新闻的记者面临巨大困难。对谎言的绝对禁止也给那些沉迷于狡辩的记者造成严重的困难，即使你搜集证据可以最有力地证明你的谎言是出于公众的兴趣"①。

第三节 边沁、密尔的"功利主义"在新闻实践中的运用

一、边沁、密尔的"功利主义"

"功利主义"的伦理学思想最早由英国伦理学家边沁提出。他认为，我们应该以"最大多数人的最大幸福"作为道德判断的标准。这就是说，人们做事情的动机和行为本身都不能作为评判善恶是非的标准，只有做事情的结果才能作为评判善恶是非的标准。善行就是能够最大程度增加快乐和幸福的总量，最大程度减少痛苦的总量，反之则为恶行。边沁认为，"自然把人类置于两位公主——快乐和幸福——的主宰之下。只有它才能指示我们应当干什么，决定我们将要做什么。是非标准、因果联系，俱由其定夺。凡我们所行、所言、所思，无不由其支配；我们所能做的力图挣脱被支配地位的每项努力，都只会昭示和肯定这一点。一个人在口头上可以声称绝不再受其支配，但实际上他照旧每时每刻对其俯首称臣"②。

边沁认为，快乐与痛苦只有量上的差别，没有质的差别。一个人精神的苦乐只是肉体的苦乐在量上的扩大，两者之间没有本质区别，也就是说，精神的苦乐与肉体的苦乐没有高级与低级的区分。因此，在边沁看来，快乐与幸福都是可计算的。他还列出了计算快乐的四个标准：强度、持续性、确定性、远近

---

① 卡伦·桑德斯：《道德与新闻》，洪伟等译，上海：复旦大学出版社，2007年，第26页。
② 边沁：《道德与立法原则导论》，时殷弘译，北京：商务印书馆，2000年，第57页。

性，以及计算幸福的三个标准：繁殖性、纯洁性、广延性。按照边沁的这七个标准，真正的善行就应该给我们带来强度大的、持续性强的、确定性高的、就近的、繁殖性强的、纯洁度高的、范围广的快乐和幸福。由此可见，边沁认为"道德问题本身是客观的、科学的和可计算的，幸福和快乐被认为是等同的。而密尔提出不仅要考虑快乐的数量，而且要考虑快乐的质量"[1]。

在边沁的基础上，密尔对"功利主义"的伦理学思想做了进一步的扩展。密尔认为，快乐与痛苦之间有质的差别。他将快乐分为低级和高级的，其中，肉体的快乐是低级的，精神的快乐是高级的。正如他所言："几乎没有人会因为能够享受所有的畜类快乐而愿意变为低等动物；没有哪个有才智的人愿意成为傻瓜；没有哪个有教养的人愿意成为无知之徒；没有哪个有感情和良知的人愿意变得自私和卑贱。纵然他们确信一个傻瓜、蠢材、恶棍对自己的命运比他们对自己的命运更加满意，他们也不会用自己的命运同前面那些人的命运交换。"[2] 同时，与边沁将快乐视为道德的最终评判标准不同，密尔将幸福视为道德的最终评判标准。幸福是一个内涵极为丰富的概念，快乐只是幸福的一个组成部分。

总之，"功利主义"伦理学思想"在面对不同的选择时，首先要尽可能谨慎地计算每一种结果，问一问这种选择将对每一个人，包括我们自己的生活带来多少好的和不好的影响。一旦我们完成了对所有相关行为的估算，我们在道义上就必然选择给我们带来利益最大或损失最小的办法。而有意选择别的行为，就违反了道德原则"[3]。由此可见，"功利主义"的伦理学思想在判断一个行为是否道德的时候，主要看这个行为的结果能否尽可能增加更多人的利益，为了这个好的结果甚至可以牺牲少部分人的利益。

二、新闻实践中的"功利主义"

边沁、密尔的"功利主义"在新闻实践中的运用主要是："在面对不同的选择时，记者首先要尽可能谨慎地估量每一种行为带来的结果或价值，问一问

---

[1] 卡伦·桑德斯：《道德与新闻》，洪伟等译，上海：复旦大学出版社，2007年，第26—27页。
[2] Denise White Peterfreund：《伦理学经典选读》，北京：北京大学出版社，2022年，第162页。
[3] 克利福德·G.克里斯蒂安：《媒体伦理学：案例与道德论据》，张晓辉等译，北京：华夏出版社，2000年，第15—16页。

这种选择将对社会带来多少好的和不好的影响。一旦完成了对所有相关行为的估算，我们在道义上就必须选择获利最大的办法，而有意选择别的行为，则违反了道德原则。"① 比如，虽然南非白人自由新闻摄影师凯文·卡特拍摄的《饥饿的小女孩》获得了普利策特写摄影奖，但是他却因一个巨大的道德难题（应该先救人，还是先拍照）而最终选择结束了自己的生命。面对这个道德难题，如果我们按照"功利主义"的伦理学思想的思路来解答，答案肯定是拍照优先，因为"功利主义"的伦理学思想提倡牺牲少数人而成全多数人。拍照优先可能会牺牲这一个小女孩，但是如果我们将这张具有震撼力的照片公之于众，可以引起全世界对非洲难民乃至全世界难民的关注和重视，以后就会有更多的难民得救。牺牲一个小女孩能拯救更多的难民，在"功利主义"的伦理学思想看来是值得的。

又比如，美国黑人领袖马丁·路德·金在阿拉巴州的塞尔马组织了一场争取公民权利的游行，其间县治安官派执法人员将儿童摔在地上，《生活》杂志的一名摄影记者见状停止拍摄而去帮助孩子们。金博士却提醒这位摄影师说："全世界并不知道这事发生了，因为你没有拍下它。我不是对此冷血的人，但是你拍一张我们的人被殴打的照片要比你成为加入争斗的另外一个人重要得多。"② 这里，金博士持有的也是"功利主义"的伦理学思想的观点，他也认为，新闻报道只要能为社会中的多数人带来好处，就算其结果可能伤害到少数人，也是符合伦理道德要求的。

第四节 罗尔斯的"无知之幕"在新闻实践中的运用

一、罗尔斯的"无知之幕"

罗尔斯的"无知之幕"是对社会契约论的扩展和延伸，其试图以社会契约

---

① 牛静：《新闻传播伦理与法规：理论及案例评析》，上海：复旦大学出版社，2016年，第11页。
② 展江、彭桂兵：《媒体道德与伦理案例教学》，北京：中国传媒大学出版社，2014年，第241页。

的方式构建一种正义的社会秩序。在罗尔斯之前，西方社会奉行的是功利主义的伦理观。这种伦理观在提升了经济效率的同时，也在破坏社会的公平正义，激化社会矛盾。因此，迫切需要制定一个适用于社会整体的正义原则。但是，我们在制定正义原则的时候不可避免地要受到主观偏见和利己动机的影响，很难制定出真正适用于社会整体的正义原则。面对这种情况，罗尔斯认为我们应该回到自己的原初状态。这种原初状态是"达到某种确定正义观的纯粹假设状态，它相应于传统的社会契约理论的自然状态"[①]。"无知之幕"的提出就是为了保证我们回到这种原初状态。

无知之幕就是将人们放置在一张巨大的幕布之下，这张幕布可以将每个人的身份、地位、智力水平、经济实力等外部条件遮蔽住，使得每个人都成为社会的平等成员。每个人在这张幕布之下都不能根据自己的利益和偏好制定正义的原则，只能从原初状态出发，以最普遍的人的视角制定出尽可能普遍接受的正义原则。

罗尔斯认为，人们在无知之幕的限制之下应该遵守两个正义原则。一是平等自由原则。该原则要求我们每个人都应该有一种平等权利，该权力与其他人拥有的基本的最广泛的自由体系是相容的。在平等自由原则中，人们能够行使各种诸如机会自由、政治自由、信仰自由以及言论自由等基本权利，并且使之最大化。二是差别原则。该原则认为，虽然每个人都应该享有平等的基本自由，但现实社会总是不可避免地存在各种不平等。面对这些不平等，罗尔斯认为："社会和经济的不平等应这样安排，使它们在于正义的储存原则一致的情况下，适合于最少受惠者的最大利益。"[②] 这就是说，"当某些不平等最大限度提高或至少有助于提高社会最不幸的阶层的长远期望时，这种不平等就是可以

> **扩展资源**
>
> 罗尔斯：无知之幕下选择的正义
> （来源：江苏检察网）

[①] 罗尔斯：《正义论》，何怀宏、何包钢、廖申白译，北京：中国社会科学出版社，2006年，第25页。

[②] 罗尔斯：《正义论》，何怀宏、何包钢、廖申白译，北京：中国社会科学出版社，2006年，第302页。

允许的"[1]。也就是说，罗尔斯承认现实社会中存在不平等，但是这种不平等应该有利于弱势群体，而不是强势群体。

二、新闻实践中的"无知之幕"

罗尔斯的"无知之幕"在新闻实践中的运用主要体现在：当新闻记者面临各种伦理困境时，"无知之幕"可以帮助他们做出决策。比如，凯文·卡特在拍摄《饥饿的小女孩》这张照片时就陷入了"应该先拍照，还是先救人"的伦理困境。如果新闻记者按照"无知之幕"来解决这个困境，那肯定是"救人优先"，因为在无知之幕的限制下，凯文·卡特根本就不知道自己是一名记者，只会将自己视为普通人。普通人应该救人优先。而且，新闻记者在差别原则的指导下也应该是救人优先，因为当时小女孩的境况是最差的，是最应该得到保护的弱势群体。

又比如，新闻记者在灾难报道中经常会陷入这样的伦理困境：应该为了保护隐私而选择不采访遇难者家属，还是应该为了满足公众的知情权而选择采访？如果新闻记者按照"无知之幕"来解决这个困境，那应该选择不采访，因为按照差别原则，遇难者家属在当时的境况是最差的，是最应该得到保护的弱势群体。

【思考题】

1. 亚里士多德的"中庸之道"如何运用在新闻实践之中？
2. 康德的"绝对命令"如何运用在新闻实践之中？
3. 边沁、密尔的"功利主义"如何运用在新闻实践之中？
4. 罗尔斯的"无知之幕"如何运用在新闻实践之中？

---

[1] 罗尔斯：《正义论》，何怀宏、何包钢、廖申白译，北京：中国社会科学出版社，2006年，第396页。

第三章　马克思主义伦理学在新闻实践中的运用

马克思主义伦理学是马克思、恩格斯等马克思主义经典作家以及后继的马克思主义者在马克思主义理论和实践探索中逐渐形成并不断完善的关于道德的科学理论，是整个马克思主义科学体系中不可分割的一部分。马克思主义是中国特色社会主义事业的指导思想，所以马克思主义伦理思想必然对我国新闻事业具有重要的指导作用。追溯马克思、恩格斯等马克思主义经典作家们的伦理思想史，我们可以发现他们的伦理思想的形成与发展本身就与其新闻实践活动有着密切的关系，可以说他们的部分伦理道德思想就来源于他们直接的新闻实践活动，同时又指导他们的新闻实践活动，例如马克思在《莱茵报》担任编辑时，提出了"新闻自由""人民报刊"等思想。改革开放后，社会主义市场经济建设和社会生活发生了深刻的变革，中国社会出现了社会公平、制度正义、社会信用体系、权力制约、人的自由等一系列问题。这些问题同样给我国的新闻实践活动带来前所未有的冲击与挑战，而马克思主义伦理学以唯物史观的基本精神为宗旨有助于解决新闻实践中的伦理道德困境。

第一节　马克思主义伦理思想

马克思主义伦理思想是以唯物史观为理论指导，运用唯物辩证法研究道德现象、分析道德问题、揭示道德发展规律的。马克思主义伦理思想不仅对一般的道德现象和问题进行了探讨，也阐释了无产阶级道德、社会主义和共产主义道德类型以及建设问题，彰显了以"人的自由而全面发展"的价值目标。"马克思主义伦理思想的创立是人类伦理思想史上的革命性变革。"① 虽然马克思和恩格斯没有明确提出"马克思主义伦理学"的概念，也没有对自己的伦理思想进行全面系统的论述，甚至没有一个特别论述伦理思想的专题或篇章，导致马克思主义伦理思想的合法性与合理性遭受许多人的质疑。但是实现"人的解放"是马克思和恩格斯等马克思主义经典作家毕生的价值目标，他们的众多经典著作，如《费尔巴哈提纲》《1844年经济学哲学手稿》《反杜林论》等，都有涉及伦理或道德思想的论述。"因此，马克思没有建立一种伦理学，并不代表马克思主义伦理学是不可能的。"② 实际上，马克思主义在不断发展和完善的过程中，也赋予了马克思主义伦理思想以开放性和丰富性，如列宁、毛泽东等都给马克思主义伦理思想增添了丰富的内涵。

一、马克思主义伦理思想产生的历史背景和理论来源

马克思主义伦理思想的形成与发展，同整个马克思主义一样，有其客观的必然性和独特的理论来源。19世纪资本主义工业革命和机器大生产的出现、工人运动高涨和自然科学的重大发现为马克思主义伦理思想的产生提供了历史条件。同时，"德国古典哲学、英国古典政治经济学以及法国和英国空想社会主义学说为马克思主义伦理思想提供了理论来源"③。

18世纪中叶英国发动的工业革命迅速向欧洲、美洲和世界各地扩展，机器大生产极大提高了劳动生产效率，促进生产力巨大发展，生产力的发展进一步促进人们的物质、政治和精神生活的深刻变革，也导致人们的道德生活发生巨大转变。资本主义机器大生产创造了资产阶级与无产阶级，同时也加剧了这两个阶级的斗争。19世纪三四十年代，欧洲相继爆发了工人运动，如法国里昂工人起义、英国宪章运动、德国西里西亚纺织工人起义。这标志着无产阶级开始作为一支独立的政治力量登上历史舞台。在与资产阶级道德进行斗争的过程中，无产阶级迫切需要科学伦理思想的指导和武装，关于无产阶级人生观、

---

① 章海山：《当代道德的转型和建构》，广州：中山大学出版社，1999年，第73页。
② 曲红梅：《"道德的意识形态"论题与马克思主义伦理学》，载《中国社会科学评价》，2021年第4期。
③ 本书编写组：《伦理学》，北京：高等教育出版社，2021年，第37页。

价值观和道德观的马克思主义伦理思想就孕育而生。而19世纪人类发现的能量守恒和转化定律、细胞学说和生物进化论等,不仅深刻地揭露了自然世界的物质统一性及其演进过程的辩证性质,而且使人们有可能根据自然学科知识去认识自然界,避免了主观臆测和种种形而上学的错误。由此可见,自然科学的进步和重大发现,也为马克思主义伦理思想的创立提供了思维方法和观察世界的便利条件。

正如列宁所说:"马克思的全部天才正是在于他回答了人类先进思想已经提出的种种问题。他的学说的产生正是哲学、政治经济学和社会主义极伟大的代表人物的学说的直接继续。"① 马克思主义伦理思想也正是在批判与继承以往包括古希腊、古罗马、中世纪基督教和经院哲学在内的以往伦理学家的伦理思想的基础上创立的。德国古典哲学中的康德、费希特、黑格尔、费尔巴哈等人的伦理思想,都为其提供了直接理论来源,如康德"人是目的而不是手段""意志自律"的主体性伦理思想,黑格尔充满辩证色彩的伦理思想体系,等等。马克思主义伦理思想批判前人伦理思想中的错误之处,吸收其有价值的成分,形成了自己独特的思想体系——以辩证唯物主义和历史唯物主义为理论基础的科学伦理思想。当然,马克思和恩格斯也批判继承了斯密和李嘉图等英国古典政治经济学家中的伦理思想,深刻揭示了物质利益在道德生活中的决定和支配作用,分析了个人利益和集体利益的关系。马克思主义还继承了空想社会主义对资本主义社会道德状况的批判以及对社会主义伦理理想追求的合理性成果,并加以创造性的改造。

二、马克思主义伦理思想的形成与发展

马克思主义伦理思想的形成与发展,是在马克思主义理论和实践探索中不断丰富和完善的。马克思、恩格斯等马克思主义经典作家创立了马克思主义伦理学思想,但也经历了从革命民主主义到共产主义、从唯心主义到唯物主义的探索过程。马克思主义伦理思想的继承者们在新的历史时期和发展阶段,结合新的道德生活实际,与时俱进为其开辟新领域、提升新境界。例如,列宁将其

---

① 中共中央马克思恩格斯列宁斯大林著作编译局编:《列宁专题文集 论马克思主义》,北京:人民出版社,2009年,第66—67页。

与俄国革命的具体道德生活实践相结合,推动了马克思主义伦理思想向前发展;毛泽东、邓小平等将其与中国具体道德生活和中华民族优秀的传统伦理文化相结合,创造性地推动了中国化马克思主义伦理思想的形成与发展。"这也为中国现代以来的道德革命和道德建设提供了理论武装和价值引领,铸就了现代中国伦理文明的基座、框架和风骨。"①

马克思和恩格斯对马克思主义伦理学的形成和发展做出了独创性和奠基性的贡献。首先,马克思和恩格斯以唯物史观为基础并运用唯物辩证法深刻地揭示了道德的本质、属性、功能和作用。他们认为,道德观念和道德规范问题属于上层建筑,而上层建筑是由经济基础决定的,经济基础最终又是由生产力决定的,所以人们"总是从他们阶级地位所依据的实际关系中——从他们进行生产和交换的经济关系中,获得自己的伦理观点"②。这就不同于以往将道德归结于上帝、圣人、绝对观念、人性以及理性等伦理道德学说。其次,抽象的、永恒的、普遍的道德是不存在的,因为"在生产力发展的一定历史阶段,人们会根据各自在生产关系中的不同地位分裂为阶级,阶级斗争不可避免,在一定时期还是社会进步不可缺少的推动力量;在阶级社会里道德是有阶级性的"③。马克思和恩格斯深刻揭露和批判剥削阶级的道德观,特别是资产阶级道德的反动性和虚伪性。资产阶级所谓的"'正义'、'人道'、'自由'、'平等'、'博爱'、'独立'……这些字眼固然好听,但在历史和政治问题上却什么也证明不了。'正义'、'人道'、'自由'等等可以一次地提出这种或那种要求,但是,如果某种事情无法实现,那它实际上就不会发生,因此无论如何它只能是一种'虚无缥缈的幻想'"④。最后,马克思和恩格斯在批判阶级社会的道德时,也全面论述了无产阶级道德、共产主义道德的主要内容和道德理想,阐释了无产阶级集体主义道德原则及其道德品质。马克思和恩格斯认为:"每个人的自由发展是一切人的自由发展的条件。"⑤ 也就是说,共产主义道德是实现人的自由全面发展的。马克思和恩格斯对马克思主义伦理思想的原创性贡献还体现在

---

① 本书编写组:《伦理学》,北京:高等教育出版社,2021年,第46页。
② 《马克思恩格斯文集》第9卷,北京:人民出版社,2009年,第99页。
③ 安启念:《马克思恩格斯伦理思想研究》,武汉:武汉大学出版社,2010年,第41页。
④ 《马克思恩格斯全集》第6卷,北京:人民出版社,1961年,第325页。
⑤ 《马克思恩格斯文集》第2卷,北京:人民出版社,2009年,第53页。

婚姻家庭道德、商业道德、生态伦理、新闻伦理等诸多方面的论述。

列宁对马克思主义伦理思想做出的贡献是富有创造性的。首先，列宁反对民粹派的道德至上论，也反对机械唯物论否定道德作用的道德无用论或道德虚无主义。他一直坚定地认为，作为一种上层建筑和意识形态，道德必定是由一定的经济关系决定的。同时，道德也对经济关系具有一定程度上的能动作用和能动反作用。其次，列宁首次提出共产主义道德的科学概念，并对其加以解释。他还极具创造性地阐释和深入地论述了共产主义道德的基本原则和主要规范。列宁认为："我们将努力消灭'人人为自己，上帝为大家'这个诅咒的准则，克服那种认为劳动只是一种差事，凡是劳动都理应按一定标准付给报酬的习惯看法。我们要努力把'大家为一人，一人为大家'和'各尽所能，按需分配'的准则渗透到群众的意识中去，渗透到他们的生活常规中去。"① 在十月革命后，列宁对人民群众的首创精神和星期六义务劳动的经验做出了详尽的归纳与总结，并在这个基础上提出并论证了共产主义劳动态度的内涵和价值。他把共产主义劳动态度视为共产主义道德的重要组成部分。除此以外，针对无产阶级的爱国主义、国际主义、政党伦理建设，社会主义和共产主义经济伦理以及恋爱、婚姻、家庭道德、道德教育与修养等问题，列宁都提出了深刻的见解。马克思主义伦理思想因此得到了极大的充实和发展。

马克思主义伦理思想中国化，对于马克思主义伦理思想的发展具有里程碑式的推动作用。马克思主义伦理思想中国化的伟大成就，集中体现为毛泽东伦理思想和中国特色社会主义伦理思想体系这两大杰出理论成果。毛泽东伦理思想作为第一次将马克思主义伦理思想中国化的杰出理论成果，是马克思主义伦理思想与中国新民主主义革命、社会主义革命和建设过程中的具体道德生活实践相结合的产物，同时也是与中国优秀传统伦理文化相结合的产物。例如，毛泽东伦理思想中提到"为人民服务"的道德观念，他在悼念张思德的演讲中，从人民主体利益地位出发，对这一道德观念进行了详尽且生动的阐述。他在演讲中提到，我们的一切言论行动"必须以合乎最广大人民群众的最大利益，为最广大人民群众所拥护为最高标准"②，指明了我们所有的言论和行为都要从

---

① 《列宁全集》第 39 卷，北京：人民出版社，2017 年，第 100 页。
② 《毛泽东选集》第 3 卷，北京：人民出版社，1991 年，第 1096 页。

为人民服务的立场出发，维护人民的根本利益的方向。中国特色社会主义伦理思想体系则来源于邓小平理论、"三个代表"重要思想、科学发展观、习近平新时代中国特色社会主义思想，是汲取了这些思想中精华的伦理思想内容而形成的伦理思想体系。与毛泽东伦理思想类似，它是马克思主义伦理思想与改革开放以来中国特色社会主义道德实践生活相结合的产物，同时也是与中华民族优秀伦理文化传统相结合的产物。其中，"习近平新时代中国特色社会主义思想中的伦理思想代表着马克思主义伦理思想中国化的最新理论成果，是马克思主义伦理思想在当代中国的新发展和新创造"①。它蕴含着以人民为中心、坚定理想信念、社会主义核心价值观、民族精神和时代精神、中华传统美德等一系列丰富的伦理思想和价值理念。

三、马克思主义伦理思想的基本特征

"马克思主义伦理学的创立，是人类伦理思想史上伟大的革命变革……结束了想靠自由、平等、博爱的符咒来推翻世界，以所谓爱的力量来战胜一切的幻想和神话。"② 它不同于建立在宗教等超自然根源基础上的伦理思想，也不同于建立在自由意志等纯主观性质上的伦理思想。它使得道德规范和道德评价不再以个人主观意识决定。罗国杰教授在他主编的影响广泛的教材《马克思主义伦理学》中，从三个方面明确指出了马克思主义伦理思想和人类历史上一切剥削阶级的伦理思想的本质区别。

第一，辩证唯物主义和历史唯物主义是马克思主义伦理思想的重要基础。马克思主义以前的伦理思想，无论是唯物主义者还是唯心主义者的伦理思想，由于采用历史唯心主义世界观看待社会，忽视了物质生产发展过程是人们一切社会关系的根源这一客观规律，因而难以准确地掌握社会发展的历史性规律，也无法科学地解决道德起源与发展的客观规律性问题，更不能科学地解释和体悟道德的社会性本质和作用。正如列宁所说："马克思以前的'社会学'和历史学，至多是积累了片段收集来的未加分析的事实，描述了历史过程的个别方面。"③ 而对于这一系列问题，马克思主义伦理思想从辩证唯物主义和历史唯

---

① 本书编写组：《伦理学》，北京：高等教育出版社，2021年，第51—52页。
② 魏英敏：《新伦理学教程》，北京：北京大学出版社，2003年，第81—85页。
③ 《列宁选集》第二卷，北京：人民出版社，1976年，第586页。

物主义世界观和方法论角度对其进行了科学阐释和说明。

第二,为无产阶级利益服务是马克思主义伦理思想的根本宗旨。马克思主义以前的伦理思想,由于没有深刻和准确地认识到人的本质,所以忽视了人的阶级社会属性,宣称道德是超越阶级属性的、是永恒不变的,常常把剥削阶级的伦理思想伪装成看起来似乎是"公正的""不偏不倚的"科学社会思想。这其实是一种伪善,本质目的是欺骗和愚弄广大无产阶级劳动人民。马克思主义伦理思想彻底摒弃了这种超越社会阶级属性的伦理思想,无情地拆穿了他们的欺骗性目的,同时坚定地表明自己作为无产阶级劳动人民与资产阶级斗争的理论工具,是争取无产阶级取得彻底解放的有力的思想理论武器。

第三,强调理论与实践相结合是马克思主义伦理思想的显著特征。马克思主义以前的伦理思想,为了使人们臣服于剥削阶级的统治,放弃走反抗斗争的道路,常常对人们现实社会中的道德实践生活视而不见,捏造出一系列虚无缥缈的"规范准则和价值标准",或者沉迷于纸上谈兵,进行一系列脱离实践的纯理论研究。除此之外,他们还对一些唯心主义道德理论进行空洞的道德说教和机械灌输。这都是由这些伦理思想的非科学性和阶级局限性导致的。而马克思主义伦理思想由于本身源于社会实践,充分吸收了无产阶级的阶级斗争和革命实践的经验,又是为了服务于广大无产阶级的阶级斗争和革命实践,因此特别强调理论与实践的结合与统一,反对空洞的道德说教。马克思主义伦理思想强调在道德教育和修养中,实践具有重要的意义。它主张要培养真正的无产阶级革命事业接班人,离不开具体的社会革命实践活动。这样,对于伦理思想史上一些久久不能解决的问题,如动机和效果、自由和必然等,我们才能够运用唯物辩证法进行解决。

四、马克思主义伦理思想的基本观点

在《1844年经济学哲学手稿》中,马克思谈道:"我打算连续用不同的单独的小册子来批判法、道德、政治等等,最后再以一本专著来说明整体的联系、各个部分的关系并对一切材料的思辨加工进行批判。"[①] 遗憾的是,他这一愿望并没有实现。一些著名的伦理思想家,如亚里士多德、边沁、康德或罗

---

① 《马克思恩格斯全集》第42卷,北京:人民出版社,1979年,第45页。

尔斯等，选择针对道德行为、道德品德和道德评价等道德结构，深入道德内部进行专门研究和挖掘，发现其内在的逻辑结构，从而最终形成自己独特且系统的道德思想。而马克思和恩格斯则不同，他们并没有形成专门论述伦理思想的专著，而是将伦理思想贯穿于他们整个思想体系中，因为马克思和恩格斯毕生的事业目标都致力于推翻资本主义，实现共产主义。他们认为，资本主义社会是极不人道的，他们心中所设想的共产主义社会应该是一个人道主义得到真正彻底实现的社会。所以，马克思和恩格斯选择义无反顾地投身无产阶级革命，以建立一个"人是自由而全面发展"的社会，在这个社会里，人能够实现彻底的解放。正是因为"人的解放"贯穿于他们所有的思想体系和实践活动，所以"伦理思想在他们的整个思想体系中不可能不占有十分重要的甚至是核心的地位"①。围绕"人的解放"这一核心议题，马克思和恩格斯一方面对阶级社会尤其是资本主义社会存在着人的奴役（即包括一些人对另一些人奴役，也包括物对人的奴役）、不人道的现实境况进行了强烈的道德谴责；另一方面对真正的人道主义理想在共产主义社会中彻底实现，提出了殷切的道德期盼。因此，马克思和恩格斯的全部思想理论和实践活动无不渗透着丰富且深刻的伦理思想，其中，马克思主义阶级观、自由观、人民观是贯穿于整个马克思主义伦理思想的重要观点。

（一）道德具有阶级性

在马克思和恩格斯的《德意志意识形态》这本书中，有一个非常重要的观点："统治阶级的思想在每一个时代都是占统治地位的思想。"② 这一说法，正好具体体现了唯物史观中"社会存在决定社会意识"的基本原理。在马克思和恩格斯看来，占统治地位的阶级无论是在物质生产资料上还是精神生产资料上都拥有绝对的优势地位，在物质生产资料和精神生产资料支配上也拥有绝对的控制权。因此，对于那些无法拥有精神生产资料的人，他们的思想就会受到占统治地位的阶级的操控，他们的思想就必然只是统治阶级思想的一种反映。这种观点表明了作为阶级的思想，必须依赖于该阶级所掌握的社会物质力量而产

---

① 安启念：《马克思恩格斯伦理思想研究》，武汉：武汉大学出版社，2010年，第27页。
② 《马克思恩格斯选集》第1卷，北京：人民出版社，1995年，第98页。

生，是不能独立存在的。既然道德是一种意识形态，那么统治阶级的道德也必然蕴含于统治阶级的思想之中。正如马克思所说："一切以往的道德论归根到底都是当时的社会经济状况的产物。而社会直到现在是在阶级对立中运动的，所以道德始终是阶级的道德；它或者为统治阶级的统治和利益辩护，或者当被压迫阶级变得足够强大时，代表被压迫者对这个统治的反抗和他们的未来利益。"① 由此可见，人们在思想观念上的彼此冲突，从根本上来讲，是他们在经济利益上的彼此冲突导致的。

马克思和恩格斯坚决反对把统治阶级的思想、道德和统治阶级本身及其物质条件割裂开来的观点。他们认为："把占统治地位的思想和统治阶级割裂开来，主要是同生产方式的一定阶段所产生的各种关系分割开来，并由此得出结论说，历史上始终是思想占统治地位，这样一来，就很容易从这些不同的思想中抽象出'一般思想'、观念等等，而把它们当作历史上占统治地位的东西。"② 割裂开来，就陷入了历史唯心主义的错误，即变成了社会意识决定社会存在，思想或观念是人类社会和历史的基础。在人类历史发展进程中，一些历史唯心主义者把统治阶级的思想与其本身割裂开来看，丝毫不顾及这些思想产生的物质环境及其生产主体，简单地将阶级的伦理思想独立化，并将其定义为人类社会普遍的价值准则。例如，把贵族阶级占统治地位时的"荣誉""忠诚"等概念，或者把资产阶级占统治地位时的"自由""平等"等概念，视为人类社会应当普遍追求的价值。如此一来，就遮蔽了某一阶级以及其所依赖的物质生产方式，只能得出是某种精神或观念统治着世界的结论。

马克思和恩格斯认为不同的阶级有不同的道德。"实际上，每一个阶级，甚至每一行业，都各有各的道德。"③ 资产阶级的道德与无产阶级的道德就有差别，马克思曾提到资产阶级所推崇的道德价值和他们对无产阶级的剥削压迫是同时存在的，资产阶级的道德理想并不能代表无产阶级的道德诉求。比如资产阶级所划分的关于竞争的道德界限，实际上是对无产阶级"神圣化的财富"的践踏，同样也是对无产阶级的"荣誉""自由"等道德品质的践踏。在马克思主义伦理思想史中，有些学者由于未能注意到道德的阶级属性，错误地认为

---

① 《马克思恩格斯选集》第 3 卷，北京：人民出版社，1995 年，第 435 页。
② 《马克思恩格斯选集》第 1 卷，北京：人民出版社，1995 年，第 101 页。
③ 《马克思恩格斯选集》第 4 卷，北京：人民出版社，1995 年，第 240 页。

马克思主义反对社会伦理学研究中的"公平""正义""平等"以及人的"义务与权利"等范畴，草率地得出了马克思主义是不涉及道德的，甚至是反对道德的思想理论。实际上，马克思主义反对的正是以往阶级社会尤其是资本主义社会所鼓吹的自由、平等、公正、正义等抽象概念，而追求真正的人道主义原则。

（二）自由是人的本质

马克思和恩格斯一生都致力于为实现人的解放与自由而奋斗，并将其作为贯穿马克思主义思想体系的永恒价值目标。从马克思《博士论文》时期的自然哲学视角下的意志自由到《莱茵报》时期的唯心主义视角下的政治自由，从《德法年鉴》和《手稿》时期的人本主义视角下实现人的解放到《德意志意识形态》和《资本论》时期的历史唯物主义视角下实现人的自由而全面发展，马克思关于自由的思想和马克思主义一样经历从早期萌芽到成熟的一个历史探索与发展的过程。在《1844年经济学哲学手稿》中，马克思的研究视角悄然发生变化，转而关注市民社会中人的感性活动，从"人的类本质"的角度去诠释自由的内涵，认为自由自觉的活动是人的类本质，而自由正是"人的类本质"的最终实现。在《神圣家族》和《关于费尔巴哈的提纲》中，马克思完成了对黑格尔思辨哲学和费尔巴哈旧唯物主义的批判和清算，从而为新的世界观的创立奠定了初步的基础。直至《德意志意识形态》，马克思对新的世界观进行了系统且全面的阐述。马克思从有生命的现实的个人出发，从物质生产和社会交往出发，认为"自由是现实的个人的现实自由，把自由与人的社会历史进程联系在一起，系统而全面地阐述了自己的自由观，与历史上那些抽象的自由观厘清了界限，马克思的科学自由观最终形成了"[①]。

马克思认为共产主义是人的自由王国，是自由人的联合体，是"通过人并

[①] 商继政：《马克思自由观研究》，电子科技大学硕士学位论文，2012年，第55页。

且为了人而对人的本质的真正占有"①，这也意味着人的类本质是人的回归。"他之所以对共产主义这样理解，就是因为他把自由视为人的本质。"② 马克思赞成把自由作为人的本质，但并不代表马克思与其他资产阶级思想家一样；实际上，马克思正是在批判地继承以往思想家关于自由的论述中，阐述了他与其他思想家的自由观的本质区别。而这一区别的关键就在于对人的现实性及其本质的理解。

"现实的个人"是马克思主义自由观的出发点。在马克思那里，人是现实的个人，而不是以往思想家们眼中的"理念人""孤独个体""经济人""绝对精神的产物""抽象个人"。离开了"现实的个人"，人类生活中的实践活动，包括物质实践活动就失去了基本条件。同时，"现实的个人"也是在现实的社会实践活动中基于一定的条件，处于不断发展过程中的人，而不是处在某种虚无的、独立的和一成不变的状态中的人。所以，自由的观念是在现实的社会实践活动的现实个人在意识形态领域的映射。从马克思关于"现实的个人"的阐述中可以发现，"现实的个人"不仅是自然的存在和社会的存在，还是实践的存在。首先，"现实的个人"是一种自然的存在物。"人作为自然存在物，而且是有生命的自然存在物，人一方面赋有自然力、生命力，是能动的自然存在物；这些力量是作为天赋和才能、作为情欲存在于人身上。"③ 其次，"现实的个人"也是一种社会的存在物。不同于费尔巴哈把宗教的本质归结于人的本质的观点，马克思认为"人的本质不是单个人固有的抽象物，在其现实性上，它是一切社会关系的总和"。事实上，包括宗教、道德乃至人，都是社会的产物。显然，费尔巴哈没有认识到宗教的社会本质属性，而他所提到的"抽象的个人"实际上也是归属于一定的社会形式的。最后，"现实的个人"还是一种实践的存在。"劳动这种生命活动、这种生活本身对人来说不过是满足一种需要即维持肉体生存的需要的一种手段。而生产生活就是类生活。……通过实践创造对象世界，改造无机界，人证明自己是有意识的类存在物，就是说这样一种存在物，它把类看作自己的本质，或者说把自身看作类存在物。……因此，正是在改造对象世界中，人才真正地证明自己类存在。这种生产是人的能动的类

---

① 《1844 年经济学哲学手稿》，北京：人民出版社，2000 年，第 81 页。
② 安启念：《马克思恩格斯伦理思想研究》，武汉：武汉大学出版社，2010 年，第 100 页。
③ 《马克思恩格斯文集》第 1 卷，北京：人民出版社，2009 年，第 209 页。

生活。"①

（三）人民是利益的主体

马克思主义的历史唯物观非常强调人民群众的主体地位。马克思主义人民观认为人民不仅是社会物质财富和精神财富的创造者，而且是社会物质财富和精神财富的享有者和享受者，是利益的主体。

马克思在青年时期就树立了为全人类的幸福献身的伟大理想。他在中学毕业论文《青年在选择职业时的考虑》中就确立了自己选择职业的原则：一方面为了追求人类的幸福，另一方面为了追寻自身的完美。他在论文中写道"如果我们选择了最能为人类福利而劳动的职业，那么，重担就不能把我们压倒，因为这是为大家而献身"②，直白地表明他为了人类幸福而奋斗终身的理想追求。后来，马克思在反对书报检查令和普鲁士的专制主义，以及对资本主义社会的批判和共产主义社会的期盼中，也表明了他始终从人民的利益出发。

利益是人民群众用自己的实践活动创造的，是人类社会历史自我发展的产物。首先，人民群众本质上是一种社会性存在，彼此之间必然存在一种社会性的联系，是各种纷繁复杂的社会关系的总和，这种关系首先表现为经济意义上的物质利益关系。其次，个人物质利益的需要和人生价值的实现，必须通过个人与社会的实践互动，将个人利益与社会利益相互转化才能得以满足。也就是说，人民群众既是利益主体，也是历史创造主体，两种身份的统一只有通过实践才能实现。同时，人民群众作为追求利益、实现利益和占有利益的主体，其实践活动是在一个满足原有利益的基础上不断产生和创造新的利益。创造利益同时也赋予了人民群众实践活动无限的升级和活力，因为人类社会历史发展也是一个需求和利益不断产生又不断被满足的螺旋式上升过程，所以也只有通过实践，才能实现物质和精神财富中利益追求、利益创造、利益实现和利益享受的统一。

作为历史活动主体的人民群众，是一切大的历史事件发展与变革的主导力量。社会之所以发生变革，追根溯源，是因为人民群众之间的利益关系调整。

---

① 《1844年经济学哲学手稿》，北京：人民出版社，2000年，第57—58页。
② 《马克思恩格斯全集》第40卷，北京：人民出版社，1982年，第7页。

他们的利益和需要会直接影响生产力、生产关系以及上层建筑的一系列发展和变革。人民群众是社会生产力的主体,人民群众的利益是引起生产力变革和社会变革的现实力量。生产力的发展,最终是为了满足人民群众日益增长的物质文化需要和各方面的利益。人民群众利益的变化必然会引起生产活动的变化。同时,生产力的发展也会反过来影响人民群众的利益,并使人民群众逐渐认识到自身利益和少数剥削阶级利益之间的激烈冲突与矛盾。这就必然推动和吸引更多的群众自觉参加到改造社会的历史过程中来,从而引起整个社会的发展变化。

综上所述,只有人民群众的利益诉求得到了不断满足,生产力才能获得源源不断的发展动力,从而为社会发展提供根本的发展动力。社会活动是人民群众有意识、有目的的实践活动,而社会发展的过程就是人民群众的需要、利益、意志和目的的实现过程。"人民群众是不断满足自身需要的利益主体,人民群众的实际需要从根本上决定了社会历史发展的方向,从而揭示了社会发展的必然趋势。"①

第二节　马克思主义伦理思想在新闻实践中的运用

马克思主义伦理思想的形成与发展,就其本身而言,是离不开马克思、恩格斯等马克思主义经典作家的新闻实践活动的。可以说,马克思主义伦理思想部分来源于他们的新闻实践活动,同时又指导着他们的新闻实践活动,并促进了马克思主义新闻伦理思想的形成与发展。马克思和恩格斯在他们的一生中,经常参与新闻实践活动,主编的报刊就有12家,直接或间接指导的报刊有20多家,还经常在60多家报纸上发表多篇论作。在这些新闻实践活动中,他们形成了自己关于新闻的世界观和方法论,其中无不闪烁着他们伦理思想的耀眼光芒。

1842年,在《莱茵报》担任主编的马克思和担任通讯员的恩格斯,发表

---

① 王茜:《马克思群众观研究》,南开大学博士学位论文,2013年,第179页。

了一系列批判普鲁士封建专制统治的文章,提出了"自由报刊"和"人民报刊"的思想;后来,马克思和恩格斯还通过《德法年鉴》以及后来的世界上第一家工人阶级日报《新莱茵报》等报刊阐释了无产阶级的党报党刊思想,提出"工人报刊"等思想。列宁一生中也曾创办过40多种报纸,他在《星火报》《真理报》等无产阶级报刊中继承并丰富了马克思和恩格斯的党报党刊思想,提出了"全党办报和群众办报"等一系列党报思想和"服务于社会主义经济建设"等社会主义的报刊观念。毛泽东、邓小平、江泽民、胡锦涛、习近平等中国共产党人在领导新民主主义革命、社会主义建设、改革开放和中国特色社会主义时期,将马克思主义伦理思想与中国的新闻实践活动相结合,进一步丰富和发展了马克思主义新闻伦理思想。1942年,毛泽东指导《解放日报》改版,强调要把党性作为党报必须具备的四项品质之首。后来,邓小平提出了"结合实际、联系群众、批评与自我批评"三个办好党报的条件。1996年,在视察人民日报社时,江泽民特别强调舆论导向的极端重要性。胡锦涛提出要遵守新闻道德的法律法规,强调要顺应新闻工作的科学性和规律性。党的十八大以来,习近平对新闻宣传工作做出许多重要论述,如"党性和人民性从来都是一致的、统一的""以人民为中心"等。

一、新闻党性

伦理道德的阶级性决定了阶级社会里包括新闻伦理在内的一切伦理道德都具有阶级性。新闻的党性原则是马克思主义伦理思想的阶级性在新闻实践领域中的集中体现,也是阶级斗争发展到高层次的必然结果。新闻党性原则要求新闻实践活动必须保持无产阶级的性质,必须从无产阶级的根本利益出发。因此,新闻报道的重要任务就是严格遵循党的原则和纲领,阐述党的政治纲领、方针政策和党的思想理论等。"新闻工作的党性原则是马克思主义新闻伦理区别于一般的新闻伦理思想的最为显著的特征。"[①]

列宁在《党的组织和党的出版物》中提出:"社会主义无产阶级应当提出党的出版物原则,发展这个原则,并且尽可能以完备和完整的形式实现这个原

---

① 张曦:《马克思主义经典作家的新闻伦理思想探析》,载《伦理学研究》,2016年第6期。

则。"① 他对无产阶级党报党刊的党性原则进行了系统且全面的论述，认为党的出版物，应不同于资本主义或无政府主义为了追求个人或集团的利益而把写作事业当作赚钱的工具。对于无产阶级而言，新闻事业是与该阶级总的事业密不可分的一部分，"写作事业应该成为整个无产阶级事业的一部分，成为由整个工人阶级的整个觉悟的先锋队所开动的一部巨大的社会民主主义机器的'齿轮和螺丝钉'。写作事业应当成为社会民主党有组织的、有计划的、统一的党的工作的一个组成部分"②。毛泽东也注重党报的党性原则，他在《解放日报》改版时强调"务使通讯社及报纸的宣传完全符合于党的政策，务使我们的宣传增强党性，拿《解放日报》所发表的关于如何增强党性的许多文件去教育我们的宣传人员，克服宣传人员闹独立性的错误倾向"③。由此可见，马克思主义新闻伦理的党性原则规定了无产阶级党报的性质：

一是无产阶级党报是共产党领导政治斗争的革命阵地和思想旗帜，也是组织和动员广大人民开展革命运动的阵地。恩格斯在祝贺奥地利《工人报》改为日报时写道："在每一个党、特别是工人党的生活中，第一张日报的出版总是意味着大大地向前迈进了一步。这是它至少在报刊方面能够以同等武器同自己的敌人作斗争的第一个阵地。这个阵地你们占领了。……祝每日出版的《工人报》顺利成功。"④ 恩格斯强调党报党刊的首要任务是组织讨论、论证阐释和誓死捍卫无产阶级政党的要求，批判和驳斥敌对党提出的各种反动言论和无理要求。党报在阶级斗争中是最重要的思想武器，主要表现为战斗的和理论的载体，成为教育人们、争取中间势力和战胜敌人的宣言书。对此，马克思认为报刊要为人民的文化和精神教育提供强大的推力，发挥报刊在物质斗争、血肉斗争以及需求、欲望、经验的斗争向思想斗争、精神斗争以及理论、理性、形式的斗争转变中的促进作用。列宁进一步提出党报是建党的手段，也是党存在和开展斗争的象征，他认为"没有这样的机关报，地方工作仍然是狭隘的'手工业方式'的。不通过一种报纸把党的正确的代表机关建立起来，党的成立在很大程度上仍然是一句空话。……没有革命报纸，我们绝不可能广泛地组织整个

---

① 《列宁全集》第12卷，北京：人民出版社，1987年，第93页。
② 《列宁全集》第12卷，北京：人民出版社，1987年，第93页。
③ 《毛泽东新闻工作文选》第4卷，北京：人民出版社，1991年，第1318—1319页。
④ 《马克思恩格斯全集》第22卷，北京：人民出版社，1965年，第590页。

工人运动"①。因此，无产阶级革命运动的发展壮大，离不开具有党性的新闻报刊将一切不满和反抗剥削统治的力量聚集起来。同样，毛泽东也把党报视为革命斗争的武器，例如他在1944年陕甘宁边区文化教育座谈会上说道："我们地委的同志，应该把报纸拿到自己手里，作为一切工作的一个武器，反映政治、军事、经济又指导政治、军事、经济的一个武器，组织群众和教育群众的一个武器。"②

　　二是党报要坚定地做党和人民的喉舌，随时随地反映和表明党的政治主张和人民的呼声。在马克思看来，捍卫社会公平正义，揭露当权者的剥削腐败，维护自己自由的人民精神是报刊的神圣使命。无产阶级党报代表无产阶级和人民的呼声，其本质是无产阶级政党和广大人民无处不在的耳目喉舌。因此，无产阶级党报必须以科学的理论和正确的立场表达人民的意愿。毛泽东在1942年《解放日报》改版中明确提出中共党报是党的喉舌这一定位，从此中共党报作为集体的宣传者和组织者，成为党组织坚强的精神力量。刘少奇同志在1948年《对华北记者团的谈话》中将"耳目"与"喉舌"两个概念结合在一起，深刻揭示了党报同生活实际、人民的希望以及党与人民的相互联系。他对党报记者说道："你们的笔，是人民的笔，你们是党和人民的耳目喉舌。""中央就是依靠你们这个工具，联系群众，指导各地党和政府的工作。"③ 对于党报而言，只有让党的组织者掌握全面真实的信息，了解社会各领域的现状、斗争形势以及人民的所思所想，然后制定符合实际和人民要求的理论与方针，才能成为真正的喉舌。"党报作为耳目是第一位的，不能做好耳目，不了解客观情况，党报难以胜任喉舌的天职。党报喉舌的性质依赖于耳目的作用，如果党报不顾客观实际，不听人民的呼声，就失去了喉舌应有的理性，就会瞎喊一气，也就不是什么真正的喉舌了。"④

> **扩展资源**
> 学习毛泽东的"办报思想"
> （来源：央广网）

---

① 《列宁全集》第4卷，北京：人民出版社，1984年，第168—169页。
② 《毛泽东文集》第3卷，北京：人民出版社，1996年，第111页。
③ 刘建明：《马克思主义新闻观经典读本》，北京：清华大学出版社，2009年，第133—138页。
④ 刘建明：《马克思主义新闻观理论基础》，北京：清华大学出版社，2010年，第201页。

无产阶级党报无论是在党的革命斗争时期，还是在作为执政党的和平建设时期，其阶级属性决定了党报必须坚定不移、一以贯之地宣传无产阶级政党的政治纲领、战略思想、历史使命和斗争任务等主要历史任务。正如马克思和恩格斯在指导欧洲的工人运动时提出："党刊的任务是什么呢？首先是组织讨论，论证、阐发和捍卫党的要求，驳斥和推翻敌对党的妄想和论断。"[①] 列宁在十月革命胜利后对党报提出了新的要求："我们应该而且一定要把报刊从发表耸人听闻的消息的工具，从报道政治新闻的普通工具，从驳斥资产阶级谎言的工具，变成在经济上重新教育群众的工具，变成向群众介绍如何按新的方式组织劳动的工具。"[②] 毛泽东在《〈政治周报〉发刊理由》中也阐述了创办该报的目的，他认为："为什么要出版《政治周报》？为了革命。为什么要革命？为了使中华民族得到解放，为了实现人民的统治，为了使人民得到经济的幸福。"[③] 随着新民主主义的胜利和社会主义建设的开展，党报的任务也发生了根本转变，"由政治宣传的工具变为经济建设的工具。由指导和发动阶级斗争的武器转变为劳动人民进行经济教育，批评劳动组织的缺点和错误的工具"[④]。

无产阶级党报坚持党性原则，首先，要反映党的思想理论和政治纲领。马克思和恩格斯在编辑出版《新莱茵报》时，特别强调该报刊的无产阶级性质，并把无产阶级政党的纲领作为党报的纲领。衡量"真正的党的机关报"的标准，就是要看该报刊能否坚持党的正确纲领，遵从党的精神。如果无产阶级党报党刊背弃党的思想理论和立场，放弃党的政治原则，就要改变党报的性质。因此，党报在工作中必须遵从党的精神，坚持党的思想理论，体现无产阶级的思想路线，这是党报坚持党性原则的基础。党报还必须遵守党的纲领，坚持无产阶级立场，维护党的宗旨，这是衡量党报是否贯彻党性原则的最重要标准。其次，要坚定不移地宣传党的方针政策。1948年，毛泽东在《党报必须无条件地宣传中央路线和政策》一文中指出："各地党报必须无条件地宣传中央的路线和政策，并不得在宣传中将中央和受中央委托执行中央的路线、政策和任务的机关（即各中央局、分局、军委分会和前委会）处于平列地位。相反，必

[①] 《马克思恩格斯全集》第4卷，北京：人民出版社，1958年，第300页。
[②] 《列宁全集》第34卷，北京：人民出版社，1985年，第137页。
[③] 《毛泽东文集》第1卷，北京：人民出版社，1993年，第21页。
[④] 刘建明：《马克思主义新闻观理论基础》，北京：清华大学出版社，2010年，第207页。

须公开向党内外声明,各受中央委托的机关是执行中央路线、政策和任务的。"① 习近平也强调:"坚持党性,核心就是坚持正确政治方向,站稳政治立场,坚定宣传党的理论和政治路线方针政策,坚定宣传中央重大工作部署,坚定宣传中央关于形式的重大分析判断,坚决同党中央保持高度一致,坚决维护党中央权威。"② 最后,要在政治上同党中央保持一致。列宁认为,无论是地方还是党中央的无产阶级新闻工作,都必须"绝对服从党代表大会,绝对服从相应的中央和地方党组织"③。党性原则要求无产阶级新闻工作者必须在政治上与党中央保持一致,绝对不允许消极地对待党中央的指示,更不允许公开发表反对党的纲领和政策。作为无产阶级新闻事业的工作者,在思想和行动上自觉同党中央保持一致,是新闻工作坚持党性原则的基本要求,是党报的基本职责和必须遵守的政治纪律。"党报要坚决维护中央权威,保证中央政令畅通,不得擅自发表同中央不同的声音。"④

二、新闻正义

新闻正义是新闻工作者在新闻实践活动中必须遵守的行为规范和道德准则,它要求新闻工作者必须以正义的视角去观察和认识社会现象,揭露不公正的社会问题,以维护社会正义和增进公共利益。"在马克思主义新闻伦理思想中,人民利益是新闻正义的出发点,通过对人民利益的维护和对公众利益的追求,实现社会的普遍正义。"⑤ 1842 年,马克思在担任《莱茵报》主编时发表了一系列揭露普鲁士封建专制统治的文章。他提出"人民报刊"的思想,阐释了新闻报刊应争取人民的解放和言论自由的目标和任务。人民报刊思想是马克思主义人民性的伦理思想在新闻实践中的集中表现,是无产阶级报刊思想的起点,也是社会主义新闻思想的重要范畴,在今天具有更迫切的现实意义。同时,由于党报的无产阶级先进性主要表现为对人民大众利益的追求,因此党报也是人民的报纸。

---

① 《毛泽东选集》第 5 卷,北京:人民出版社,1977 年,第 127 页。
② 《胸怀大局把握大势着眼大事 努力把宣传思想工作做得更好》,载《人民日报》,2013 年 8 月 13 日。
③ 《列宁全集》第 12 卷,北京:人民出版社,1987 年,第 94 页。
④ 刘建明:《马克思主义新闻观理论基础》,北京:清华大学出版社,2010 年,第 220 页。
⑤ 张曦:《马克思主义经典作家的新闻伦理思想探析》,载《伦理学研究》,2016 年第 6 期。

在马克思看来,"真正的报刊"是"人民的报刊"。因为人民的报刊是人民精神的表达者,不仅发出人民自己的声音,而且让人民真实地认识社会和自己。首先,马克思极力反对普鲁士专制政府的书报检查制度,他在《莱比锡总汇报》被查封后指出:"假定所有这些罪状都是有根据的,那么,试问这些罪状是用来反对《莱比锡总汇报》的任性呢,或是用来反对方兴未艾的年轻的人民报刊的必然性呢?问题是关于某一类报刊的存在呢,还是真正的报刊即人民报刊的不存在?"[①] 这是马克思首次提出"人民报刊"的概念,他认为自由的报刊是人民报刊的基础,是"人民在自己面前的毫无顾虑的忏悔,大家都知道,坦白的力量是可以使人得救的。自由报刊是人民用来观察自己的一面精神上的镜子,而自我审视是智慧的首要条件"[②]。自由的出版物把物质斗争转化为精神斗争,不断开拓了人民精神的视野,在个人与国家乃至整个世界相联系之间建立起有声的桥梁。其次,马克思认为人民报刊产生和发展的真正条件在于人民的需要和信任,而不是来源于普鲁士政府的施舍。他强调"人民的信任是报刊赖以生存的条件,没有这种条件,报刊就会萎靡不振"[③]。也就是说,没有人民就没有人民报刊,所以人民报刊始终要扎根于人民之中,反映人民的需要和利益。马克思认为"报刊只是而且应该是'人民(确实按人民的方式思想的人民)日常思想和感情的'公开的'表达者,诚然这种表达往往是充满激情的,夸大的和失当的'","真诚地同情人民的一切希望与忧患、热爱与憎恨、欢乐与痛苦"[④]。因此,报刊还必须关注现实问题,让人民深刻了解自己的生存状况,引导人民理想地进行斗争。最后,马克思认为人民报刊是"国家中的第三种权力"[⑤]。人民报刊有责任向受众和国家权力阶层反映真实的社会问题和现象,使人民和管理者明晰自己应当承担的责任。这种介乎人民和管理者之间的报刊是独立自由的,持有发表双方意见、批评双方错误的平等态度。马克思认为在自由报刊领域中,从属于相同范围内的人民与管理者可以对彼此的原则和要求提出质疑和评判,这种批评应该在平等的公民权利范围内进行。人民

---

① 《马克思恩格斯全集》第 1 卷,北京:人民出版社,1975 年,第 369 页。
② 《马克思恩格斯全集》第 1 卷,北京:人民出版社,1995 年,第 186 页。
③ 《马克思恩格斯全集》第 1 卷,北京:人民出版社,1995 年,第 234 页。
④ 《马克思恩格斯全集》第 1 卷,北京:人民出版社,1995 年,第 352 页。
⑤ 《马克思恩格斯全集》第 7 卷,北京:人民出版社,1959 年,第 117 页。

报刊站在人民立场上讲话，同时又以平等的态度让国家官员和一般公民交流各自的观点，没有任何粗劣的偏袒和"暴徒习气"。人民报刊是讲理的报刊，即使对统治者也不诉诸压服的手段。马克思这种立场反映了人民报刊应有的公正性，即对调整国家关系持有不偏不倚、合理、合法的积极态度。①

人民报刊思想对新闻实践提出了从人民需要和利益出发的要求：

首先，新闻报刊必须要全心全意为人民服务。新闻报刊的人民性决定了新闻报刊必须代表和维护广大人民的普遍利益，而不是维护少数特权阶级的利益，所以马克思认为人民报刊要始终站在人民的立场上，维护人民的根本利益。这就要求人民报刊真实地反映人民生产生活的基本状况和社会环境，与人民群众始终同甘共苦，反映民意，解决民忧。马克思在《摩泽尔记者的辩护》一文中指出人民报刊应该"是带着理智，但同样也是带着情感来对待人民生活状况的；因此，报刊的语言不仅是超脱各种关系的明智的评论性语言，而且也是反映这些关系本身的充满热情的语言，是官方的发言中所不可能也不允许有的语言"②。后来在《社会民主党人报》时期，马克思和恩格斯强调无产阶级政党的报刊必须把为无产阶级大众服务作为根本宗旨，所以新闻工作者应当从无产阶级广大人民群众的实际生活中挖掘和创作新闻内容。列宁进一步继承了马克思和恩格斯的"人民报刊"思想，要求无产阶级党报和新闻工作必须始终充分反映和满足广大人民群众的物质利益和精神利益需要。"不仅要报告事实和事件，而且要反映人们的情绪和运动的日常的、'没有意思的'、一般的、没有改变的情况。……，要多写工人对我们社会民主党人的不满、他们的疑虑、需要、抗议等等。"③ 在这里，列宁非常强调新闻工作者在新闻实践活动中必须与广大党员干部和人民群众保持密切的联系。

全心全意为人民服务是中国共产党的根本宗旨，这也是以马克思主义为指导的中国新闻事业的根本宗旨。中国共产党历代领导人都十分强调新闻事业要服务于人民。毛泽东在1944年晋绥边区的党报《抗战日报》的指示中强调新闻报刊要注重密切联系群众，"本地消息，至少占两版至多三版。排新闻的时候，应以本地为主，国内次之，国际又次之。对于外地与国际消息，应当加以

---

① 刘建明：《马克思主义新闻观理论基础》，北京：清华大学出版社，2010年，第181页。
② 《马克思恩格斯全集》第1卷，北京：人民出版社，1995年，第378页。
③ 《列宁全集》第37卷，北京：人民出版社，1959年，第90页。

改造。对新华社的文章不能全登,有些应摘要,有些应印成小册子。不是给新华社办报,而是给晋绥边区人民办报,应根据当地人民的需要(联系群众,为群众服务),否则便是脱离群众,失掉地方性的指导意义"①。邓小平认为新闻工作应该发挥沟通民意、密切联系群众的作用,新闻工作要积极主动地为人民群众创造表达自我意见的渠道和平台,"总之,要让群众能经常表达自己的意见……让群众经常能表达自己的意见也是发挥舆论监督功能、改善党的领导、扩大民主的方法。所以,扩大各方面的民主生活,扩大群众的监督很重要"②。江泽民则强调新闻宣传工作一定要贴近人民现实生活,在综合人民群众接受新闻信息能力的具体情况基础上,创新新闻工作方式和方法,提升宣传效果。同时,新闻工作内容既要唱响主旋律,又要提倡主题的多样性。正如他在1996年视察人民日报社时指出:"在坚持正确舆论导向的前提下,要讲求宣传艺术,提高引导水平,努力使自己的宣传报道更加贴近生活、贴近读者,使广大读者喜闻乐见。"胡锦涛强调,新闻实践活动也必须贯彻落实科学发展观,这就要求新闻工作必须秉持以人为本的服务理念,坚持以人为本的工作原则,增强新闻报道的感染力、亲和力、吸引力。他在人民日报社考察工作时的讲话中指出:"坚持以人为本,是做好新闻宣传工作的根本要求。要坚持把实现好、维护好、发展好最广大人民的根本利益作为新闻宣传工作的出发点和落脚点,坚持贴近实际、贴近生活、贴近群众。"③党的十八大以来,习近平也特别强调新闻事业要以人民为中心,"坚持人民性,就是要把实现好、维护好、发展好最广大人民根本利益作为出发点和落脚点,坚持以民为本、以人为本。要树立以人民为中心的工作导向,把服务群众同教育引导群众结合起来,把满足需求同提高素养结合起来,多宣传报道人民群众的伟大奋斗和火热生活,多宣传报道人民群众中涌现出来的先进典型和感人事迹,丰富人民精神世界,增强人民精神力量,满足人民的精神需求"④。

其次,新闻工作要认真履行社会监督的职责,以实现新闻正义的社会理想

---

① 《毛泽东新闻工作文选》,北京:新华出版社,1983年,第32页。
② 《邓小平文选》第1卷,北京:人民出版社,1994年,第113—114页。
③ 《胡锦涛在人民日报社考察工作时的讲话》,载《人民日报》,2008年6月21日。
④ 《胸怀大局把握大势着眼大事 努力把宣传思想工作做得更好》,载《人民日报》,2013年8月21日。

和实践要求。不同国家的政治制度决定了新闻事业的首要职责和义务。在专制社会中，新闻机构及新闻工作者的职责和义务是受当权者所强制性"规定"的，因而新闻工作不可能真正有效地监督当权者，也不可能真正实现社会正义。而在民主制社会中，新闻工作拥有一定的自由权，能够充分发挥新闻监督在实现社会正义中的重要作用。"谁来监督监督者"一直是健全现代民主法治社会的重要问题。人们在社会发展过程中发现，仅仅依靠权利主体的责任、道德和自我约束理念，或他们之间的相互监督，社会正义事实上很难真正实现，因此还必须建立一个全面且系统的社会监督体系。而在这其中，新闻舆论监督是实现社会正义的最重要和有效的手段之一。也就是说，"社会正义的实现依赖于社会公共权力和国家制度效力的有效发挥，而新闻舆论监督正是为了确保它们的正常运行的有效途径。新闻舆论监督正是随着人民群众为维护自身利益和争取政治权利而不断斗争所形成和发展起来的"①。马克思把新闻媒体形象地比作"另一个陪审团——社会舆论的陪审团"。新闻舆论监督就其本质而言，就是一种自由的报道和讨论问题的重要形式。同时，新闻舆论监督也是推动民主国家社会发展和完善的一种机制，是整个社会民主监督机制中不可缺少的监督形式。新闻舆论监督所具有的普遍的、无形的和强硬的力量并不是来自新闻媒体本身，也不是来自代表少数人的利益集团，而是来自最广大人民群众的意志呼声。所以，新闻舆论监督始终是为人民群众和社会公共利益服务的。马克思和恩格斯在创办《新莱茵报》时就指出，报刊有权利和义务进行严密的社会监督，以维护人民的利益，表达人民的意志。"报界不仅要撇开个别人的特殊意见来表达人民的信念，而且要证明这种信念的内容是合理的，难道这不是报界对政府的责任吗？"② 新闻舆论监督的实质是人民大众的监督，人民大众才是新闻舆论监督的主体。中国共产党历来十分重视舆论监督的作用，在党的十三大报告中明确提出"发挥舆论监督的作用，支持群众批评工作中的缺点错

扩展资源

经典常谈｜依靠斗争赢得未来

（来源：中央纪委国家监委网站）

---

① 张曦：《马克思主义经典作家的新闻伦理思想探析》，载《伦理学研究》，2016年第6期。
② 《马克思恩格斯全集》第1卷，北京：人民出版社，1995年，第313页。

误"；在党的十四大报告中也指出要"重视传播媒介的舆论监督，逐步完善监督机制，使各级国家机关及其工作人员置于有效的监督之下"，等等。

三、新闻自由

马克思主义经典作家非常注重争取人民大众的新闻自由权。马克思认为："没有出版自由，其他一切自由都会成为泡影。自由的每一种形式都制约着另一种形式，正像身体的这一部分制约着另一部分一样。只要某一种自由成了问题，那么，整个自由都成问题。"① 由此可见，在马克思看来发表意见是一切自由中最神圣的，是其他一切自由的前提。而之后的列宁以及毛泽东等中国的马克思主义者将新闻出版自由问题更进一步落实到社会主义革命和建设中，对今天的新闻自由具有实践意义和启发意义。

那么什么是新闻出版自由呢？自由的观念自古代就产生了，但它是以许多奴隶的不自由作为代价的。早期社会的自由仅仅是少数特权阶层的自由，这种自由是有缺陷的。马克思提到"为了保存自己的文明，它们就只能有为数不多的公民，否则，它们就得遭受那种把自由变为奴隶的沉重体力劳动的折磨。由于生产力不够发展，公民权要由一种不可违反的一定的数量对比关系来决定"②。在资本主义市场经济背景下，普遍的商品交换中不仅包括价值交换，其实也暗含着"自由""平等"的观念，因而商品交换才能得以实现。马克思指出："除了平等的规定以外，还要加上自由的规定。尽管个人 A 需要个人 B 的商品，但他并不是用暴力去占有这个商品，反过来也一样。相反地，他们互相承认对方是所有者，是把自己的意志渗透到商品中去的人格。因此，在这里第一次出现了人的法律因素以及其中包含的自由的因素。"③ 马克思和恩格斯从对商品交换的深刻分析中，发现了"自由"的表现形式是与市场经济的社会形态相关联的，因此包括新闻出版自由在内的各种人的自由权并不是天赋的。也就是说，新闻自由是社会发展的必然产物和要求。马克思和恩格斯对普鲁士资产阶级所要求的新闻自由进行了深入分析，马克思认为"资产阶级为了达到它的目的，就必然要取得自由讨论自身利益、观点以及政府的行为的可能。它

---

① 《马克思恩格斯全集》第 1 卷，北京：人民出版社，1995 年，第 201 页
② 《马克思恩格斯全集》第 8 卷，北京：人民出版社，1961 年，第 619 页
③ 《马克思恩格斯全集》第 30 卷，北京：人民出版社，1995 年，第 198 页。

把这叫做'出版自由权'。……，这是自由竞争的必然结果"①，恩格斯则在《英国宪法》中指出"每个人都可以不受阻挠地和不经国家事先许可而发表自己的意见，这就是新闻出版自由"②。从恩格斯这一定义我们可以发现，现代社会所提倡的新闻出版自由与旧时专制制度对人的思想的钳制是完全不同的。恩格斯提出了衡量是否实现出版自由的三个基本条件：首先，"不经国家事先许可"是新闻出版自由的前提，这明显不同于专制制度钳制思想的基本要义——发表意见要看上司和主人的眼色；其次，"自由无阻"，也就是说新闻媒体发表意见的渠道是畅通无阻的，而专制制度下思想流通的渠道被严格控制；最后，"自己的意见"，倡导新闻媒体要有自己的人民立场，反对其沦为当权者的传声筒。

现代市场经济的"自由"给人提供了履行自由权的条件，但同时也要求人们履行自由权的义务。正如马克思谈到工人首次得到货币工资从事精神活动时所说："他作为自由人这样行动时，他本人是必须付出代价的，他必须为他花费自己工资的方式负责，他和需要主人的奴隶不同，他要学会自己管自己"③，所以"权利与义务的统一，是马克思和恩格斯对现代新闻出版自由的一个重要认识"④。这就是说，新闻出版自由既是绝对的，又是相对的。

首先，马克思主义者认为新闻自由是"绝对的新闻出版自由"，是任何个人和团体都不可剥夺的。1884年，恩格斯在《马克思和〈新莱茵报〉》一文回顾该报工作时写道："在莱茵河地区，我们却享有绝对的新闻出版自由，我们也充分利用了这个自由。"这是因为《新莱茵报》在成立的一年内曾遭到他人多达23件起诉，但是相关起诉案件都必须严格遵循法律程序进行审理，而不能被行政当局或官员的主观意愿直接下令进行处罚和关闭报纸。最终，在马克思和恩格斯等人和律师的辩护下，陪审法庭最终宣布《新莱茵报》无罪。恩格斯认为自己"生平曾经有两次荣幸地为一家报纸撰稿而充分享有可以通过报刊发挥作用的两个最有利的条件：第一，绝对的新闻出版自由，第二，深信你的

---

① 《马克思恩格斯全集》第6卷，北京：人民出版社，1961年，第121页。
② 《马克思恩格斯全集》第3卷，北京：人民出版社，2002年，第575页。
③ 《马克思恩格斯全集》第48卷，北京：人民出版社，1961年，第12页。
④ 陈力丹：《马克思主义新闻观思想体系》，北京：中国人民大学出版社，2006年，第168页。

听众正是你想与之对话的人"①。

"绝对的新闻出版自由"强调的是新闻自由属于一种神圣不可侵犯的权利。公民享有的这种不容置疑的新闻自由权利无论何时何地都是确定的、充分的、无条件、绝对的、永恒的。列宁在1903年起草的《俄国社会民主工党纲领》中提到"俄国社会民主工党的最近的政治任务是推翻沙皇专制制度，代之以民主共和国，共和国的宪法保证信仰、言论、出版、集会、罢工和结社的自由不受限制"②，这也强调了"绝对的新闻出版自由"的重要性。

尽管"绝对的新闻自由"是公民无条件享有的自由权利，但这并不意味着新闻的绝对自由。事实上，新闻的采访、编辑、传达、评论等各个环节不可能不受任何限制。正如江泽民所说："任何自由从来都不是抽象的而是具体的，不是绝对的而是相对的。在任何一个国家，都不存在绝对的毫无限制的'新闻自由'。在国际上还存在社会主义和资本主义的对立，在国内阶级斗争还在一定范围内存在的情况下，自由就不能不带有阶级性。"③所以，新闻自由又是相对的自由，新闻实践活动只有在一定条件和一定限制范围之内才会实现真正的新闻自由。主要有以下两个原因：

一是社会的现实性决定新闻自由的相对性。对于个人而言，在人类社会生产和生活实践中，由于人们的历史文化或价值信仰以及生活环境的差异性，人们对新闻自由的理解实际上是大不相同的，新闻自由的内涵也就纷繁复杂。同样，对于一个民族国家来说，由于地理、文化、政治、意识形态等方面的差异，新闻在不同国家也就形成了相对的自由。十月革命以前，列宁高度称赞西方国家的政治自由和新闻自由，"在美国，自由是最充分的"，"在美国和其他先进国家，不存在中世纪特权。全体公民在政治权利上是平等的"。④这显然是以俄国当时极端专制制度作为参考比较的，在这种专制统治下，人民毫无自由和权利可言，"一切出版物，一切报刊，都处于奴隶的地位，不得到政府官员的许可，它们就不敢登载任何东西"⑤。新闻出版活动如果没有得到官方的

---

① 《马克思恩格斯选集》第4卷，北京：人民出版社，2012年，第282页。
② 《列宁全集》第7卷，北京：人民出版社，1986年，第427页。
③ 《十三大以来重要文献选编》（中），北京：人民出版社，1993年，第773—776页。
④ 《列宁全集》第22卷，北京：人民出版社，1990年，第392页。
⑤ 《列宁全集》第4卷，北京：人民出版社，1984年，第322页。

许可，就会被视为政治错误而受到残酷的惩罚，因此通过对西方国家这种新闻自由的称赞，列宁表达出对沙皇专制制度的强烈不满，并对民主自由充满了无限憧憬。但在十月革命胜利以后，由于西方国家的资产阶级新闻媒体对苏共的偏见和仇视，并配合西方帝国主义武装干涉俄国社会主义革命，制造并散布了许多关于列宁、托洛茨基等苏共主要领导人的不实言论，对此，列宁对资本主义国家的新闻媒体自由进行了激烈的批评，"只要资本还保持着对报刊的控制（在世界各国，民主制度与共和制度愈发展，这种控制也就表现得愈明显、愈露骨、愈无耻，如美国就是这样），这种自由就是骗局"①，"在全世界，凡是有资本家的地方，所谓出版自由，就是收买报纸、收买作家的自由，就是买通、收买和炮制'舆论'帮助资产阶级的自由"②。由此可见，在一个国家的不同发展阶段，新闻自由也是相对而言的。

二是新闻自由是在法律规定一定范围内的自由。国家通过法律规定确保了公民实现其权利的可能性，也规定了公民对国家应负的相应义务。与此相似，国家通过新闻相关法律保障了新闻媒体或个人实现新闻自由的权利，也规定了新闻媒体或个人在新闻实践中应该履行的义务和遵守的规范或准则。在马克思主义新闻自由观看来，新闻自由的权利和义务是相统一的、互为条件的。恩格斯在对德国社会民主党纲领草案中包括出版自由在内的各种权利的表述做出修改时写道："我提议把'为了所有人的平等权利'改为'为了所有人的平等权利和平等义务'等等。平等义务，对我们来说，是对资产阶级民主的平等权利的一个特别重要的补充。"③ 新闻媒体或个人在行使新闻自由权利的时候，也必须自觉地依法依规履行新闻自由的义务和遵守相关新闻活动的规范和准则。同样在他们履行新闻自由的义务和遵守新闻规范时，应该保障他们所享有的新闻自由权利得以畅通无阻的实现。新闻自由如果脱离了这种"权利与义务相统一"的关系，便无法真正的实现。也就是说，新闻的自由是法律规定之内的自由，必然受到相关法律规定的约束限制，而不能脱离法律规定。以法制为特征的新闻出版自由必须是法制的，这个法制的条件是："一切自由的首要条件：一切公务人员在自己职务活动方面都应当在普通法庭上按照一般法律向每

---

① 《列宁全集》第35卷，北京：人民出版社，1985年，第488页。
② 《列宁全集》第42卷，北京：人民出版社，1987年，第85页。
③ 《马克思恩格斯全集》第22卷，北京：人民出版社，2012年，第271页。

一个公民负责。"①

如何实现新闻自由呢？在马克思主义新闻自由观看来，新闻自由是一切人类自由的基础，是不容否定的，所以马克思认为争取新闻自由的方式首先是否定和批判普鲁士专制政府的书报检查制度。马克思非常痛恨普鲁士政府的书报检查制度，认为这种制度扼杀了人类精神，践踏了新闻出版自由。马克思在《评普鲁士最近的书报检查令》一文中厉声指责制定书报检查制度的反动当局："你们并不要求玫瑰花和紫罗兰散发出一样的芬芳，但你们为什么却要求世界上最丰富的东西——精神只能有一种存在形式呢？……精神的最主要的形式是欢乐、光明，但你们却要使阴暗成为精神的唯一合适的表现；精神只准穿着黑色的衣服，可是花丛中却没有一枝黑色的花朵。精神的实质始终就是真理本身，而你们要把什么东西变成精神的实质呢？"② 马克思认为，对新闻出版的真正检查应当是批评，而不是书报检查。书报检查只是强行要求赞扬当权者而禁止任何批评，把批评变成政府专横地发表意见的权力，只想批评而不想接受批评。在这种情况下，批评已经失掉合理的性质，报刊完全被剥夺了批评政府的权利。这种做法不能消灭思想斗争，只能把公开的、原则的斗争变为秘密的斗争，成为无力量的原则（报刊）与无原则的力量（政府）之间的斗争。"法律的发展不可能没有对法律的批判，因为法律的任何批判都会在公民的脑子里，因而也在他的内心，引起与现存法律的不协调，因为这种不协调给人的感觉是不满，所以，如果报刊无权唤起人们对现存法定秩序的不满，它就不可能忠诚地参与国家的发展。"③ 书报检查成了阻碍社会、民族和个人精神发展的愚民政策，造成精神活动的普遍虚伪，与社会文明和人类道德背道而驰。马克思并不只是对书报检查进行简单批判，在此基础上，他进一步提出用新闻出版法取代书报检查，以保障新闻自由。他认为："新闻出版法就是对新闻出版自由在法律上的认可。""没有关于新闻出版的立法就是从法律自由领域中取消了新闻出版自由，因为法律上所承认的自由在一个国家中是以法律形式存在的。法律不是压制自由的措施，正如重力定律不是阻止运动的措施一样。"④

---

① 《马克思恩格斯全集》第19卷，北京：人民出版社，1963年，第7页。
② 《马克思恩格斯全集》第1卷，北京：人民出版社，1995年，第111页。
③ 《马克思恩格斯全集》第1卷，北京：人民出版社，1995年，第427—428页。
④ 《马克思恩格斯全集》第1卷，北京：人民出版社，1995年，第176页。

其次，在批判资产阶级新闻自由的基础上实现真正的新闻自由。马克思和恩格斯批判资产阶级的新闻自由是资产阶级的特权，主要表现在三方面。一是出版印刷品需要钱，资本家有足够的资本占有出版手段，而无产阶级则没有。二是资产阶级政府为维护社会安全，把出版自由限制在不危害它的统治的范围内，这样一来，资产阶级可以尽情表达他们的利益，而无产阶级的言论则不能危害他们的利益。在无产阶级看来，这不叫新闻自由，而是思想和阶级奴役。三是资产阶级出版企业把新闻出版自由当作行业自由，而无产阶级则主要把它视作精神和思想自由，利用新闻自由推翻资产阶级统治，最终让一切公民都享有这一精神特权。在马克思和恩格斯看来，无产阶级的新闻出版自由的最终目标就是消灭私有财产产生的资本特权，实现全人类的共同自由。列宁认为，想要实现全体公民真正的出版自由，首先不能依赖资本和名位主义的支配，必须在全新制度下创办新型报刊。马克思认为："我们要创办自由的报刊而且我们一定会创办起来，所谓自由的报刊，是指它不仅摆脱了警察的压迫，而且摆脱了资本，摆脱了名位主义，甚至也摆脱了资产阶级无政府主义的个人主义。"①毛泽东在1937年至1957年间，也对新闻自由做过多次论述，他提道："我们的制度就是不许一切反革命分子有言论自由，而只许人民内部有这种自由。我们在人民内部，是允许舆论不一律的，这就是批评的自由，发表各种不同意见的自由，宣传有神论和宣传无神论（即唯物论）的自由。……在人民内部，允许先进的人们和落后的人们自由利用我们的报纸、刊物、讲坛等等去竞赛，以期由先进的人们以民主和说服的方法去教育落后的人们，克服落后的思想和制度。……压制人民对党和政府的错误缺点的批评，压制学术界的自由讨论，是犯罪的行为，这是我们的制度。"②

四、新闻真实

"新闻真实是马克思主义新闻伦理思想中最基本和最关键的内容。"③ 新闻真实性原则是新闻实践的生命，无论是马克思主义经典作家还是中国共产党历届领导人，都非常重视和强调新闻报道要毫不动摇地坚持真实性原则。马克思

---

① 《列宁全集》第12卷，北京：人民出版社，1987年，第95页。
② 《毛泽东选集》第5卷，北京：人民出版社，1977年，第158页。
③ 张曦：《马克思主义新闻伦理思想研究》，南京师范大学博士学位论文，2006年，第82页。

和恩格斯从辩证唯物主义的观念出发，认为新闻是对客观事实的报道。恩格斯认为新闻媒体必须完全立足于事实，必须以事实为依据进行新闻判断和报道。对此，他坚持"要求我们的撰稿人对他们所报道的事实的准确性负责"[1]。在这里，新闻中的"事实"就是指真实发生的事物、事件和人物以及彼此的关系。

新闻的本质就是新闻真实。新闻采写、编辑、报道等所有新闻实践都必须围绕客观世界的新现象，将其告知那些无法了解这些事实的人，以此满足他们认识社会和世界的需要。事实的客观存在，是世界的表征，重要事实一旦被记者发现，就应成为报道的对象。因此，马克思曾多次强调新闻要用事实说话，认为"报刊的本质总是真实的和纯洁的"[2]，"我们的全部叙述都建立在事实的基础上，并且竭力做到只是概括地表明这些事实"[3]。由此可以看到：事实是新闻的灵魂，那些充斥谎言与欺骗的新闻是对受众的亵渎，最终必然丧失人民的信任。1920年，列宁《在勃列斯尼亚区非党工人红军战士代表会议上的演说》中就强调新闻事实对于无产阶级政党的重要性，他说道："白卫分子在他们所有的宣传品上都说布尔什维克的鼓动工作很成功，说布尔什维克在鼓动工作上是不惜花钱的。但是，人民听过各种各样的鼓动，听过白卫分子的，也听过立宪会议派的。如果认为人民跟着布尔什维克走是因为布尔什维克的鼓动较为巧妙，那就可笑了。不是的，问题在于布尔什维克的鼓动说实话。"[4] 由此

> **扩展资源**
>
> 在普列斯尼亚区非党工人和红军战士代表会议上的讲话
> （来源：宣讲家网）

可见，新闻的影响力来源于新闻事实，因此马克思要求每个记者必须"极其忠实地报道他所听到的人民呼声"，把它"在希望与忧患之中倾听来的东西公开地报道出来"[5]。因为真实是与新闻同在的，是新闻本源的行踪，记者要想获得真实的新闻，就不能随心所欲地改变它，更不能无中生有地虚构它。新闻记

---

[1] 《马克思恩格斯全集》第42卷，北京：人民出版社，1979年，第417页。
[2] 《马克思恩格斯全集》第1卷，北京：人民出版社，1995年，第353页。
[3] 《马克思恩格斯全集》第1卷，北京：人民出版社，1995年，第223页。
[4] 《列宁全集》第38卷，北京：人民出版社，1986年，第77页。
[5] 《马克思恩格斯全集》第1卷，北京：人民出版社，1995年，第353、358页。

者只有投身于新闻事实的本源之中，复原新闻事件的原貌，才能创作出优秀的新闻作品。新闻媒体更不能无中生有地编造它，必须投身于本源，摄录本源中的事实，复写事实的原貌。"新闻媒介报道真实的新闻，比任何自诩真理的吹嘘更有影响力，因为这是衡量新闻媒介是否掌握真理的试金石。"① 新闻媒体如果说假话，就会带来深重的灾难。

整体真实是"确凿的证据"。而新闻中某个事实的真实，可称作个体真实，遗憾的是现在许多新闻的真实大多停留在个体真实的水平上。但新闻媒体在一个时期的报道，或对宏观事物的整体报道，是不能用单一事实的真实去衡量的，而是要从许多事实的相互联系中把握事物的真相，这就是整体真实。如果只是从单个事实的真实性中去开展新闻工作，那么就无法实现整体的新闻真实，因此，这就要求新闻所报道的事实必须尽可能的全面完整。马克思认为"要使报刊完成自己的使命，首先必须不从外部为它规定任何使命，必须承认它具有连植物也具有的那种通常为人们所承认的东西，即承认它具有自己的内在规律，那些规律是它所不应该而且也不可能任意摆脱的"②。在这里，马克思提出了非常著名的"有机的报纸运动"理论，这一理论揭示新闻内在的规律性，即"报刊有机地运动着，全部事实就会完整地被揭示出来"③。"有机的报纸运动"，强调为了使得新闻具有真实性，新闻工作者报道新闻不仅要从新闻事件的不同角度进行考察，而且要跟踪整个事件发展的过程和顺序从而进行报道。后面的跟踪报道，可以纠正此前新闻报道中的错误，从而避免可能出现的对新闻事实的片面报道。对于新闻工作者而言，他们对社会问题或现象的不同观察和认识角度，以及他们对这些问题和现象再现的不同内容和方式，都会影响他们对新闻整体真实的把握。"有机的报纸运动"也会受制于新闻工作者这一主体特征的影响。

马克思认为报刊应该把全部事实揭露出来，因为"虽然事情的整体最初只是以有时有意，有时无意地分别强调各种单个观点的形式显现出来的，但归根到底，报刊这种工作本身，还是为它的工作人员准备了材料，让他把材料组成一个整体。这样报刊就通过分工……一步一步地掌握全部的事实……一个报纸

---

① 刘建明：《马克思主义新闻观理论基础》，北京：清华大学出版社，2010年，第78页。
② 《马克思恩格斯全集》第1卷，北京：人民出版社，1995年，第397页。
③ 《马克思恩格斯全集》第1卷，北京：人民出版社，1995年，第211页。

的记者也只能把他自己视为一个复杂的机体的一个小小的器官,他在这个机体里可以自由地为自己挑选一种职能"①。列宁也强调要把握整体的新闻真实,认为"如果从事实的整体上,从它们的联系中去掌握事实,那么,事实不仅是'顽强的东西',而且是绝对确凿的证据。如果不是从整体上、不是从联系中去掌握事实,如果事实是零碎的和随意挑出来的,那么它们就只能是一种儿戏,或者连儿戏也不如"②。事实上,社会生活中的现实问题纷繁复杂,并不是任何个别事实就能够准确地反映事物的整体真实情况的。由于一切新闻事件都有其个别情况,如果不是从客观联系中去掌握这些新闻事件,而是随意或有意地截取某个片断来报道,任何事实都可能成为被利用的证据,所以新闻的真实性是建立在全部事实的基础上的。

新闻真实要求新闻工作者必须按照新闻事实的本来面貌,以客观的态度和方法表达新闻事实,在这个过程中要摒弃个人偏见或主观臆断。针对新闻事实的客观报道,马克思说:"最低限度是一般的公正,即任何一家英国报纸(无论它的派系如何)都不敢违背的这种公正。"③ 客观报道要求记者按照客观事物的本相报道新闻,无论选择事实还是构思文本,都要符合事实,记者的主观作用只在于把代表事物本质的主要事实选出来,用恰当的篇章结构和文字进行真实地陈述。这种客观报道不仅使人们认识客观事实本身,而且能认识主要事实和各种事实之间的关系。1956年,刘少奇在对新华社的讲话中既强调坚持客观性,又强调客观性和立场的统一。他指出:"外国记者强调他们的新闻报道是客观的、真实的、公正的报道;客观的、真实的、公正的报道,是他们的口号。如果我们不敢强调客观的、真实的报道,只强调立场,那么我们的报道就是主观主义的,有片面性。如果这样做,就是下决心要片面性。新华社的报道,如果有了片面性,就会丧失一切,对自己不利,对人民不利,就不能成为世界性通讯社。"④ 坚持新闻的客观性,与坚持正确的立场是一致的,客观报道并不损害媒体的正确立场,消除的恰恰是媒体的错误立场。

报刊的有机运动要求新闻媒体必须始终披露事实,即使是新闻评论也要以

---

① 《马克思恩格斯全集》第1卷,北京:人民出版社,1995年,第358页。
② 《列宁全集》第28卷,北京:人民出版社,1990年,第363—365页。
③ 《马克思恩格斯全集》第14卷,北京:人民出版社,1964年,第768页。
④ 新华社新闻研究所:《新闻工作文献选编》,北京:新华出版社,1990年,第118页。

事实为基础，不能空洞地说教。在无产阶级报刊诞生之初，报刊上就出现过空洞无物的政治说教，拿大话、空话炫耀办报者的伟大抱负和高高在上的地位。恩格斯曾经批评这种现象："首先需要从《人民报》中去掉的，是贯穿于该报的枯燥得要命的格调……《人民报》总是让我们昏昏欲睡。……真糟糕！总之，你要竭力使报纸变得有生气。"① 马克思也曾告诫要"少发些不着边际的空论，少唱些高调，少来些自我欣赏，多说些明确的意见，多探讨一些具体的现实，多提供一些具体的知识"②。因此，坚持新闻真实性原则，一定要避免空洞的说教。

【思考题】

1. 从"现实的人"的角度，谈一谈新闻工作者为什么要追求道德的新闻活动。
2. 怎样理解新闻自由与新闻道德互为条件？
3. 如何理解"自由报刊的历史性和人民性"？
4. 从历史唯物主义角度，谈一谈新闻道德的根据。

---

① 《马克思恩格斯全集》第 37 卷，北京：人民出版社，1971 年，第 477-488 页。
② 《马克思恩格斯全集》第 47 卷，北京：人民出版社，2004 年，第 42 页。

第四章 新闻伦理追求的三个层次

新闻伦理的追求由低到高可以分为三个层次。首先，真实性是新闻伦理追求的第一个层次，也是最基础的层次。这就是说，真实是新闻的生命，是新闻之为新闻的前提。其次，社会责任是新闻伦理追求的第二个层次。这就是说，新闻报道只做到真实是远远不够的，还要考虑新闻报道的社会影响，承担相应的社会责任。最后，人文关怀是新闻伦理追求的第三个层次，也是最高的层次。这就是说，新闻报道在实现真实性和社会责任之后，还应该做到对"人"的关怀。本章就分别论述新闻伦理追求的三个层次：真实性、社会责任、人文关怀。

第一节 新闻报道的真实性

新闻是指报纸、电台、电视台、互联网等媒体经常使用的记录与传播信息的一种文体。新闻报道是一种传播载体，基本是由各类媒体对新近发生的事件进行多方面的报道，新闻报道本身需要传达的是真实的信息，可以真实地反映客观事实。但是被报道出来的新闻，也会有主观的成分，通常是新闻记者经过对客观事实的选择之后传达出来的信息。新闻报道是广大人民群众了解社会的主要途径，受众需要通过新闻中所传达的信息来了解新近发生的事实，因此，真实对于新闻报道有着至关重要的意义。

一、什么是新闻报道的真实性

（一）新闻真实的含义

真实是新闻报道存在的主要依据，新闻报道在传播过程中是对新闻事实的反映，新闻报道的本源是客观事实及其呈现。真实本身就是相对于虚假而存在的，是需要有参照物来衬托的，与虚假相对立的东西就是真实的。因此，新闻真实是指新闻与其所反映事物的符合性，如果相符合，就是真实的。新闻真实中的真实是"真"与"实"的统一，"实"的意义是新闻所反映的对象必然是客观存在的；而"真"的内涵则是对于客观事实做全面的、正确的反映。

具体而言，新闻报道中的真实包含两个层面的含义。第一个层面比较好理解，新闻所报道的事物是客观存在的，确有其事。也就是说在现实世界中可以找到与新闻报道中涉及的完全符合的对象，这种情况下可以说新闻报道是真实的。但是，这种真实并不能确保整个新闻报道是真实的，因为这种对于事实对象的客观描写，只能代表其是客观的，并不能代表其是全面的。第二个层面的含义就是在第一个层面基础上追求进一步的真实，即新闻报道是全面并且准确地反映了客观事实，这种真实不仅要求新闻报道中所反映的对象是真实存在的，而且要求这种"反映"本身包含各个方面，对于新闻构成的各种要素无遗漏、无偏差。

（二）新闻报道为何需要真实

"真实是新闻的生命"，一句话足以表明真实对于新闻报道的重要性。新闻存在的依据就是真实，新闻报道需要用真实奠定自己的地位和影响。

第一，真实是对新闻传播主体的基本要求，记者以及媒介机构在制作新闻的过程中除了考虑话题关注度、新奇性，最重要的是要准确还原事件的前因后果，即保证新闻报道的真实性。这样才能满足受众对于新闻的基本需求，在此基础上对新闻报道的质量做出提升，从而赢得受众的支持，长期坚持下去才能使得新闻机构在市场中生存。因此，坚持新闻真实性是新闻工作者最主要的职责，是他们安身立命的根本，也是他们终身追求的职业理想和精神。

第二，新闻的真实性是新闻的核心价值的体现。新闻报道的优势就是它的真实性，受众观看电视新闻、拿起报纸时，想要获取的是真实可靠的信息，也只有新闻报道的内容才能让他们全方位了解新闻事件的始末。在互联网飞速发展的浪潮中，人们对于信息的选择越发谨慎，"人人皆媒介"的环境使得新闻消息的可信度大幅度降低，新闻机构的报道之所以具有权威性，获得受众的信任，就是因为其新闻信息具有全面、客观反映事实的基本要求。因此，真实性是新闻报道的主要力量所在，新闻报道更要以事实胜于雄辩的方式，凸显其反映现实、忠于真理的特殊优势，承担起帮助受众了解事情真相的责任，满足受众渴望关注社会现实的心愿，真正起到引导受众正确认识世界的作用，完成自身肩负的使命。

第三，不实报道对于社会的危害很大。随着媒介技术的快速发展，当下社会中人人都是记者，制作新闻的门槛越来越低，随之而来涌现出一大批草根自媒体，虽然使新闻报道更加多样化，但同时带来了较大的弊端。这类现象尤其体现在网络新闻中，互联网传播信息的速度越快，媒体间的竞争就越激烈，每家媒体都想以最快的速度将新闻报道出来，吸引受众眼球，但也正因如此，新闻的真实性受到了极大的威胁。一些社会性新闻最先被受众关注时往往处于事件的发酵期，事情的全貌并未浮出水面，就被一些急于求成的媒体报道出来，这种报道往往是由粗糙的加工和片面的描述构成的。当事件引起较大的舆论关注时，新闻事实已经进行了多次反转，早已不是最初报道的面貌。久而久之，我们便进入了所谓的"后真相时代"，新闻媒体的权威性也因此被消解。并且在市场经济环境下，经济效益成为媒体机构追求的重要目标，一些机构为了吸引大众眼球，刻意将新闻事件用夸张的手法进行描述，甚至捏造事实，凭空创造出一些并不存在的人或事，虽然可以暂时获得受众的关注，但最终会被大众的集体智慧戳破，失去受众的信任。还有一些新闻为了引起讨论，刻意将新闻往富有争议的方向引导，激发人们的对抗情绪，甚至对社会安稳造成严重影响。

因此，新闻报道的真实性对于新闻乃至新闻媒体来说至关重要，新闻机构存在的意义就是为广大受众提供真实的信息服务。新闻报道使受众对于新近发生的事实有所了解，才能实现价值。在媒介机构竞争越发激烈的当下，只有坚持新闻报道的真实性，坚持正确的舆论引导，才能使民众信服，避免不实报道带来的风险，从而获得更好的发展。

二、新闻真实的特征

（一）新闻真实是以事实为基础的真实

新闻所要传达的信息必须是实际发生的事情，也就是事实。在传播过程中，新闻报道是对事实信息的传播和反映。上文说过，新闻真实是指新闻与其所反映事物的符合性，如果符合就是真实的。新闻报道要将与其所反映事物的符合性当作自己的最终目标。因此，以事实为基础是新闻真实最基本的特征。

首先，以事实为基础要求新闻所反映的事件必然是非虚构事件。虚构本身就是与真实相对立的概念，这种虚构不仅指事件本身的虚构，也包括建立在事实基础上的虚构，也就是部分虚构。部分虚构实际上是对于事件本身的虚假想象，是包含着主观因素及其他干扰条件的，即使是部分虚构也会对新闻真实造成损害，尤其是对于受众而言，受众所接触到的事件信息几乎都来源于新闻报道，如果新闻传播者在制作阶段掺杂了虚构，那么受众就会被误导，这就违背了新闻报道的基本准则。新闻事件在掺杂了部分虚构和想象之后对于新闻真实性的损害是极大的，对于新闻传播者和媒体机构的影响更是不容小觑。

其次，以事实为基础要避免传播者的主观感受与意见。新闻报道应该是对客观事实的完整呈现，传播主体在制作新闻报道的过程中不应该掺进自己的情感和价值判断。"对于新闻报道来说，传播主体重在揭示事实之真实面目，不在评价事实之好坏。"[1] 我们不否认情感的重要性，但在新闻报道中，制作主体的情感渗透很有可能影响新闻的客观性原则。新闻传播者目睹的事实是什么，就应该在报道中呈现出什么，不得通过"猜测""认为""感觉"等词语对新闻事件进行意义延伸。如果不能遵守这样的基本准则，就有可能会对受众进行误导。受众接收新闻的目的是获知事件全貌，并非欣赏传播者的文采、想象力及价值观等体现个人特征的东西。"对于读者来说，事实本身是最重要的，事实的原貌是最重要的。记者的主观感受和舞文弄墨都不是他们在索取信息时需要的东西。"[2] 有些媒体将显而易见的主观判断融入新闻报道中，以此来影

---

[1] 杨保军：《新闻真实论》，北京：中国人民大学出版社，2006年，第100页。
[2] 高钢：《新闻写作精要》，北京：首都经济贸易大学出版社，2005年，第100页。

响人们对于事实的正常理解。例如，在有关新冠肺炎疫情源头的新闻报道中，美国多次通过新闻报道抹黑中国，《华盛顿邮报》曾报道，"世卫组织秘书处新冠病毒溯源专家、中国—世卫组织联合专家组外方组长安巴雷克接受丹麦媒体采访时表示，不排除中国的实验室工作人员在进行蝙蝠病毒研究过程中，可能感染病毒并带出实验室的可能性。溯源报告中'实验室泄漏'假设'极不可能'的措辞并不意味着'不可能，只是'不太可能'"[1]。对此，我国外交部发言人华春莹明确回应：这篇报道是假新闻。这种通过主观臆断随意篡改事实的做法在美国新闻媒体中屡次出现，对于经常标榜"新闻专业主义"的美国媒体而言，断章取义、曲解观点这种既不专业也不道德的做法，再次刷新了人们对美式"假新闻"的认知。

（二）新闻真实是处于过程中的真实

处于过程中的真实可以理解为发展中的真实，这种发展分为两个层面：第一个层面是指新闻报道的真实是处于历史发展过程中的；第二个层面是指新闻报道的真实是通过新闻采写者的报道过程实现的。从这两个层面可以看出，新闻传播过程对于新闻真实的实现是很重要的，而历史的发展过程也会对新闻真实产生较大影响。

首先，在第一个层面中，新闻真实是包含着历史因素的。某些新闻在当下是无法确证其真实性的，只有随着时间的发展，社会历史的推进，真相才会逐渐浮出水面。并且，不可否认的是，某些需要详细分析却又无从考证的新闻可能永远都得不到证实。因此，新闻真实在这一层面上是包含着历史真实这一重要因素的。"历史真实实际上已经超越了新闻真实的直接意义，它是以历史的眼光审视既有新闻报道的真实问题，通过光阴流逝的方式去检验'本真真实'、'再现真实'、'解读真实'本身的真实性问题。"[2] 一些需要历史的检验才能被证实或证伪的新闻报道可能是更具有影响力的，因为当它随着社会的发展被证实或推翻时，人们将被再一次带入这个新闻事件中，并且此时的新闻价值是更为人们所接受和肯定的。例如，2014年发生的3·8马来西亚航班失踪事件直

---

[1] 《经济日报郭言：美式假新闻害人害己》，中国经济网，https://baijiahao.baidu.com/s?id=1708928358180506808&wfr=spider&for=pc.

[2] 杨保军：《新闻真实论》，北京：中国人民大学出版社，2006年，第107页。

到目前都是处于过程中的，这些年来人们从未放弃过探索其失联原因及结局。2015年7月29日在印度洋上的法属留尼汪岛发现的飞机残骸，确属于失联的马航MH370客机，在失踪了500多个昼夜之后，MH370航班的残骸首次被发现。2016年3月6日，在非洲东面的法属留尼汪岛再次发现疑似残骸。2016年11月2日，澳大利亚交通安全局发布有关MH370搜寻的最新报告，称在飞机坠入海中时，处于无人控制的状态。① 直到2021年，仍有记者在探寻其失联原因。虽然目前种种原因分析都未被证实，但这也从侧面说明了新闻真实是需要时间给出答案，需要历史检验的。

扩展资源

坦桑尼亚发现飞机碎片 极有可能来自马航MH370航班（来源：《北京晚报》）

其次，处于过程中的新闻真实不只是历史发展的过程，还指新闻报道的过程，也就是说通过多次报道来呈现新闻真实。原因在于：一方面，新闻事件是不断发展的，事件会随着时间的变化而有新的走向，事件发展结束才会凸显出真相；另一方面，新闻传播者也需要时间去了解、认知新闻事件，根据事件发展走向分析并揭示其原貌，从而进行新闻报道。

最后，受众认知新闻需要多方面了解和思考才能完全接收新闻全貌。随着社会的发展，结果式的新闻报道已经越来越少，人们的生活节奏在不断加快，对于新闻信息的需求也越来越要求新和快，所以新闻媒体大多选择过程性的报道方式来缩短新闻传播的周期。过程性报道是相对于结果式报道而言的，结果式报道是指一次报道就可以完成报道内容，这种方式比较适合已经有较为明确结果的新闻。而过程式报道是指对于一个新闻事件进行多方面、多层次的报道。"由于一件事实总是由片断、部分事实构成的系统或整体，片断与部分的存在方式既可能是共时的，也可能是历时的。"② 多方面的报道既可以让受众以更快的速度了解事件真相，又可以使得受众通过多次报道对新闻事件有更为全面的认知。而多次的报道既可能是对于第一次报道的修正，也可能是对于第一次报道的补充与完善，抑或是对于第一次报道的回应。对于某些影响力巨大

---

① 《马航事件时隔4年 失联家属将获800余页MH370终极报告》，网易网，https://www.163.com/dy/article/DNVGL5RV05320AZ1.html。

② 杨保军：《新闻真实论》，北京：中国人民大学出版社，2006年，第109页。

又较为复杂的新闻事件，多次报道更能够体现其事件的完整性，这种新闻事件往往是处于动态发展过程中的，针对这类事件想要实现新闻真实，就必须采用多次报道的方式。例如，"江歌案"曾经轰动一时，关于此事的新闻报道也是采取了多次报道的方式，由于事件影响恶劣且情况复杂，人们渴望尽快知晓事件的实时进展，就需要新闻媒体进行即时的跟进与报道。对于处在发展过程中的案件，新闻媒体不能直接给出结论，只能根据一次次的调查结果去了解事情的来龙去脉，根据每一次的庭审内容和判定结果去了解事情真相及处理方式，再进行多次报道。

（三）新闻真实是有限的真实

虽然追求真实是新闻工作者的最终目标，但是形成新闻报道的过程掺杂着很多主客观因素：新闻传播者在收集信息过程中只能抓取到部分真实；新闻报道所呈现出来的内容需要以现实社会的价值观做参考；新闻接收者由于接收方式和知识水平的有限也很难做到对于新闻报道完全真实的了解。这些因素可能会影响新闻报道的完全真实性，从而使新闻只能达到有限的真实。

首先，新闻报道的对象是社会现实中发生的事情，但只是现实世界中的一小部分。并且在现实世界中，只有一些"非常态"的事件才有可能成为新闻报道的对象，因此新闻报道的真实并不是与现实世界完全重合的。新闻工作者在抓取信息时，所面对的也仅仅是现实世界的微量元素，通过各种新闻手段所获取的真实也只是有限的真实。人们不能要求通过新闻报道来反映社会及城市的发展趋势、社会变动等，因为新闻报道仅能反映现实世界的部分真实，整个世界的发展轨迹、事物本质、发展趋势等还需要人们综合运用其他的方式去判断。新闻报道的核心价值仍然是为人类提供事实信息，并非通过有限的真实让人们对世界做出判断与改变。

其次，新闻报道所呈现出的内容需要与新闻传播主体所处的社会体制相一致。所有的新闻媒体都是生存在特定的社会环境中的，不同的社会环境所体现的社会制度、价值观念各不相同，这意味着新闻真实只能是在新闻机构各自所处的社会环境中的真实，这种在特定制度观念下的新闻真实必然是有限的真实。每个社会都有适合自身经济、政治、民生等的一系列制度体系，这种制度体系影响着大众所共同拥有及认同的思想价值观念，以此来维系社会的正常运转，这种思想价值观念会影响新闻传播的整体方向。如果一个社会在整体上所建构的景象是一派欣欣向荣，那么为了营造社会的整体和谐程度，这个社会中的新闻所传播的内容也必然是积极向上、鼓舞人心的，反之则可能造成民心不稳，社会动荡。但重要的一点是，即使新闻真实是有限的，新闻报道需要满足特定社会制度与思想观念的要求，作为新闻传播者，仍然要认真考虑和判断该价值理念是否是合理科学的，如果不是，那么新闻机构所做的事情就是虚构了一个毫不真实的符号世界。

最后，新闻报道的受众是新闻接收者，即使新闻传播者已经做到了最大限度的真实，新闻接收者仍然会由于认知限度的问题而无法完全了解事实真相。每个人的认识能力都是有限的，除文化水平和生活经历外，接受新闻的方式、环境也对人们所接收到的新闻真实有所影响。如果接收渠道不够权威或者所处环境过于单一，则很容易对新闻产生误解，此时的新闻真实只能是有限的。

（四）新闻真实是透明的真实

新闻报道是对新近发生的事实进行公开报道，由此可以看出新闻报道是讲求实效性和公开性的。正是新闻传播的实效性体现了新闻的特有价值，"新闻是对每一个历史瞬间的快速表达。新闻中的许多内容都仅仅着眼于它自己鲜活的那一天；新闻记者有时反映出他的本领是贡献即兴之作，新闻产品注定要随兴趣的转瞬即逝而消失无踪"[1]。对于新闻来说，事件信息的即时性是受众最为关注的，由于新闻传播是即时性的，新闻报道所反映的事件信息的"不完整"也极可能造成对新闻真实性的损害。因此，新闻传播主体往往需要在短暂的时间内权衡利弊，对于新闻报道的内容进行斟酌，既要满足受众所渴望的实效性，也要最大限度地降低对于新闻真实的损害，这正体现了上文中所说的新闻真实是处于过程中的真实。

"透明"还有一层含义就是公开，公开是对于新闻所报道事件的公开。新闻报道必须将新闻事件的原本面目呈现在公众面前，这是新闻传播者的责任，也是新闻报道本身所具有的独特力量，更是受众本该拥有的权利。新闻媒体如

---

[1] 新闻自由委员会：《一个自由而负责的新闻界》，展江等译，北京：中国人民大学出版社，2004年，第77页。

果对于新闻事件的某些方面有所遮掩，必然会被受众敏锐地捕捉到，无论是出于何种原因，隐瞒与遮蔽已然损害了新闻的真实性，这种行为最终造成的结果就是失去受众的信任。因此，新闻真实是透明的真实，是可以被大众监督的真实。

三、新闻真实重要性的体现

（一）灾难性新闻的案例分析

灾难性新闻是指给人类带来灾难的事件的报道，主要包括灾害事件。灾害事件是指由瞬间发生、无法控制的因素引起，超过当下防灾力量所能解决的，造成大量人畜伤亡和财富损毁的事件。

2021年7月17日至7月20日，郑州出现罕见持续强降水天气过程，全市普降大暴雨、特大暴雨，累积平均降水量449毫米，郑州地区3天内的降雨量相当于当地以往一年的降雨总量，造成了特大暴雨灾害。据河南省应急管理厅消息，"据初步统计，7月16日以来，截至25日12时，此轮强降雨造成全省139个县（市、区）1464个乡镇1144.78万人受灾，因灾死亡63人、失踪5人。全省已紧急避险转移86.19万人，目前紧急转移安置人口为85.2万人（累计转移安置131.78万人），需紧急生活救助29.6万人；农作物受灾面积876.6千公顷"[①]。这一新闻事件引起国内外媒体的重大关注，其中有个别媒体利用这一事件抹黑中国形象。英国广播公司（BBC）7月22日在报道郑州暴雨时造谣"乘客们会被扔在站台上等死"。在报道中，BBC截取了网络上一名被困男子的采访画面，但随即被网友发现该视频是被掐头去尾、断章取义的。在完整的采访中，该名男子最后是这样说的："一看见消防员来了，就感觉踏实多了。"该报道被网友反驳："我就在郑州，救援人员第一时间赶到现场，没有任何人被丢在地铁上等死。"

针对同一新闻事件，国内媒体和大众则在拼尽全力地进行救援活动。在汛情、救援、防汛等一系列相关消息牵动着全国人民的心时，其中一份名为"待

---

① 《河南强降雨造成1144.78万人受灾 因灾遇难63人》，新浪网，http://henan.sina.com.cn/news/2021-07-25/detail-ikqcfnca8965946.shtml。

救援人员信息"的在线文档引发网络广泛关注。这份文档的网络传播较早源于一名网络大V"@动森博物馆"的一条博文"由百余位志愿者共同编辑和核实信息的【待救援人员信息】",其中附带链接的同时,简单介绍了表格的内容包括需救援、待救援人员、避险地点、漏电风险地区、官方救援队信息、民间救援队信息等,同时还提醒大家编辑时切记不要覆盖他人的信息。21日12:39,"@赢了就这个造型赢了"再次附带链接帮助扩散这份"救命文档",引发关注。随后这份文档被网友们广泛转发,及时救助了很多受灾群众。新媒体环境下,人们自发组成了特殊的"新闻机构",他们对于新闻事实的传播和报道不但体现了新闻的真实性,更体现了中国力量。

(二) 社会新闻的案例分析

社会新闻是关涉人民群众日常生活的社会事件、社会问题、社会风貌的报道。社会新闻与广大群众的日常生活息息相关,也是受众最为关注的新闻类型,因此在社会新闻中,真实与否是受众最为关注的问题。

扩展资源

2022年3·15晚会视频资料
(来源:央视网)

2022年3月15日,央视3·15晚会曝光了为企业代加工生产酸菜的过程,就地腌制、防腐剂超标、进口出口两套操作流程让人触目惊心。晚会曝光该企业为湖南插旗菜业,部分老坛酸菜包竟是土坑腌制。

该新闻一经报道就引起了全国人民的广泛关注,食品安全问题关乎每一个人的生命健康,该事件发酵后,广大网友共同抵制含有酸菜的方便食品,并积极查询与涉事企业相关的食品公司。插旗菜业官网显示,其合作伙伴包括了肯德基、康师傅、五谷鱼粉等多家企业。康师傅称,已取消一切合作,封存其酸菜包产品,积极配合监管部门调查和检测。同时声明称,此次事件辜负了消费者信任,深表歉意并将引以为戒。统一相关负责人表示,插旗菜业不是公司供应商。白象食品表示,和插旗菜业从未有过合作。该事件充分显示了新闻报道的真实性特征,新闻媒体对这一事件及时、完整地进行报道,曝光涉事企业,严打食品问题,为人民群众的生命健康负责。

（三）体育新闻的案例分析

体育新闻是指对体育运动中新近发生的事实的报道，包括运动竞赛、运动训练、学校体育、群众体育领域中的各种新近发生的事实。其中，运动竞赛的新闻占据主要地位。近几年的大型体育赛事较多，如2021年在日本东京举办的第三十二届东京奥林匹克运动会，又如2021年在陕西西安举办的中华人民共和国第十四届运动会、2022年在北京举办的第二十四届冬季奥林匹克运动会，2023年在四川成都举办的世界大学生运动会等。随着人们生活理念的转变、体育运动在大众中的普及，人们越来越关注各类体育赛事。

针对2022年在北京举办的冬奥会，美国的一则报道引起了国内外媒体的谴责。"2022年1月下旬，也就是北京冬奥会召开前不久，美国有线电视新闻网等外媒接连发布报道炒作美国驻华大使馆因中方防疫措施向美国政府发出正式撤离的请求。在相关报道中，外媒将中方科学严谨的防疫措施渲染成会对美驻华外交官员'造成严重干扰的'措施。"[1] 这则报道引起了全社会的强烈不满，事后更是有美国的滑雪运动员公开澄清。2月13日，美国U型场地技巧自由式滑雪运动员阿伦·布隆克还曾在赛后的记者发布会上表示，自从他来到中国以后，看见了许多跟美国媒体报道不一样的地方，中国真的很棒，根本不像美国媒体报道得那样糟糕，事实上这里的一切都很棒，防疫工作人员素质、冬奥村的居住条件、以及奥运会现场的志愿者们都非常好，他遇见的那些人都很真诚善良，原来美国媒体报道的那些都是虚假的。这一新闻发布会不但证实了中国合法合规的防疫举措，也揭露了美国媒体之前的多次恶意抹黑。

在冬奥会期间还有一则美国媒体的新闻报道同样充满戏剧性。"以美国为首的西方部分政客和媒体对北京冬奥会疯狂'挑刺'，就连人造雪成为了他们试图抹黑中方的工具。包括美国有线电视新闻网（CNN）、《时代周刊》在内的主流美媒援引所谓生态学家和个别运动员的观点，在行文中用'假雪'、'危险'、'破坏环境'等词语形容人造雪。美媒纷纷'挑刺'后，美国舆论逐渐被'带歪'了。……公开资料显示，人造雪在1980年纽约普莱西德湖冬季奥运会

---

[1] 《实锤来了！冬奥会赛程过半，美国运动员证实涉华假新闻，拜登沉默》，网易网，https://www.163.com/dy/article/H0E15FMU0550EJYD.html。

上首次使用，此后逐渐成为冬季赛事的国际惯例。温哥华、索契以及平昌等冬奥会同样大量采用了人造雪，其中 2014 年索契冬奥会人造雪的比例为 80%，2018 年平昌冬奥会的比例为 98%。"① 这些调查数据公开后，对于 CNN、《时代周刊》等美媒"鸡蛋里挑骨头"的行径，多名运动员和相关专家站出来为北京冬奥会说公道话，开始回击。"这些人造雪很了不起，"新西兰单板滑雪名将萨多夫斯基·辛诺特（Zoi Sadowski Synnott）评价道。针对人造雪破坏环境的说法，意大利天冰造雪系统公司亚洲区经理迈克尔·迈尔也告诉《时代周刊》，机制雪的成分只是空气和水，与天然雪没有太大区别。他继续表示，造雪机的优势在于，可以根据运动员的需要产生不同类型的雪，这一点天然雪做不到。国际滑雪联合会（FIS）对所谓"人造雪危险性"提出异议。FIS 男子高山滑雪世界杯首席赛事总监瓦尔德内尔表示，人造雪不仅可以保证安全，使用人造雪还可以确保所有参赛者的条件统一。

这两则新闻事件都是以美国媒体恶意抹黑制造的假新闻为开端，而后为真实的新闻报道所反驳，最终遭到各国媒体和群众的谴责。

（四）娱乐新闻的案例分析

娱乐新闻是一种信息产品，这种产品是为了满足现代社会中人们的精神需求而产生的。娱乐新闻在内容上减少了严肃性的比例，多以娱乐化内容为主。娱乐新闻注重事件的戏剧化效果，通常会设置悬念或进行煽情、刺激的渲染，以此来吸引受众注意，走新闻故事化、新闻文学化道路。

娱乐新闻更偏重于娱乐性和新奇性，因此其真实性经常受到损害。一件事情往往会经过多次反转才能得到证实，对此人们也表示已经进入了"后真相时代。"娱乐新闻中假新闻的案例数不胜数，如著名作家金庸曾多次被谣传去世，最后无奈表明"已习惯"，这种假新闻不只是对受众的不负责，更是对金庸先生的不尊重。一些假新闻对于当事人的名誉损害极大，有的艺人甚至因为被造谣失去了生命。电影演员阮玲玉当年被各类大小报纸不断爆料生活隐私，而来源多是凭空猜测与胡编乱造，甚至还把她饰演的电影角色与真实的她混为一

---

① 《美媒炒作北京冬奥"人造雪"，多国运动员驳斥》，观察者网，https://mp.weixin.qq.com/s/iQ6vEAicXDika8okcbxnzA。

谈，一时间流言铺天盖地，阮玲玉最终不堪受辱吞下安眠药自杀。在其自杀后不久，鲁迅先生写下了《论人言可畏》，痛斥当时新闻界的丑恶现象和恶劣风气。

在娱乐圈中，假新闻层出不穷，对于新闻当事人造成了极大损害，这些相关的新闻机构也逐渐失去了受众的信任。因此，虽然娱乐新闻是为了放松人们的生活，但媒体不应该忽视其真实性。

新闻对于群众来说是获取社会信息的主要渠道，真实性是新闻报道应该遵守的基本准则。如果新闻报道一味追求新奇、效率、热度而忽略真实，那么这样的新闻媒体终究会被人民群众抛弃。

第二节　新闻报道的社会责任

新闻的社会责任是对新闻自由这一理论的延续，是在新的历史时期对"伦理""道德的"等内涵的崭新解读。新闻自由强调表达本身就是"道德的"，但是随着"自由"在传媒领域的泛滥，其弊端日渐显现出来。19世纪中叶，社会责任理论应运而生，它依然坚持自由是人类不可剥夺的权利，提出在追求新闻自由的同时必须承担相应的社会责任。

一、自由与责任：新闻社会责任论的历史背景

（一）新闻自由主义弊端的日渐显现

传媒领域中最早对自由的追求是新闻对于自由主义的价值诉求，而对于新闻自由的价值导向则与启蒙运动的理性主义息息相关。理性主义倡导的是人依靠自身的理性去理解世界以及各种社会问题，它强调人的主观能动性的发挥与实践，这种思想理念成为反对封建专制集权统治的核心力量，将这一理念运用到传媒领域，新闻自由主义便应运而生。自由主义思想历经了多位学者的确证与更新。约翰·弥尔顿提出反对极权主义控制、主张思想自由，这奠定了西方言论自由的理论基础。美国第三任总统托马斯·杰斐逊也为此做出了突出贡

献，他认为人民享有言论、著述和出版的自由，只有言论自由得到充分保障，真理才能在意见场域中战胜谬误与谎言；他信奉"人民主权"与"天赋人权"，认为开放人民言论的权利才有可能确保人民实施监督政府的权利。在传媒逐步发展和新闻自由探讨的过程中，自由的范畴逐渐扩大，现在我们所谈到的新闻自由不局限于出版媒介或新闻媒介，而是已扩展到了电子媒介、网络媒介以及其他的大众传播行为。

但是，随着大众传媒对自由主义的误读与滥用愈加严重，新闻对自由的追求逐渐背离了最初的道路。这主要体现在两个方面。第一，把自由绝对化，反对包括政府在内的任何外界的干涉。早在自由主义理念提出之初，弥尔顿就曾提出无限制自由可能会导致社会危害，言论自由的权利需要加以限制，但在理性主义和反对集权专制浪潮的推动下，当时社会各界人士对此并未足够重视。第二，新闻利用自由主义的幌子谋取私利，这体现在新闻的商业化和集权化。一方面，新闻出于对利润和竞争的追逐，利用煽情信息和情色信息吸引读者，甚至制造虚假新闻、广告新闻和有偿新闻来欺骗受众；另一方面，新闻实质上并不自由，它往往要受到资本的操控。这凸显出新闻自由陷入的尴尬境地——如果新闻完全由政府控制，会导致新闻完全丧失自由；如果新闻依靠市场运作，又会导致广告商和资本对新闻自由的操纵。基于此，作为对自由主义之补充的新闻社会责任论开始兴起。

（二）新闻责任论对自由的延续发展

对新闻报道社会责任的强烈要求是建立在对新闻自由泛滥的深刻认知之上的，大众传媒时代由理性主义所引发的对自由主义的极致追求侵害了人本身的权益。基于此，有学者最早从报业出发指出其中存在的弊端和缺陷，但这样的问题早已弥漫至大众传媒的各个角落。

1947年，由罗伯特·哈钦斯和12位当时美国最有权威的一流学者共同起草的一份长达133页的研究报告——《一个自由而负责任的新闻界》被视为大众传媒社会责任理论的发端；1956年，美国著名传播学者威尔伯·施拉姆等人在其合著的《报刊的四种理论》中正式提出了传媒的社会责任论，并对该理论进行了系统的整理与阐述；次年，施拉姆又出版了《大众传媒的责任》，对社会责任理论做了新的发展和完善。自此，大众传媒的社会责任理论得到了快速发展，其中的新闻社会责任也受到了关注。

与自由理论一样，新闻责任论有着相应的理论基底。首先是对传统新闻自由中理性主义的质疑。传统新闻自由主义信奉人是具有理性的动物，在自由的意见市场中人可以完全依靠理智去区分新闻的善恶与良莠，最终真理必将显现。它将真理的讨论与显现完全寄托于人的自由意志，从而忽视了人性软弱与堕落的一面，因此，新闻的社会责任理论则是承认了理性主义的缺点，认为人并非完全理性的动物。其次是对责任理论的伦理审视。新闻责任论倡导者们认为新闻自由是一种权利，责任是一种义务，权利与义务应该辩证统一起来，被放任的新闻自由主义以及没有责任约束的新闻自由只能是一种消极的自由。新闻肩负起对社会的重要影响作用，应该是最大程度上维护公众利益，而不仅仅是代表少数人的意见。最后是对自由观念的修正。早期的学者们将"自由"与"责任"进行对立，近代有部分学者就自由与责任的关系提出了辩证性的观点。学者郑根成认为："社会责任理论不是一种反自由的理论，它一方面是对自由主义理论的修正与补充，另一方面也是对自由主义理念的确证。从这个角度来看，社会责任理论其实是传媒自由理论的一种演化形态，是对原有自由主义理念的修正和革新，是传媒自由思想的发展方向。"[1] 因此，新闻自由主义是基于对自然权利、民主、理性等的追求，它自始至终反对独裁与压迫，其本身体现出一定的道德正当性和传媒道德诉求。

二、责任的困境：新闻社会责任论的概况

尽管对新闻伦理观念的认知历经了从自由主义到责任理论，但是大众对社会责任并没有形成较为一致的意见，有部分学者甚至对新闻的责任理念提出了质疑。他们认为传媒机构在市场化和商业化的进程中并不需要为公众利益负责，尤其是在具有私有性质的传媒企业中，只要能为社会人员提供就业岗位和增加社会经济收入，该企业就已经履行了相应的社会责任。可见，新闻责任理论的现有认知与研究依然存在不足。

---

[1] 郑根成：《媒介载道——传媒伦理研究》，北京：中央编译出版社，2009年，第30页。

(一)责任理论本身的自相矛盾

新闻的责任理论缘起于对自由主义泛滥的深刻理解之上,研究者们质疑新闻自由的理性主义不可靠,认为人并不完全具备自我约束的能力,并不能依赖于人的理智与意志力剔除谬误。新闻机构如果不能够对公众权益负责,那么就必须以外力进行干预,这却正好体现出了责任理论的双重矛盾。其一,新闻社会责任理论质疑理性主义,不认为仅仅依靠人的理智就能判别意见自由市场中的真理谬误。理性主义观点认为人性是不可靠的,它的理性与道德感至少是值得部分怀疑的,但是新闻社会责任理论对道德伦理的要求又寄希望于人对自身的约束和规范,尤其是新闻从业人员自身的职业道德与素质规范。其二,新闻自由主义放纵了新闻机构对市场与利润的追逐,因为它们忽视社会公众的广泛利益,生产与制造的新闻仅仅是为了迎合低级趣味和博人眼球,这也被广大受众群体深刻感知。因此,新闻的社会责任理论就主张政府机构介入,以规范传媒市场新闻信息的规范化和合理化。如部分学者所言,社会责任理论是对自由理论的修正和革新,自由主义倡导反对政府的监控与干涉。新闻社会责任理论主张既要防范政府对传播媒介的干涉,又要呼吁政府管束媒介,这本身又体现出第二种矛盾。

(二)责任理论权限的含糊不清

在新闻社会责任论的具体实践环节同样也存在问题——向谁负责和谁来负责。

首先,美国新闻自由委员会在架构传媒社会责任的框架时就曾提出两个基本观点:作为一个自由而负责的大众传媒,首先它必须是自由的,其次它必须是可以问责的。这就导致了自由和责任之间的巨大争议,比如说,当一名新闻工作者遵从新闻社会责任论,站在传媒机构或政府的立场上报道合乎要求的消息内容时,如果站在传媒机构或政府的立场上看,该名新闻工作者是负责的;但是在报道的实际过程中,这名新闻工作者又发现消息内容不符合新闻社会责任论而拒绝报道。无论他选择何种态度和方式,我们都可以认定这名新闻工作者是负责任的。不论媒介从业人员选择站在何种立场上维护哪类人群的权益,在如今的市场化和商业化的进程当中,他们都可以为自身找到正当的理由。当新闻开始论及社会责任理论的时候，它就必然带有鲜明的立场态度，在维护某一个人或某一集体的时候就必然不能维护其他个人或者集体的权益。

其次，大众传媒传递的新闻内容出现不良的社会影响，收到受众不满意见的时候，我们应该向谁追责呢？以一些儿童节目为例，曾被人诟病其传播内容存在暴力、血腥、性元素过多，倡导儿童消费等问题，但当我们针对这些问题向有关机构追责的时候，会发现我们找不到确切负有责任的主体。父母是否负有责任？他们可以禁止儿童观看此类电视节目或者干预儿童接触电视机的时间。传媒机构是否负有责任？他们可以无需迎合广告商或者市场的要求制作电视节目，即便是传媒机构负有绝大多数的责任，电视节目的制作也是一套较为工业化、标准化和流程化的生产体系，每一个环节都有相应的人员负责，我们是应该问责新闻采访人员，还是节目编辑人员抑或是节目主持人呢？

所以，即便是新闻自由主义受到社会的广泛诟病以及社会责任理论普遍被认可的当下，责任理论依然无法像自由权利那样得到政府和法律体系正式的官方确认。它更像是传媒行业、政府机构和社会公众的内心条文和心理认知，在具体的新闻报道和媒介运作的过程中，新闻社会责任理论起着潜移默化的影响。当然，责任并不是毫无依据，依然存在着社会公众对于新闻社会责任理论的认知框架。

三、责任的内涵：新闻社会责任论的主要内容

（一）新闻社会责任的依据

在论及新闻报道社会责任的时候，经常会接触到传媒自由与传媒社会责任理论的概念，我们首先要理清两者的关系。传媒领域中最早展开对伦理道德阐释的是新闻行业，从对理性主义的信奉到对自由权利的责任设置，新闻行业的伦理追求是传媒变革的重要展示范畴。早在自由主义受到推崇的历史时期，"新闻自由更多地指大众传播媒体具有自由传播的权利"。《一个自由而负责的新闻界》和《报刊的四种理论中》指出："新闻界"不仅仅指新闻报刊，而是指大众传播媒介。所以在现当代语境下，新闻自由的范畴延展到了传媒的自由。同时，新闻是整个传媒行业的横切面，传媒行业肩负起的社会责任与义务也必然要落在新闻行业的肩膀之上。

那么，什么是"新闻"呢？我国唐代就出现了"新闻"一词，当时的意思是民间流传的奇闻逸事；到了明清时期，"新闻"已具备了现代意义上的"新鲜消息"和"新鲜报道"之义。这是从内容层面上界定何为"新闻"，但当我们谈到"新闻社会责任"的时候，内容上的"新鲜报道"显然并不构成新闻的责任主体，其背后无形之中影响新闻内容报道的个人、机构、行业才是应当承担社会责任的主体。从这个角度出发，"新闻责任中的'新闻'指的是从事大众传播的新闻传媒，这不是一个单独概念，而是集合概念。在现实社会中，它涵盖了新闻业、新闻传媒到新闻从业者这样一个从整体到局部直至个体的三个层次"[①]。

这是从新闻报道的社会责任内部出发去界定何为新闻责任的承担主体，相应的，新闻报道的责任客体就是整个社会。新闻责任是新闻业、新闻传媒及新闻从业者在新闻传播活动中应恪守的行为准则与应尽的义务，即对社会所承担的责任。具体来说，新闻报道具有传播新闻信息、保护公众隐私、监督与被监督、文化传播的社会责任。

（二）新闻社会责任的内容

1. 信息传播的责任

传播信息是新闻报道的第一责任，也是其他责任得以实现的基础，这是由新闻的定义和传媒的基本功能所决定的。从新闻定义的角度来说，传播是新闻信息的基本存在状态，因为新闻传播的信息是新近发生或者正在发生的事实，信息只有在流通和传播过程中才能成为新闻；从传媒基本功能的角度来说，传媒的本质属性是一种传播工具，它的基本功能就是传递信息，传媒的社会功能主要通过传播信息及新闻报道活动来实现，只有新闻信息在传媒市场得到有效流通，新闻的文化传递、舆论引导、调节社会关系的作用才能得以发挥。新闻报道的信息传播责任具有公开性、真实性、时效性和大众性的特点。

首先是公开性。坚持公开原则是履行传播责任的基础与前提，将新闻消息在传媒市场当中进行公开传播既能消除不确定性因素的叠加，又能有效防止虚假信息在意见市场的流通。相反，如果新闻机构和新闻从业人员无法及时公开

---

① 董岩：《新闻责任论》，北京：人民日报出版社，2010年，第35页。

社会发生的新近事件,将会导致恐慌与动乱,随着负面消息的不胫而走,大众也会愈发质疑新闻机构及从业人员的权威性质。新闻发展史上对重大新闻事件避而不谈的案例比比皆是,如杜兰蒂隐瞒乌克兰饥荒报道,这是一件重大新闻丑闻。针对乌克兰因受苏联政府错误经济政策影响而发生的严重饥荒事件中,曾获普利策大奖的新闻记者沃特·杜兰蒂就隐瞒了事实,这严重违背了新闻报道的社会责任,也导致了其公信力的丧失。事实上,任何被隐瞒的新闻事实最终都会以另外的形态传播开来。尤其是在移动媒体和互联网极速发展的今天,人们不再是新闻传播过程中广泛意义上的大众,而是拥有在信息流通渠道中主动选择和反馈的权利,甚至可以自发主动地生产新闻信息。这更加需要新闻业、新闻传媒和新闻从业者主动承担社会责任,坚持新闻公开原则,在新媒体时代维护自身的权威地位。

其次是真实性。新闻是对新近发生或正在发生的真实事件的报道,真实性是新闻报道的生命。新闻最早是从报刊发端的,马克思曾就报刊的"真实"提出了看法,他认为"真实"和"纯洁"是报刊的本质,报刊应当"根据事实来描写事实",而不应当"根据希望来描写事实"。可见,新闻报道应该以事件本身为依据,真实、客观、如实地反映事件的细节乃至全貌。除了要以真实发生的事件作为报道的依据,在新闻的撰写和评论环节也要时刻遵守真实性原则。这种真实性又可以分为表象层次的真实和规律层次的真实,新闻报道要选择具有代表性的事件和人物,展现社会发展的主流和方向,反映真实事件的本质规律。这就要求新闻从业人员不仅具备良好的职业素质,而且具有过硬的专业能力,即能通过真实事件的表面现象挖掘事件与事件之间的联系。同时,对真实事件的新闻报道不是一蹴而就的活动,而是一个动态的认知过程,新闻工作者要具有耐心,才能最大限度地挖掘新闻事件背后的完整真相。

再次是时效性。在新闻报道的诸多要素中,时效性是最为重要的,即追求新鲜是新闻报道永恒不变的价值追求。新闻报道的时效性要遵循两条原则。第一,新闻报道的内容要新。新闻内容的新是新闻区别于其他内容的显著特征,新闻从业人员需要敏感捕捉新近发生的问题和现象,将其以最快的速度传播到大众的视野中。新闻报道如果不追求时效性,新闻变成旧闻,便会无人问津,新闻报道也就失去了意义。除了快速反应和及时报道,新闻从业者还需要及时跟进新闻事件的发展过程,牢牢掌握各种新的变化。第二,新闻消息传播速度要快。新闻内容的快速传播可以为新闻"保鲜",尤其是电视和互联网的出现使新闻报道可以最大程度上接近事件的发生时间,做到即时和同步传播,新闻信息搭乘便捷的传播载体可以快速精准地直达受众视野。

最后是大众性。新闻报道是面向社会的,其传播对象是社会上的一般大众,用传播学术语讲就是"受众"。在大众传播时代,信息的接受者是广泛模糊的群体,并不是某一特定的人群,而是指社会上所有的"一般人"。延续至今,新闻行业依然要凭借大众的需求和兴趣报道新闻,才能确保新闻价值得以实现。第一,新闻内容要反映大众(或者绝大多数人)关心的事实,也就是说,新闻要贴近人民生活,报道他们感兴趣的消息。在我国,由党和政府领导的新闻事业始终践行着为人民服务的宗旨,这与新闻报道责任的大众性原则不谋而合。因此,新闻从业者不能闭门造车和漠视大众的真实需求,而是要扩宽眼界,提前感知大众可能会感兴趣的新闻事件并予以报道和传播。第二,传播覆盖面要扩及所有大众。新闻报道面向的是一般意义上的大众,社会上任何阶层和群体中的个人都可以是新闻的接受者和观看者,因此新闻报道的内容应该是适合于社会上绝大多数人的信息,具有跨阶层、跨群体的普遍影响。随着互联网的飞速发展,新闻的制作逐渐向分众化和本土化方向发展,虽然社会大众被细分,但新闻在内容上与受众生活更加密切相关。

2. 安全维护的责任

根据马斯洛的需求层次理论,安全与生理同属于人最基础的需求。从词汇的含义出发,安全是指没有危险、不受威胁、不出事故,它是一种和平发展的外部环境,与动乱、战争、贫穷相对,是个人和社会实现稳定发展的首要前提。在信息社会,信息安全与水、粮食安全同等重要,是国家安全的核心。关于国家安全内容和划分问题,存在着诸多争议,从中可以窥见的是,国家安全是多重安全的集合内容。我们认为国家安全包含两方面的内容:一是硬安全,它是国家安全的基础性内容,例如国防安全、经济安全、环境安全等物质形态上的安全;二是软安全,主要是指政治安全和文化安全等意识形态上的安全,新闻报道维护安全的责任属于软安全之一。新闻传媒作为信息的生产者和传播者,必然要承担起维护信息安全的重要责任,在新闻报道的过程中,新闻从业者和新闻机构必须遵循以下原则:

第一,准确性。尽管新闻安全属于软安全的一种,但从不同角度进行定义，新闻安全有着不同的属性。从新闻的信息属性来看，新闻安全属于信息安全的一部分。受当前信息社会外部环境的影响，小到日常生活的出行、天气、交通，大到国家政治、经济、军事等信息，我们的生活方方面面无不被信息包围。这就要求新闻机构和新闻从业者所关注的新闻必须触及人民生活，报道与人们生活息息相关和人民喜闻乐见的信息。但这一过程中，除了要遵守新闻报道的普遍性原则，又要确保新闻的准确性。试想，如果新闻从业者不遵循实事求是的基本原则，为了迎合市场的娱乐化需求，制作出的新闻成为博眼球和赚流量的虚假信息，社会将会陷入怎样的境地？可以预见的是，社会必将笼罩在一片恐慌当中。新闻报道的安全责任首先是建立在报道的准确性上的，新闻机构具有极大的社会影响力，新闻从业者应该遵守职业素养，他们所导报的每一则新闻都直接关系到社会和国家的稳定与否。

第二，保密性。新闻从业者除了要确保传播的信息准确无误，还要进一步明晰哪些新闻信息是可以在传播渠道中流通的。这就涉及国家的重要秘密。新闻从业者首先要增强保密意识，明确传媒保密的范围。秘密的分类包括国家秘密、职业秘密、商业秘密、技术秘密、军事秘密、个人隐私等，新闻机构既要保证信息传播的公开性，同时又要维护国家的重大秘密。国家秘密关系到国家的安全和利益，是在一定期限内只限一定范围的人知悉的事情，在我们日常生活中所认为的"无足轻重"的信息都有可能涉及重大秘密的泄露。新闻机构作为信息传播者更需要牢牢把关，做好严格的信息审查，切实维护好国家的秘密。

第三，导向性。舆论导向正确与否是新闻报道安全责任的关键与核心，正确的舆论导向可以维护国家和社会的良性发展，错误的舆论导向则会导致社会动荡不安，国家出现重大危机。因此，新闻报道需要积极引导，不乱炒作，把握受众心理，实行软引导。首先，不同于自上而下、单一灌输的硬引导，软引导采取的是平易近人的沟通方式，传播者与接受者是平等的，是一种双向互动的关系；其次，软引导采取的是直观形象、生动活泼的传播方式，以润物细无声的方式为大众所接受；最后，软引导是依据受众诉求与实际需要进行引导的，它贴近实际，符合受众的需求。

第四，大局性。大局性原则要求新闻工作者具备强烈的政治高度与全局眼光，处理好新闻规律与政治规律之间的关系。我国的新闻传媒肩负着我国重要指导思想、方针政策和思想观念的宣传责任，因此，我国的新闻规律与政治规律是统一的，有着共同的准则和标准。新闻报道的大局性还要求处理好经济效益和社会效益之间的关系。新闻传媒作为文化产业的一部分，必然有着获取经济效益的诉求，但新闻传媒同样是"社会公器"，是广大人民群众接受信息的重要渠道。在大局性的指导下，新闻的报道和传播应该坚持社会效益第一的原则，也就是说，在新闻的内容和选择上要符合社会效益的标准，要有利于社会思想、政治、文化等方面的稳定、发展与提高。

3. 舆论监督的责任

监督是指一方以一定的规范为标准督促另一方，使它们合乎规范，不偏不倚。在社会主义国家，监督是人民行使民主权利，维护社会秩序的重要手段。社会是一个大系统，社会监督是社会系统中的一个子系统，舆论监督则隶属于这个子系统当中的群众监督。因此，舆论监督是群众监督的集中体现，它代表着人民群众的观点意见，是人民管理国家、维护社会有序发展的权利。在舆论的形成与传播过程中，新闻传媒起到了关键性的作用，在某种程度上，舆论监督也被视为新闻舆论监督。新闻舆论监督是现代传播条件下舆论监督的主要形式，是公众意见的媒介表达。与其他形态的监督相比，新闻的舆论监督责任具备以下几个特点：

第一，群众性。新闻舆论监督责任的群众性特点来自其监督主体的特点。新闻舆论监督是群众监督的一种，它汇集了广大人民群众的观点和意见，是人民行使其监督权的手段和方法。所以，新闻监督的主体是人民，新闻传媒只是实践层面上的监督主体，在履行监督责任时，新闻传媒必须坚定地代表民意且维护公众的利益。在对社会权利与社会行为的监督过程中，人民群众始终是积极的践行者，新闻传媒是具体的执行者。新闻传媒始终代表了广大人民群众的根本利益，行使人民赋予的权力，发表人民对于国家和社会的看法，这是新闻传媒舆论监督群众性特点的重要体现。

第二，广泛性。新闻舆论监督责任的主体是人民群众，践行主体是新闻传媒，受监督的客体是社会权利组织与个人、政策及社会行为等。就监督的客体来看，新闻传媒的舆论监督就具备广泛性的特点。在我国，新闻舆论监督是人民的监督，党和人民群众通过新闻传媒对各级党政机关以及对社会事务实行监督。在这里，新闻监督的广泛性体现在它对于社会问题的普遍关注，即监督一切权力、关乎人民利益的事务与社会行为；同时这种广泛性还体现在新闻传媒的舆论监督是一种普遍的、平等的民主监督权利。正是因为人民群众普遍平等的监督权利、监督客体的广泛性特点，国家和社会才能在被监督与被治理的过程中不断稳步发展。

第三，公示性。公示性是新闻舆论监督的重要特征之一，也是与其他形式监督相区别的显著特征。与其他形式的监督相比，新闻舆论监督的公示性特征是由新闻传媒的特性所决定的。具体而言，将监督客体的信息放置于大众传媒，也就意味着其进入公众视域。监督客体在大众媒介传播的各个环节处于一种被公开审视的状态，任何群体都可以成为监督者。大众传媒是一种开放性空间，任何进入该场域的信息都可以成为审视的客体，大众传媒本身就赋予了新闻传媒公开和公示的特征。因此，新闻的公开就意味着被监督，公开公示是实现新闻舆论监督的重要途径，如果新闻舆论不具备公示性，监督就无从谈起了。

第四，权威性。从新闻舆论的影响方面来说，新闻舆论监督具有权威性。在各种形式的舆论中，新闻舆论是最能反映广大人民群众意见、引导其他舆论的形式。新闻舆论监督传播面最广，影响的深度、力度和广度最大，也是最受人们关注和信赖的。现代社会，互联网和手机的飞速发展，也在不断形塑着新闻舆论监督成为更大程度上反应社会舆论、引导社会舆论和促进社会良性发展的重要手段之一。新闻传媒因为在机制设置、内容生产、舆论影响方面长期形成了可靠的公众认知，也促使其媒介信息成为受众不假思索而信赖的权威信息。"在现代社会，舆论监督成为行政、立法、司法三大权利之外的'第四种权利'。"[1] 新闻舆论监督作为其中的重要监督形式，其权威性可见一斑。

4. 文化传播的责任

新闻的文化传播责任是指新闻传媒具有普及文化知识、教化社会大众、促进文化传承发展的社会功能。明确新闻报道的文化传播功能，首先需要明确何为"文化"。关于文化的讨论历来久远，学界普遍存在两种范畴上的认知。从广义上来说，文化是指人类所创造的一切成果的总和，既包括物质文明成果，也包括精神文明成果。狭义上的文化仅指精神文明成果。可以说，文化与精神

---

[1] 董岩：《新闻责任论》，北京：人民日报出版社，2010年，第131页。

文明密切相关，都对现实的物质文明产生重要影响。新闻文化是人类通过新闻传媒，在影响社会行为的传播活动中所创造和积累的种种精神财富的总和。新闻文化依靠于物质媒介进行传播，媒介的传播特性也赋予了新闻文化的传播属性，传播文化是其手段，文化传播是其目的。随着媒介的更新换代，新闻文化也从早期的报纸、杂志和广播逐渐过渡到了电视、互联网。新闻文化的传播媒介在逐渐优化，其传播速度也在不断加快。同时，物质媒介变迁也在一定程度上促进了精神文化的进步，因此，新闻文化也有媒介的扩展和升级。新闻文化是物质文明和精神文明共同塑造的结果，现代社会科技的飞速发展和各类型媒介的良性并存，使得新闻文化更具包容性和渗透性，日益显现出不一样的特点。不同的新闻传媒由于媒介特点和传播方式的不同，又使得不同媒介的新闻文化呈现出相应的差异。即便如此，我们依然可以找到新闻文化传播的普遍性特点。

一是先进性。新闻的文化传播责任在于对先进文化的传播，从中外新闻传播史的发展历程来看，中国新闻传媒的每一次进步都与先进思想和先进文化的兴起有关。社会的进步离不开思想上的开拓进取，中国最早的新闻传媒变革集中在报刊领域，早期的中国报纸正是得益于对外来先进科学理念的传播才兴起壮大。而在今天，世界上任何的新变化也都是凭借大众传媒日新月异的发展逐渐为人们所理解和接受，正是依靠这样先进性的传播媒介，先进的思想文化才能够迅速传播开来。新闻的文化传播责任还在于对本民族先进文化和落后文化的甄别，秉持着开放的态度对外来优秀文化的学习和借鉴。因此，新闻的文化传播既包含了对本民族先进文化的承袭和创新发扬，也包含着对外来优秀文化的吸收和借鉴。也只有这样的文化内容在新闻传媒上进行传播，才能让社会普遍被优秀的文化包围，促进社会向更好的态势发展。

扩展资源

提高新闻舆论传播力、引导力、影响力、公信力
（来源：央广网）

二是引导性。新闻文化传播的引导特点与传媒的意识形态属性息息相关，不论是在资本主义还是社会主义国家，新闻媒介都是最能体现国家政治观点、社会变化发展的重要载体。在我国，大众传媒作为党和国家的喉舌，肩负着宣传时政要闻、党的路线方针、最新政策等使命。在新闻传媒进行文化引导的过

程中，第一要求是坚持以马克思主义为指导，其次则是对主流文化的引导。新闻传媒在现代社会生活中无处不在，人们的日常生活无时无刻不被新闻媒介包围，正是新闻传媒的无孔不入才让其价值引导的功能得以发挥。所以，新闻传媒在其中发挥相应的引导作用是由其社会意识形态属性决定的，同时，我国新闻传媒的社会意识形态特点又要求新闻坚持以马克思主义为指导，对社会主流文化进行传播和弘扬。

三是普及性。新闻传媒文化传播的先进性与引导性的实现程度，最终取决于受众的接受程度，新闻传播只有具有较大范围的普及性，才能最终实现先进思想文化的传播和主流价值观的引导。新闻文化的普及性原则主要体现在两个方面：内容选择和传播方式。在内容选择方面，新闻传媒要联系实际，密切关注广大人民群众所关心的事实，脱离于大众的新闻报道将会导致新闻内容偏向于少数群体，最终丧失新闻文化的普及性。在传播方式方面，除了要选择大众惯常使用的大众媒介，新闻传播的时间和频次也要选择在受众与媒介频繁接触的时间，还要在传播形式上做到通俗易懂，为大众所喜闻乐见。这就要求新闻的传播不能照本宣科或者简单说教，要采用通俗易懂、直观生动的讲述方式，才能更大程度上提高信息的到达率。但同时，也要防止过度迎合受众需要而走上媚俗化和娱乐化的道路。

四是技术性。现代文化艺术有着极高的技术依赖性，媒介的变迁促使文化艺术的变化和发展。新闻文化的传播依赖于新闻传媒，正是由于新闻传媒技术的不断更新，现在的人们获取信息才更为便捷和高效。在信息技术发展日新月异的今天，人们足不出户就能接收外界的信息，参与公共话题的讨论。这样便利的信息获取方式使人们了解世界极大程度地依赖新闻传媒，失去了对现实世界的真实实践和体味，也就容易受新闻媒体的引导。日本学者滕竹晓将这样的现象称为"拟态环境的再环境化"。我们生活在由信息表征的拟态环境之中，所思所想、一言一行无不受到网络环境的影响，而这种影响与媒介技术的普及密切相关。

尽管新闻的社会责任存在着理论基础的自相矛盾、没有形成具体的法律文案和实施举措等问题，但它依然对新闻伦理的发展起到了不容小觑的重要作用。新闻的具体责任也在不断地争论与辩解中形成了较为固定的内容，例如新闻报道的信息传播、安全维护、舆论监督和文化传播的责任。新闻媒介时时刻刻以社会责任理论规训自身的新闻报道，大众又以社会责任理论审视着新闻媒介是否符合公众和社会利益。这充分证明，新闻的社会责任理念早已深入人心。

第三节　新闻报道的人文关怀

随着媒介技术的日新月异，我国新闻事业处在不断发展和完善的过程中，逐渐暴露出些许问题，即部分新闻报道缺乏对个人隐私的保护与尊重，缺乏对弱势群体真正意义上的关怀。因此，强调"以人为中心"的人文关怀理念在新闻报道中得到越来越多的重视，也是新闻报道的最高理想。客观冷静与"人情味"兼顾、可视化与个性化两全、认可和启发并存成为衡量新闻报道具备人文关怀的重要标准。

一、新闻报道中人文关怀的含义与现状

（一）人文关怀的含义

新闻报道中的人文关怀是指在新闻写作、采访、制作、报道与播出等一系列环节中，将人视为报道的主体和目的，而非报道的手段，其核心是在新闻报道中肯定人的尊严与存在价值。它是一种对人的物质需求以及精神世界的双重关怀，既对人的生存状况和历史境遇予以关注，又对人的精神世界和心灵情感给予关怀。总的来说，新闻报道的人文关怀就是将报道的焦点放在"人"身上。

人文关怀的思想萌芽于古希腊时期，起源于 14 世纪至 16 世纪欧洲文艺复兴时期所提出的"人文主义"思想，提倡关注人、尊重人、以人为中心，其内核是尊重人的价值，尊重精神的价值。古希腊先哲提出了"人是万物的尺度"的理念，即以人为本，探索宇宙万物与人生。到了中世纪晚期，基督教神学主导了欧洲文明，人被神权主义禁锢和压迫，受教会的奴役，直到欧洲资本主义兴起带来的世俗文化使人试图冲破神权主义的桎梏，随之掀起了"文艺复兴"

运动。人文主义作为文艺复兴时期的指导思想,对整个中世纪的欧洲产生了深远的影响,它否定了神权,反对禁欲主义和愚昧,注重人的全面发展,关怀人的自我发展和自我实现。

在中国的历史文明长河中,人文关怀也得到了重视。孔子提出"仁爱"思想,孟子提出"兼爱"思想,老子倡导"无为",这些思想都是人文主义的体现。经历了千年的演化,现代学者对于人文关怀的定义有所不同。左中甫提出:"人文精神是以人为本,尊重人、理解人、关心人,将人作为考虑一切事物的中心的价值取向。"[①] 人是社会发展的主体,人的生理与精神状态应当得到社会与他人的关怀和重视,才能够促进人的全面的、均衡的、自由的发展。因此,人文关怀就是要坚持以人为本的理念,坚持人道主义的立场,关注人、关心人、关怀人。

人文关怀的本质是将"以人为中心"的理念作为世界观和方法论,强调"人"在事物中第一性,"人"是一切工作的出发点,也是一切工作的最终落脚点。人文关怀的价值体现在它肯定了人的主体性地位,是一种尊重人的尊严、思想与情感的价值主张,承认了人的价值与意义。

(二)我国新闻报道中人文关怀的现状

随着新闻报道技术的发展,新闻报道信息量快速增长,新闻报道范围拓宽,目前我国的新闻事业正处于不断发展和完善的过程中,新闻报道的质量与水平在不断提升。

新闻报道大都体现了人文关怀的理念,但也存在着一些问题。第一,部分新闻报道缺乏对个人隐私的保护与尊重,尤其是在当下社交媒体极速发展的时代,部分不良媒体为了提高信息曝光率和点击率,过分关注当事人不愿提及的隐私话题,更有甚者未征得当事人的同意而曝光其信息,撰写不实的内容来骗取公众的流量,这种行为已经触及新闻报道的底线。第二,新闻报道缺乏对弱势群体真正意义上的关怀。目前我国不乏对弱势群体的新闻报道,最受关注的话题是弱势群体的生存现状和如何帮助到他们,而有些报道体却以善意的方式揭弱势群体的伤疤。新闻报道中的人文关怀不仅需要在形式和内容上有所体

---

① 杨国章:《人文传统》,北京:北京语言学院出版社,1993年,第5页。

现，更重要的是在报道的内核上体现人文关怀，真正做到关注人的现状、重视人的精神、尊重人的价值。因此，新闻从业者应当在生产和传播的全过程中明晰责任意识，坚持人文关怀的理念。

我国的新闻事业仍需更加重视人文关怀素养。一方面，新闻报道中人文关怀的理念影响着新闻的生产与公众的信息接收。新闻报道的过程实际上是媒体将关注的事件或话题呈现给公众的过程，也就是所谓的媒介"议程设置功能"，公众对社会议题的关注点受到新闻媒体报道的重要影响。媒体和记者在新闻生产中贯彻人文关怀理念的过程，是报道题材对人的生存现状的关注，报道重心向人的精神状态转移，报道方式更加人性化，报道内容即发出的符号信息、表达的观点、展现的情感态度更加关注人的过程，这深刻地影响着作为信息接收者的公众的认知与思想情感。

另一方面，新闻报道中人文关怀的理念影响着新闻的传播与公众的情感态度。随着网络移动终端设备的快速发展，新的信息接收方式造成了碎片化的阅读模式和快餐式、跳跃式的思维方式，与深度思考方式不同，这种阅读和思维习惯使得新闻报道中情感的效用被放大，将人文关怀理念融入新闻报道的过程，是传播主体重视传播内容，传播方式情感化、平民化的过程。与此同时，新闻报道对于人文关怀理念的重视影响着人的情感态度。态度是一种持续性的情感状态，决定了人的行为动作。影响态度的因素众多，包括人的信息认知、知识水平、情感意志等，但新闻报道所传达的信息内容直接影响着公众对事件信息的获取、细节的把握、全局的思考，在新闻报道中对人文关怀的重视，也就影响着公众对人作为主体的生存现状及现实境遇的思考，进而激发情感的共鸣和态度的认同。

二、新闻报道中的人文关怀——以新冠肺炎疫情相关的报道为例

2020年，面对突如其来的新冠肺炎疫情，媒体在信息传播、公众秩序维护等方面发挥着重要的作用。主流媒体凭借自身的权威性和公信力，在这场疫情防控阻击战中肩负着传声筒和风向标的重任。

在全媒体传播的格局中，各主流媒体相互竞争，纷纷采用多种方式对疫情相关情况进行全方位、多角度的报道。在这种情况下，一些媒体从业者为了达

到一定的传播效果，忽视了新闻报道中的人文关怀。针对新冠肺炎疫情这一重大突发事件，媒体不仅要反映疫情防控相关的进展，更要将人文关怀的意识渗透新闻报道全过程之中，将人文关怀作为新闻报道的基准石，体现关注人本身、以人为本的精神。大部分主流媒体对于新冠肺炎疫情的相关报道，将防疫科普的及时报道与深度报道相结合，关注易被忽视的个体或群体的状况，积极地向社会传递正能量，切实体现了当下新闻报道的人文关怀。

（一）及时报道与深度报道

人文关怀的理念要求新闻报道不仅具备及时性，更具备报道的深度和新闻媒体严谨的态度。在新冠肺炎疫情暴发初期，各种谣言和不实信息与真实可信的信息混杂，公众因为缺乏对新型冠状病毒的认识，无法获取疫情进展的相关信息，而产生了焦虑感和恐惧感。各大新闻媒体面对突发的疫情，通过全媒体渠道和不同平台开设专栏，公布防控疫情的最新进展，对新冠疫情相关的知识进行科普，及时应对了公众恐慌。如《人民日报》在疫情期间，不仅在报纸上刊登疫情相关的重大消息，还充分发挥新媒体平台及时传播和社交传播的优势，在微博上发布疫情的实时进展，通过微信公众号推文公开疫情数据并对不实消息辟谣。以央视新闻、《人民日报》等为代表的主流媒体和以梨视频为代表的社会媒体，充分借助短视频形式和短视频平台，以更加生动的视听结合的方式进行新闻报道。此类及时、多元的报道满足了公众对信息的需求，体现了新闻报道对于人作为主体的信息需求的满足。

（二）关注个体与给予帮助

在疫情突发期，媒体多报道前线疫情的宏观进展，例如"火神山""雷神山"方舱医院的建设和投入使用的最新进展，而界面新闻在2021年2月12日发布了《谁在支援一线女性医护人员的生理期特殊需求？》的新闻报道，由于防护服穿脱一次就作废，为了节省物资，武汉战疫一线的女性医生护士如果遇到生理期，只能硬着头皮顶住七八个小时。这则新闻报道将视点聚焦在前线抗疫的小微视点，关注到了女性医护人员十分重要但容易被忽视的基本问题，反映了疫情之下女性医护人员工作与生活的真实状态，引发了社会各界的重视，社会组织和慈善基金以及爱心人士纷纷参与到集资采购必需物品的行列中。

该报道不仅合理重视了女性工作者生理期用品的问题，并将其呈现于公众的视野之中，更从关注女性医护人员个体的状态到关注女警察、女消防员、女军人等女性群体，体现了新闻报道的人文关怀并非将医护人员神化，而是将其视为有血有肉的人，体现了对人的基本生理需求及心理需求的充分重视，切实地关注到问题所在，并和社会各界共同寻求解决问题的措施。新闻报道的人文关怀体现为以善于观察和发现的眼睛，洞察被忽视的个体或群体所面临的艰难困境，给予他们关注和关怀，在保护个人隐私、尊重个人意愿的前提下，通过诉诸理性、情感的真挚的新闻报道，真实地体现报道对象面临的困境，切实地帮助报道对象解决困难，使其获得心灵与精神上的抚慰。

（三）传递正能量

新闻报道不仅可以客观理性地陈述事实，更可以通过平民化、细节化、生活化的方式传递情绪与情感，起到鼓舞公众、传递正能量的积极作用。在新冠疫情期间，新华网推出了"'疫'重情深"特别报道，把镜头对准抗疫战线上的医务工作者们，讲述他们抗疫背后可歌可泣的感人故事。以朝阳发布、光明网等为代表的媒体将报道视点转移到市民群众的暖心之举上，发布了《扔下东西就走，"小红领巾"捐物不留名》《物业客服人员送平价新鲜菜，西安小区处处有温暖》等新闻报道。这些报道不是直接聚焦抗疫一线，而是关注疫情期间普通人的真实生活，以抗疫背后的平凡人、平凡事为主题，报道的语言充满着温度，在疫情封闭管理无法外出、工作生活受到重大影响的氛围下，给予公众信心与力量。

> **扩展资源**
> 【"疫"重情深】他们为"逆行者"保驾护航
> （来源：新华网）

需要强调的是，新闻报道的过程是记者重构客观事实的过程，记者并非冰冷的机器，而是有感情、有思想的活生生的人，新闻报道不可避免具有主观的情感色彩，这并不一定意味着新闻报道违背了客观性和真实性的要求。在新闻报道中，新闻工作者在尊重新闻客观事实的前提下，不应该仅满足于报道显而易见的社会现实，还应当直面并深入剖析存在的社会问题，以含而不露的方式表达主观情感，将人文关怀的理念和态度融入报道的全过程中，使报道富于对人作为意识主体的关怀，激起读者的共鸣，传递正能量。

三、新闻报道中人文关怀的具体体现

（一）报道态度：冷静与"人情味"

新闻报道的是人对事件进行重构的过程，在大多数时候，新闻报道都隐含着新闻报道者的情感倾向和价值取向。人文关怀的理念要求新闻报道者不仅要冷静真实地报道新闻事实，也要以富于人情味的方式关注人、关爱人，尊重人的主体性，体现人的价值和意义。

新闻报道的冷静态度是指报道必须准确，即具备内容真实性、表达客观性、角度全面性。真实准确是新闻的第一要义，记者必须遵循客观事实完成新闻文本的建构，不能制造虚假新闻，更不能合理想象、凭空捏造，这是对一个新闻工作者最基本的职业道德要求，也是建构新闻人文精神的必须要求。新闻事实的准确报道影响着受众对事件基本信息和细节的获取，决定了他人对事件的理解，影响着受众情感与态度。媒体作为社会舆论的引导者，对新闻内容准确性的把握是最基本的要求，新闻工作者必须要在思想观念上纠正对新闻客观性认识的偏差。媒体对社会发展起到了不可替代的引导、修正、促进和监督的作用，需要明确自身在信息传播和社会发展中所承担的角色和担当的重要责任。给予必要的人文关怀既是媒体责任的客观要求，也应当成为新闻从业者的主观追求。

与此同时，"人情味"是新闻报道不可或缺的重要组成部分。新闻报道者都是有血有肉的人，在撰写新闻报道的过程中势必会在充分了解客观事实的基础上，体现自身的价值判断与情感取向。也就是说，新闻报道不可避免地会体现人的主观情感，这更加证明了人文关怀在新闻报道中的重要性，正因此才会有"感动中国"这样情感真挚的优秀报道。

有人认为，新闻报道为了追求冷静的态度，应当避开情感因素，为观众呈现最直接、最真实的一面，这样的做法实际上是不正确的。缺少了对人性关怀的新闻报道就像是冰冷文字和图片的堆砌，缺乏生命的温度与敬畏。真实客观的冷静报道与"人情味"并不冲突，这是记者在含而不露地倾注自己的情感与价值，直面人心关切的问题，使报道富于人性，激发受众的情感共鸣。

（二）报道方式：可视化与个性化

人文关怀的新闻容易给人造成古板或是宣教的刻板印象，这是因为受技术手段的限制，新闻报道往往呈现出单一化的特点，记者仅能通过语言和文字抽象地描述，或是通过单调的口播来强调人文关怀的重要性与意义。而随着新的媒介技术的发展和终端设备的更新，借助短视频、Vlog、H5 等新媒体形式的新闻报道，内容更具可看性，报道方式更丰富，取得了不错的报道效果，成为新闻报道追求人文关怀的重要手段。

> 扩展资源
> H5｜这一年，"宛"变不离其"美"
> （来源：南阳日报社）

可视化的新闻报道包括新媒体视听新闻和新闻数据可视化两方面。在新闻报道中融入新媒体元素是目前新闻报道发展的方向和必然趋势，它使得新闻报道以更加直观的方式劝服受众，完成人文关怀价值理念的输出。短视频、Vlog、动画等集视听元素于一体的新闻报道方式，能够以视觉化的方式将生硬的道理通俗化，将人文关怀的内涵具体化，让人文关怀不仅是一种精神力量，更是能在生活中践行的行动力量。与此同时，新闻数据的可视化使得文字难以表述的内容更加生动、直观、具体，如对汤加火山爆发的数据可视化报道，通过表格和折线图的形式展示了火山喷发时岩浆流量的变化，以地图上不同区域的颜色变化来展示灾难引起的大气压强变化和造成的影响，并形象地通过绘图的方式将火山爆发强度指数可视化，把整个灾害的情况形象易懂地展示出来，激发受众思考灾害对人和自然造成破坏，起到了可视化新闻体现人文关怀的作用。这种数据可视化新闻还能够"促使人发掘容易被宏观报道所忽略和淡忘的人和事"[①]。如《1183 位求助者的数据画像：不是弱者，而是你我》这篇新闻报道，通过对新冠疫情期间的微博求助信息的数据分析和数字画像，发现求助的患者以 65 岁以上的老人居多，并且有很多并不属于传统意义上的弱势群体，这则数据可视化报道使公众了解到需要被关注的群体和个体，并给予

---

① 王怡溪、许向东：《数据新闻的人文关怀与数据透明——对新冠肺炎疫情报道中数据可视化报道的实践与思考》，载《编辑之友》，2020 年第 12 期。

他们更多的人文关怀。

个性化的新闻报道意味着需要采用更加独特或是"另类"的方式，如利用游戏、H5网页进行新闻报道，联合视频博主共同策划完成新闻报道等。近年来有学者提出新闻游戏的概念："新闻游戏是一种互动新闻的叙事策略。"[①] 常见的游戏新闻一般由新闻事件改编而成，受众可以在体验游戏的过程中模拟新闻当事人的处境，并通过选择获得事件的结果，人文关怀的理念则是这个颇为个性化的新闻报道形式所要向社会公众传递的核心，受众通过参与游戏深度体会事件的过程，能够与事件的主角达成情感的共鸣，在移情的过程中尊重他人，关怀人性。如 BBC 基于新闻素材制作的互动冒险游戏《叙利亚之旅》(*Syrian Journey*)，让人们切身感受到战争带给人的影响，给予战乱中的人更多人文关怀。H5 网页新闻和联合视频博主进行新闻报道是近年来新兴的报道方式，H5 新闻能够以互动参与的形式将人文关怀的理念传递给用户。联合视频博主进行新闻报道的方式符合了"人人皆媒"时代对社会个体的关切，进而从关注微观个体扩展到关注群体，甚至是关注全人类。

（三）报道导向：认可与启发

认可和启发是一种将客观展示和充满温度的关怀相结合的报道导向，常用于灾难性、悲剧性或参与体验性的报道中。认可包含了对报道对象生存现状、精神状态和价值诉求的充分了解，是站在与报道对象相同方向，给予他们关注与支持的一种态度。启发则意味着新闻报道者肩负人文关怀的责任，以善意的语言和充分尊重报道对象的态度，启发社会公众对事件和人性的思考，激发社会公众的同理心和共情力。认可与启发的报道导向充分体现了新闻报道人文关怀的理念，是对人性的关怀和对人的价值的肯定。

近年来，不少媒体在新闻报道中体现认可和启发的导向。例如媒体对 2022 年北京冬奥会的特别报道采用了体验式方式，记者身临北方的冰雪世界，探寻冬季运动项目的特别魅力，以此激发公众参与运动的热情和对冬奥会的兴趣。又如媒体对《36 岁瘫痪儿子做视频博主，照顾 62 岁瘫痪父亲》的新闻报道，记者通过文字和图片展示了瘫痪父子的日常生活和精神世界：在他们眼

[①] 潘亚楠：《新闻游戏：概念、动因与特征》，载《新闻记者》，2016 年第 9 期。

里，每天太阳都会照常升起，而他们的人生也朝着更明亮的地方走去。这则新闻报道以尊重弱势群体的态度和平视的眼光、积极的报道语言对弱势群体给予人文关怀，也传递给受众温暖和希望。这则报道较好地诠释了认可和启发报道导向的内涵，即媒体平视报道对象的态度，认可报道对象面临苦难和困境所展示出的精神力量，肯定其品格，向社会公众展现人性的光彩之处，传递人文关怀的力量。

认可和启发正是以一种对报道对象平视的态度和体验的方式，引导社会公众对事件从不了解到了解，从不关心到感兴趣，从怜悯同情到尊重认可，真正地将人文关怀的理念融入新闻生产过程和社会公众的价值观念中。

四、新闻报道中人文关怀的意义

人文关怀在新闻报道过程中具有极其重要的现实意义。新闻传播中的人文关怀主要表现为"尊重人的尊严、强调人的价值、关注人的生存状态和基本权益"[①]。人文关怀将对人的物质和精神的双重关怀作为最终要义，体现了对社会公众的充分尊重和"受众本位"的原则。

新闻工作实际上就是以人为中心的信息传播工作，人是交流和传播的主体，人既是新闻报道的出发点，又是新闻报道的落脚点。在新闻报道中贯彻人文关怀理念，弘扬以人为本的精神，引导社会舆论健康发展，符合社会主义先进文化的前进方向，是新闻工作的应有之义和必然要求，也是人类文化活动的内在要求。新闻媒体作为重要的社会主体之一，必须具备强烈的社会责任意识，以先进的文化为引领，在报道的全过程中坚持以人为本的信念，塑造良好的媒体品格。

（一）从关注"新闻"到关注"人"

新闻报道中人文关怀的意义在于，它将对人性的尊重作为传播过程的出发点和最终的目标，将受众的注意力从关注"新闻"逐渐转移到关注"人"本身。在新闻报道基于客观事实的基础上，关注"人"就是要反映个体的存在，从而营造对个人价值和人生意义的关怀的氛围。从关注"新闻"到关注"人"，

---

① 李薇：《论新闻报道中的人文关怀》，载《新闻知识》，2014年第8期。

还体现了新闻传播者和接受者之间是一种平等的关系，这也是对新闻报道"受众本位"原则的回归。新闻报道中对人的关注应当体现在方方面面，包括对人的物质和精神需求的重视，以及对自由和尊严的尊重等。

不同时代对于人文关怀的理解不同，当下新闻报道的人文关怀更应关注人的物质和精神世界需求，包括人的生存状态、社会权益与价值诉求等方面。如灾难性新闻报道，不仅要重视对灾情和事件本体的报道，更应当在报道中带着浓郁的人文关怀，关注灾难中每个鲜活的生命个体。又如2008年四川汶川地震、2010年青海玉树地震、2019年贵州水城特大山体滑坡，记者在第一线报道灾区灾民的现状、各地的医护人员和部队官兵的救助情况、国家领导人和各地人民的关切等，不仅对当时灾民的情况予以高度关注，还通过新闻报道讲述灾民的故事，表达他们对生命的渴望和诉求，对处于危险和边缘状态的人们给予人文关怀。

关注"人"，不仅在于对人的物质和精神层面的关注，更重要的是唤醒媒体与记者对报道对象个人隐私的尊重，把握好报道的"度"。在当前移动网络和终端设备发展迅速的时期，新闻媒体的传播范围广，传播速度快，影响力度大，部分媒体为了增加新闻关注度和流量，过分关注与曝光新闻当事人的个人隐私或不愿提及的话题，给报道对象带来了巨大的外界压力，造成了不可挽回的精神创伤。也有一些新闻从业者对报道对象个人隐私的保护意识淡薄，在无意识的状态下泄露报道对象的重要信息，严重影响了报道对象的日常生活。如媒体在2021年对我国跳水运动员全红婵的报道，年仅14岁的全红婵在东京奥运会上首秀满分摘金，各大媒体争相对这一事件进行报道，其中部分媒体更将镜头对准全红婵的个人生活，对其家乡进行探访。随着全红婵家住址被曝光，不少群众专程前往该处，给当地居民的生活造成了极大的影响，严重影响了公共秩序。这无疑警醒着每一位新闻从业者，在进行新闻报道的时候要把握好报道的"度"，关怀报道对象的个人隐私需求，切实尊重与保护个人隐私。

（二）做弱势群体的传声筒

弱势群体也叫社会脆弱群体，主要包括老年人、儿童、残疾人、失业者、贫困者等群体。在日常生活中，弱势群体经常游离在公众视野之外，他们的声音常被人忽视。关爱和帮助弱势群体，保护他们的基本权益，关注他们的内心世界和精神状态，为他们发声，是新闻从业者义不容辞的责任，也是新闻报道人文关怀的重要意义所在。新闻从业者需要深入弱势群体中，以客观的语言、尊重的态度和独特的报道视角，对弱势群体的生活状态及精神世界予以展露，形成为弱势群体代言的机制，弥补弱势群体媒介失语的问题。

当前的新闻报道虽然体现出对弱势群体的高度关注和一定程度上的人文关怀，但有的报道虽带着浓浓的善意，却揭露了弱势群体不愿提及的伤疤，这在无意中加重了他们的伤痛。如在某篇关于捐助山村留守儿童的报道中，衣衫褴褛的女孩颤颤巍巍地举着"爱心捐助 200 元"的牌子，讲述她的家庭情况以及令人心酸的故事和对捐助企业的感激。观众或许会同情这些孩子，但从孩子的视角出发，这是否会给他们带来心理压力，这是否是最佳的报道方式？反思这篇新闻报道，并非代表这篇报道存在客观问题，而是警示我们思考如何以更好的报道方式和报道态度做好弱势群体的传声筒。这也要求新闻从业者不断提升职业道德素养，深入理解和贯彻人文关怀的理念，以专业素养作为试金石，提升新闻报道的质量与水平，从而引导我国的新闻事业朝着更加健康和更好的方向迈进。

> 扩展资源
>
> 既要疫情防控力度 也要人文关怀温度
> （来源：映象网）

（三）体现媒体品格与价值导向

新闻报道中人文关怀的意义还在于能够塑造媒体人文关怀的品格，使新闻媒体担负起疏导社会矛盾的责任，弘扬社会主义核心价值观，引导公众树立正确的价值观。党的十八大以来，中央高度重视培育和践行富强、民主、文明、和谐、自由、平等、公正、法治、爱国、敬业、诚信、友善的社会主义核心价值观，赋予新闻报道以人文关怀，可以以悲悯和尊重的态度解读灾难性、悲剧性事件，以真实客观和包容理解的态度报道冲突性事件，从而使事件的呈现更加人性化、多面化，使受众以更多维的角度看待社会冲突，也在无形中传递积极正确的价值观。

当前，新兴媒体发展迅速，与传统媒体之间形成空前激烈的竞争局面，要在如此激烈的媒体竞争中获得优势地位，实现个性化发展、差异化传播，媒体人文关怀的品格和正能量的价值导向起到了至关重要的作用。只有高度重视报道主体和受众，将其个人尊严与价值放在核心位置，通过人文关怀的理念关爱人，才能够真正地满足受众的需要，吸引受众，赢得社会公众的认可与支持，体现出新闻报道的价值，塑造具有思辨能力和社会责任感的媒体品格，进而在激烈的市场竞争中获得更多的发展机遇。

【思考题】

1. 如何理解新闻报道的真实性？
2. 如何理解新闻报道的社会责任？
3. 如何理解新闻报道的人文关怀？

第五章　新闻伦理失范的案例

随着融媒体时代的不断演进，新闻伦理失范的案例也呈现出新的特征和样态。本章分别从虚假新闻、新闻寻租、人文关怀的缺失、隐性采访、媒介审判以及滥用生成式人工智能五个大类来剖析新闻伦理失范案例。其中虚假新闻案例2个，新闻寻租案例3个，人文关怀缺失案例4个，隐性采访案例5个，媒介审判案例5个，滥用生成式人工智能案例6个，共计25个案例。这些案例绝大多数是近几年发生的，非常具有代表性。

第一节　新闻伦理失范——虚假新闻

虚假新闻是违背新闻真实性原则，假借"新闻"之名而传播的虚假、失实的信息。虚假新闻报道的不是客观性事实，而是捏造、歪曲、拼凑、嫁接、夸大的"事实"[1]。"即时新闻时代促使新闻从业者降低对新闻质量的要求而增强对新闻时效性的追求，在新闻的产生过程中见不到专业生产与用户公众参与的胶合，只有专业媒体未经证实的批量转发和转载，未经筛选直接进入公众的视野。"[2] 这导致当下极易产生虚假新闻。在新闻报道的全流程中，媒体都应该注重信息的真实性，对其进行细致核实，而不是直接"拿来主义"。此外，相关政府应该更加谨慎，注重信息的准确性，在确保信息内容的准确性后再去追

---

[1] 骆正林：《社交媒体时代虚假新闻的社会危害与治理路径》，载《未来传播》，2022年第1期。
[2] 洪亚琪：《基于"舆论场"理论视域下的虚假新闻研究》，载《西部广播电视》，2017年第24期。

求时效性。下面我们以几个典型案例为对象，剖析新闻伦理中的虚假新闻现象。

一、"11·3留日女生遇害案"案例及评析

（一）事件回顾与概述

2016年11月3日凌晨，就读于日本法政大学的中国籍女研究生江某被中国籍男子陈某峰在寓所门前用刀刺死，同在案发现场的还有陈某峰的同学兼前女友，也是江某此前收留同住的友人刘某曦（原名刘某）。据悉，刘某曦将公寓房门反锁后未给求救的江某开门，导致江某被陈某峰残忍杀害。

2016年11月24日晚间，日本警方以杀人罪对陈某峰发布逮捕令。2017年12月11日，此案在东京开庭审理。2017年12月20日下午3点，江某被杀一案，在日本东京地方裁判所当庭宣判，法院以故意杀人罪和恐吓罪判处被告人陈某峰有期徒刑20年。

2018年10月15日晚，江某母亲江某莲发文宣布将对其同学刘某曦提起诉讼。2021年4月15日，江某莲诉刘某曦生命权纠纷案在青岛市城阳区人民法院开庭，未当庭宣判。2023年6月1日，江某莲发视频称，刘某曦69.6万元赔偿款已全部收到，已联系相关机构准备捐出。

2023年6月13日，江某母亲在微博发文称，刘某曦不服二审判决，向法院申请再审，目前已立案审查。[①]

（二）事件评析

1. 部分自媒体追寻流量至上原则，罔顾事实真相

社交平台中的自媒体运营者来自社会各界，他们中有的人没有经过新闻知识的专业培训，缺乏新闻工作者所具备的基本素养。在流量思维的作用下，一

---

① 参见《中国女留学生在日本被杀，案发前刚同母亲通过电话》（澎湃网，2016年11月6日）、《江歌母亲江秋莲：刘鑫不服二审判决申请再审》（界面新闻，2023年6月13日）、《新闻传播生态下的舆论失控现象分析——以"江歌案"为例》（陈水坚，《传媒论坛》2022年第15期）、《全民参与时代下媒介审判的泛化——以"江歌案"为例》（米尔纳，《声屏世界》2022年第12期）等。

些社交媒体热衷传播真假难辨的负面新闻来吸引大众的眼球，产生热度和流量。而在后真相时代，普通大众容易被媒体发布的虚假信息迷惑，陷入错误认知的旋涡中。

某微博博主曾通过不间断写文章、发视频、直播、模拟案发现场等方式，讽刺一审判决是江某母亲用捐款购买热搜赢得的，有意引导网民猜测捐款去向，歪曲事件真相。同时，该微博博主及其拥护者对江某母亲及帮助江某母亲的人都进行了网暴，使得江某母亲身心遭受严重伤害，病情加重。

某网民通过其新浪微博账号"@Posh-Bin"，发布一系列与江某案有关的文章及漫画，对受害人及其亲属进行侮辱、诽谤。受到偏激情绪和个人偏见的影响，民众更容易相信符合自己观点或期望的虚假信息。因此，对大众进行媒介素养和批判性思维的培养是非常重要的。

2. 网民缺乏理性分辨能力，传播虚假信息

在"江某案"发生之后，大量关于这则新闻的消息开始在各类社交媒体中快速传播与分享。普通大众在面临大量的信息输入时，由于缺乏对于媒体运作机制、新闻采编过程的了解以及批判思维能力，很难判断信息的可信度。

这种报道使人众对整个案件的理解存在偏差，容易为煽动性强的舆论所左右，甚至引发更多的带有恶意的攻击性言论。这些发布虚假信息、煽动网民传播扩散虚假信息以及对受害人的亲属进行攻击的微博博主，获得了巨大的流量，但是突破了道德和法律的底线，违背了新闻真实性原则，对受害人造成了不可逆转的严重伤害。

在"江某案"中，在事件的真相和细节没有经过官方报道前，部分自媒体发布的报道存在情绪太多、用词不当等问题。特别是自媒体借助朴素正义观等元素迎合情感流量，以情感正义为保护伞，肆意宣传不实信息。这种情绪化的报道是对新闻事实的曲解，是在刻意引导民众对新闻进行片面解读[1]。另外，这些媒体还通过证据造假、引用造假等方式，让自己的"假新闻"看起来更有说服力，误导民众。从一定程度上来说，这是媒体不理性行为的表现。

因此，媒体要全面了解新闻的真相，承担起相应的社会责任，用客观事实

---

[1] 陈水坚：《新闻传播生态下的舆论失控现象分析——以"江歌案"为例》，载《传媒论坛》，2022年第5期。

和理性报道呈现事件原貌，对新闻信息做出严格把控，对舆论导向做出正确引导。另外，要重视意见领袖的作用，引导民众做出正确的选择和判断，推动舆论正向发展，创造良好的网络空间。

（三）启发与引导

1. 加强媒体自我规范，防止误导性信息扩散

新闻媒体应当加强自律，严格遵守新闻职业道德规范，确保报道的真实性和客观性。对于涉及重大事件的报道，媒体应当进行严格的事实核查，防范错误信息传播。

2. 严格法律监管流程，保障网络空间清朗度

我国政府高度重视打击虚假新闻，依法加强对媒体的监管。对于散布虚假新闻的行为，将依法追究相关责任人的法律责任。同时，政府也鼓励广大网民积极举报虚假新闻，共同维护网络空间的清朗。本案例中，某微博博主通过不间断写文章、发视频等方式来歪曲"江某案"事件真相，网民在接收到此类虚假信息的第一时间就应举报，平台接收到举报消息后也应第一时间进行核实并给出处理结果，共同营造健康网络环境。

二、"数学大神韦某奕辟谣"案例及评析

（一）事件回顾与概述

2022年5月6日，"数学大神"韦某奕火上了热搜，相关词条"韦神"和"哈佛曾为韦神打破校规"分别霸占热搜前两名。起因是新浪微博科普博主"@贼叉"爆出的一则聊天记录显示，一个六人博士团队，因为对一道纳维斯托克斯方程的处理有问题，致使团队四个多月都还没有完全完成测试。随后，团队一成员想到自己有同学在北大，可以联系韦某奕帮忙看看。当韦某奕把全部方程发过来后，团队连夜调试之后就成功了，和过往真实实验数据的匹配率高达99.8%。这一结果让团队直呼"太超神了"，为了表示感谢，他们执意要给韦某奕报酬。但韦东奕表示"太简单了，没必要要钱"。再三坚持下，最后他们为韦某奕充值了市政交通一卡通。后北京大学数学院院长回应"暂不清

楚，但韦某奕能解决很平常，不是什么惊讶的事"。

2022年5月7日有网友查询中国网标显示，"韦某奕"商标于2021年6月被上海、河南两家公司申请注册。目前均已驳回。其注册的时间是在2021年5月，即韦某奕第一次走红网络后一个月。

2022年5月9日韦某奕在接受《南风窗》采访时明确表示："确实没有这回事，这是假新闻。哈佛没找过我。"

2022年5月13日下午，韦某奕谣言传播者新浪微博科普博主"@贼叉"道歉，他称没有核实就发出，作为始作俑者向大家道歉。[1]

（二）事件评析

在新媒体时代，新闻生产不再局限于专业新闻生产者。产生了用户生成内容（UGC）、开放地理空间信息联盟（OGC）、专业生产内容（PGC）等多种生产方式。其中以 UGC 受众最为广泛，并应运而生一个新的以"意见领袖"为主的虚拟社会。受众以"意见领袖"的看法来思考，以"意见领袖"的态度来行动。"社交媒体用户参与导致产生虚假新闻是新媒体时代虚假新闻的特点。人人都是记录者，各类社交媒体用户成为网络信息传播的主力军。在一些突发社会事件中，权威媒体对信息的发布往往滞后，而社交媒体用户发布的失实信息则在社交平台大肆传播并引导舆论。"[2] 该事件中新浪微博科普博主"@贼叉"发布未经证实的信息，引起了网民对韦某奕的大规模讨论，其中包括对韦某奕的恶意评价等，导致虽然韦某奕未在网络平台活跃过，但是大众却渐渐形成了对他的刻板印象。

1. 发布不实信息，形成网络舆情

一些博主并未经过专业的新闻训练，不具备基本的新闻素养，故而发布的新闻专业性较低且未对信息来源进行核实，进而形成网络舆情，造成公共资源被占用。其导致的后果有：一方面网民越关注这件事，各种自媒体越争相报道，

---

[1] 参见《韦东奕辟谣冲上热搜，大V道歉》（澎湃新闻，2022年5月14日）、《韦东奕辟谣，别让过度"神化"变成"捧杀"》（红星新闻，2022年5月14日）等。

[2] 金世龙：《新媒体时代如何防范虚假新闻》，载《新闻文化建设》，2023年第2期。

韦某奕无法置身事外，学习和生活都受到严重的影响；另一方面，从《南风窗》对韦某奕的采访中看到，"上热搜"这件事是韦某奕从他人的口中得知，如果最后韦某奕并不知道从而没有澄清该事件，新浪微博科普博主"@贼叉"则名利双收。此后，在自媒体及普通受众中形成"不知道即认可存在"的错误意识，假新闻层出不穷，不仅有悖于新闻真实性原则，而且影响社会秩序稳定。

2. 推崇流量为王，消费他人价值

随着自媒体的纵深发展，"流量"成为其成功的重要因素之一。韦某奕"数学天才""大神"的称号无疑是非常容易制造噱头、吸引流量的。因为该事件的主人公极少上网且全心投入学术研究，所以目前还未对韦某奕生活产生不利影响。但是一旦放任不管，类似的虚假新闻会随着各种利益的驱使愈演愈烈，消费名人的现象会逐渐成为"常态化"，造成侵犯个人名誉、个人基本权利等不良现象。

3. 塑造虚拟形象，逐渐形成"捧杀"

自2021年5月韦某奕因一段"拿着馒头"的校园采访走红网络，随即就有网友认出韦某奕并表明他数学天赋极高，是数学领域不可多得的人才。后又经"韦某奕帮六人博士团队解决问题"事件的发展，"韦神"的形象深入人心。大众在网络舆论、意见领袖等媒介提供的拟态环境中活动，本能地构建一个"近乎完美"的韦某奕形象。后期韦某奕若做出不符合该形象的行为就会受到大众的谴责，陷入无尽的网络讨伐之中。这是普通受众缺乏媒介素养最终造成新闻伦理失范——虚假新闻的结果。

（三）启发与引导

1. 规范信息传播平台，引导自媒体良性发展

在本案例中，自媒体角色是新闻发布的主力军之一，他们为了博取大量流量，消耗他人的价值，自媒体在新闻传播中的行为准则亟须规范。因此，网民要依据理性客观的原则，对"意见领袖"发布的信息进行判别评估。另外，网络信息传播平台要顺应新媒体行业伦理规范体系，设立相关监管部门与管理条规。这样既保护了公众免受虚假和不良信息的影响，同时也促进了健康、有序的网络环境的建设。

2. 加强新闻媒介素养，培养媒介审判能力

新闻媒介素养是指个体能够理解、评价、分析和创造新闻信息的能力。它包括对新闻信息的识别、筛选、评估和运用等方面。提高新闻媒介素养，有助于我们更好地适应信息社会的发展，提高生活质量。在本案例中，公众在面对海量的新闻信息时，要学会提升新闻辨别能力，筛选和优化自己的新闻消费内容。但在接收海量新闻信息的同时，公众也应增强自身媒介素养，合理看待相关事实，勿要把"后台的自我放到了前台"从而违背了网民对"韦神"所谓的剧本期望。

第二节 新闻伦理失范——新闻寻租

"新闻寻租指新闻媒体以社会赋予的公共权力———话语权为资本，谋取不正当经济利益的行为，具体是指媒体工作者利用手中的权力，以信息不对称作为基础，谋求个人及某个小团体的私利，出卖人民利益的做法。新闻寻租是一种站在人民对立面的新闻行为，其实质上是一种对话语权的滥用，是一种权钱交易，是一种在信息层面上对人民群众的恃强凌弱。新闻寻租有有偿新闻、有偿不闻、新闻敲诈三种主要表现形式。"[1]

"目前以经济效益为中心、以财富崇拜为兴奋点的社会'大环境'的影响下，部分记者丧失了对记者职业的敬仰、敬畏，放松了对自身素质和职业的严格要求，丧失了自身的职业道德，转为追逐金钱为上。从这个意义上可以说，新闻寻租是新闻界吸纳社会腐败的产物。"[2] 记者与媒体作为替百姓发声的喉舌，应当秉持新闻真实性的原则还原事件的真相。下面我们以几个典型案例为对象，剖析新闻伦理中的新闻寻租现象。

---

[1] 牛妍：《新闻寻租与媒体公信力》，载《声屏世界》，2021年第12期。
[2] 成茹、王慰：《"新闻寻租"现象浅析》，载《邯郸职业技术学院学报》，2003年第4期。

一、"陈某人敲诈案"案例及评析

(一) 事件回顾与概述

2003年,陈某人的《从一针到一枪看中国法治的进步》文章,获得中国法制新闻一等奖。2004年,陈某人的《除了生命,我拿什么保卫自己的房屋》文章获《南方周末》和搜狐网联合主办的时事评论大赛一等奖第一名。至此,他一心为民的良知还在,没有脱离群众,故一时为众人吹捧,人人皆知。

2013年至2016年,被告人陈某人伙同刘某群(另案处理)在向湖南省娄底市中心医院推销药品过程中,为谋取不正当利益,向该院李某茂(另案处理)等人行贿共计554.246万元。

2018年7月7日,湖南公安机关对北京华霖管理咨询有限公司董事长陈某人涉嫌非法经营、敲诈勒索罪立案侦查。

2019年11月26日,湖南省桂阳县人民法院对被告人陈某人涉嫌寻衅滋事、敲诈勒索、非法经营、强迫交易、行贿罪,被告人陈某人涉嫌寻衅滋事、敲诈勒索罪,被告人刘某涉嫌寻衅滋事罪一案依法公开开庭审理。桂阳县人民检察院派员出庭支持公诉,被告人陈某人、陈某人、刘某到庭参加诉讼,三位被告人的辩护人出庭辩护。

庭审中,法庭主持控辩双方围绕指控的事实进行了法庭调查和法庭辩论,被告人陈某人、陈某人、刘敏做了最后陈述,三名被告人均当庭表示认罪、悔罪。法庭将择期宣判。被告人的亲属、部分人大代表、政协委员、新闻记者,以及社会各界群众约50人旁听了庭审。

2020年4月30日下午,湖南省桂阳县人民法院公开开庭,对被告人陈某人、陈某人、刘某寻衅滋事、敲诈勒索、非法经营、行贿一案宣告一审判决,对被告人陈某人以寻衅滋事罪、敲诈勒索罪、非法经营罪、行贿罪判处有期徒刑十五年,并处罚金人民币七百零一万元;对被告人陈某人以寻衅滋事罪、敲诈勒索罪判处有期徒刑四年,并处罚金人民币一万元;对被告人刘某犯寻衅滋事罪免予刑事处罚。被告人陈某人、刘某当庭表示服从判决，不上诉。①

（二）事件评析

1. 以公权谋私利，损害媒体公信力

媒介公信力是指媒体具有的令公众信服的能力。新闻工作者为了谋求不正当利益，在媒体平台发布不实内容，严重影响了媒体公信力，导致公众对媒体报道信息的信任度降低。

陈某人曾在当地政府和知名报社工作过，有着丰富的从业经验，之后他转行做自媒体，运营账号对社会新闻进行评论。他的自媒体账号有数十万的粉丝，然而作为一名网络博主，陈某人并没有履行相应的社会责任，而是以网络作为犯罪平台，以新闻媒体被社会赋予的话语权为媒介，恶意炒作，操纵舆论，挟持受害者，以此谋取不正当的经济利益。这不仅是违法行为，更是影响了媒体行业的公信力。

2. 滥用新闻话语权，扰乱社会舆情

警方现已查明，陈某人案系具有网上黑恶势力性质的"家族式"团伙犯罪，该团伙打着"法律和舆论监督"名义和公平正义的幌子，以网络为犯罪平台，大肆敲诈勒索、疯狂敛财，涉嫌敲诈勒索、非法经营等多种违法犯罪，严重扰乱网络管理秩序，破坏基层政治生态和社会稳定。

陈某人深谙网络理财之道，对"法律服务"明码标价，通过自媒体账号累计发表炒作、揭露各类负面新闻文章3000多篇，制造负面舆情200多起，敛财数千万元，严重混淆了公众视听，威胁人民群众的财产安全。

互联网是公共空间，不是法外之地。不管是主流媒体还是自媒体博主，都应该区分清楚公与私的界限，严格遵守媒体行业的工作守则和媒介伦理规范，肩负起社会责任，建立起清朗的网络空间，让新闻寻租乱象不再发生。

---

① 参见《"网络大V"陈杰人受审，涉案1600余万》（澎湃新闻，2019年11月27日）、《起底网络大V陈杰人：敲诈地方官员疯狂敛财　毒打残疾母亲》（《人民日报》，2018年8月16日）、《从陈杰人敲诈案：新闻寻租乱象》（吴子怡，华中师范大学新闻传播学院媒介伦理案例库，2022年4月28日）等。

（三）启发与引导

1. 彰显法律正义，推动社会稳定发展

法治是社会秩序的保障，是对人民权益的守护。陈某人敲诈案的破获，不仅是法律对于违法行为的严厉制裁，更是对社会公平正义的坚定维护。"陈某人敲诈案"的处理体现了我国法治的严肃性和公正性，向全社会传达了明确的信息，强调法律对所有社会成员的约束力，使公众认识到违法行为必将受到法律制裁。这种法治精神的彰显，对于提升公众的法律意识、维护社会稳定和发展具有重要意义。

2. 净化网络环境，保障人民合法权益

网络空间是现代社会信息交流的重要平台，其健康有序对于社会的发展至关重要。陈某人利用自媒体平台进行非法活动，不仅侵犯了他人权益，也破坏了网络环境的和谐稳定。此案的侦破和涉案人员的依法处理，是对网络空间秩序的修复，有助于维护良好的网络秩序，对于保障人民群众合法权益、促进网络空间的健康发展具有积极影响。

3. 加强监管力度，规范自媒体发展秩序

自媒体的快速发展，为信息的传播提供了新的渠道，但也为监管带来了新挑战。陈某人敲诈案暴露出自媒体领域存在一定的监管漏洞，为此，相关部门进一步加强了对自媒体的监管力度，规范了自媒体的发展秩序。这种监管的加强，有助于防止类似事件的再次发生，保障公民合法权益，促进自媒体行业的健康发展。同时，也警示自媒体从业者在行使言论自由的同时，必须遵守法律法规，履行社会责任。

二、"《华尔街日报》记者贿赂事件"案例及评析

（一）事件回顾与概述

World Com 公司一度是美国第二大长途电话公司，因财务造假陷入破产困境。

2002 年 6 月 21 日，美国证券交易委员会开始对 World Com 的财务状况进

行调查。为了保护公司形象和股价，World Com 的高层人员决定采取非法手段来封锁负面消息。他们通过内部渠道或中间人联系到了《华尔街日报》的某记者，并向他提出了贿赂提议。双方进行了秘密的贿赂协商。World Com 承诺支付一笔费用给该记者，以换取他对公司敏感信息的沉默或发布对公司有利的报道。经过一系列的秘密交易，World Com 通过各种手段将贿赂款项支付给了该记者。这可能包括现金交易、银行转账、礼品赠送等手段来隐藏交易痕迹。为了掩盖贿赂行为，双方采取了一系列措施来保密和掩盖行踪。

美国司法部的调查和其他相关机构的举报导致了该事件的揭露。调查人员通过追踪资金流向、审查通信记录、采访目击证人等手段收集证据，经过一系列的法律程序，包括调查、起诉和审判，多名涉案人员被判刑或罚款。

2003 年 8 月 14 日，美国联邦调查局逮捕了 World Com 公司前首席执行官，涉嫌罪名包括电信欺诈、共谋以及向审计师提供虚假信息等，最后被判刑 25 年。2005 年 7 月 1 日，World Com 公司的审计师被判刑 5 年。2007 年 3 月 20 日，World Com 公司的财务总监被判刑 5 年半。一些政府官员也受到了牵连和惩罚。[1]

（二）事件评析

新闻媒体在揭露社会黑暗腐败现象与维护公众利益方面承担着重要角色。在该事件中，《华尔街日报》的这名记者不仅没有承担确保新闻的真实性的责任，而且隐瞒重要事实，侵犯受众知情权。该事件在暴露新闻行业中腐败问题的同时，也让该记者所属媒体的公信力遭到质疑。

1. 记者职业道德缺失，受众知情权受损

该记者在知晓 World Com 内部财政信息造假的情况下，公然无视新闻真实客观原则以获取经济利益。显然，此行为是缺乏新闻职业道德的表现，该记者向受众与社会隐瞒该公司的实际状况，最后形成新闻伦理失范的结果，也严重地侵犯了受众的知情权。这一事件发生后，《华尔街日报》的媒体形象与公信力均受到影响。并且公众对于以《华尔街日报》为代表的一众媒体所发表的报道都会表示存疑，长此以往极大可能会导致信任危机，最后造成媒体发展困

---

[1] 参见《WorldCom 假账事件震惊美国》(《中华工商时报》，2002 年 6 月 28 日）等。

难的结果。

2. 媒体遗漏事实核查，新闻报道过程模糊

该事件当中，《华尔街日报》对新闻真实性原则贯彻还不够深入，意识还不够到位，若对其记者的相关报道及时进行核查，或许能阻止这一寻租现象发生。同时，事实核查能力决定新闻的"保真"能力，新闻的"保真"能力决定媒体的公信力，公信力决定媒体的影响力和引导力。[1] 该事件当中涉事记者所属媒体未对事实核查，让受访者有机可乘，最后形成新闻寻租。除此之外，若《华尔街日报》的采编流程足够公开透明，World Com 则很难通过内部渠道向其记者行贿，同时记者也很难对外部公司的敏感信息保持沉默。报道的采编过程模糊，也是新闻寻租产生的原因之一。

（三）启发与引导

事件发生后，《华尔街日报》立即启动了内部调查，以查明事实真相，确定涉事人员及其行为。在确认了事件的真实性后，《华尔街日报》公开向读者道歉，承认了该记者的不当行为，并表示将采取措施防止类似事件再次发生。根据内部调查结果，对涉事记者进行了惩处，包括解除其职务、追缴不当收入等。同时，对涉及此事的其他人员也进行了相应的处理。后续该报社加强了内部监管机制，完善了相关规章制度，以确保员工严格遵守职业道德和法律规定。为了防止类似事件再次发生，还加强对员工的职业道德和法律法规培训，提高员工的职业素养和法律意识。此外，《华尔街日报》还聘请了第三方机构进行外部审查，以确保内部调查和处理结果的公正性和客观性。《华尔街日报》积极与相关监管机构、政府部门和其他媒体机构进行合作与沟通，共同维护新闻行业的公信力和职业道德。最后，《华尔街日报》承诺将持续改进内部管理，完善规章制度，以确保类似事件不再发生。

有效遏制新闻寻租现象，需要社会各界的协同努力。首要之务在于记者本身，应始终自觉坚守公正、真实和客观的报道原则，不受任何不当利益的影响。应当明确区分新闻报道和商业利益，避免任何可能损害其职业操守的行

---

[1] 罗自文、楚颖盈：《后真相时代中国媒体国际传播能力建设研究——基于〈新闻记者〉评选的虚假国际新闻的内容分析（2001—2020）》，载《中国新闻传播研究》，2023年第3期。

为。应当接受持续的新闻伦理教育和培训，以加深对职业道德准则的认识和理解。这有助于记者识别和避免潜在的利益冲突和腐败行为。

其次，媒体机构存在不可推卸的责任，应建立健全内部监管机制，防止利益冲突和腐败行为的发生。这包括对记者和编辑的财务状况进行审查，以及制定严格的反腐败政策和程序。在发生类似事件后，媒体机构应积极采取措施重塑公众形象，恢复公众信任。这包括公开道歉、调查并纠正不当行为、加强内部监管等。除了对涉事记者的处理，媒体机构还应深入调查事件背后的原因，了解为何腐败行为得以发生。同时，要提高报道质量并且增加透明度，尽最大努力减少新闻寻租现象的发生。当前新媒体环境下的"采编分离"就是提高新闻报道透明度的有力措施之一，记者不参与新闻报道的编写，一定程度上能够降低新闻寻租发生的概率。

当然，减少新闻寻租现象的发生，还需要政府、法律机构、社会公众等多方面的支持和参与。政府应当出台官方、严格的法律法规，对新闻寻租行为进行严厉的打击和惩罚。法律机构则需要为新闻行业提供有力的法律保障，维护新闻工作者的合法权益。社会公众也应当提高自身的媒介素养，增强对新闻报道的辨别能力和批判意识，共同维护新闻行业的健康发展。

总之，减少新闻寻租现象的发生是一个长期而艰巨的任务，需要全社会的共同努力和持续关注。只有建立起完善的监管机制、加强新闻伦理教育、提高公众媒介素养等多方面的措施并举，才能真正实现新闻行业的清正廉洁和健康发展。

三、"德国某记者被收买成为政府机构代言人"案例及评析

（一）事件回顾与概述

乌尔弗柯特曾是德国主流媒体《法兰克福汇报》的资深记者。他因撰写批评伊斯兰教的小说《在我们城市里的战争》而名噪一时。他在2014年出版了《被收买的记者》。他在书中坦承，曾与同事们收受贿赂、欺骗民众，德国三分之二的记者可能被收买，美国情报部门插手新闻报道，知名媒体的编辑部都有一间办公室专供情报人员使用，等等。

2014年10月，乌尔弗柯特在接受俄罗斯电视台"今日俄罗斯"的采访中

承认，他长期接受贿赂，为某些媒体进行不客观、不公正的报道。他强调，不仅是他自己，很多记者也都是这样做的。乌尔弗柯特举例说，由于他写了有利于美国的报道，他被邀请去美国旅游，甚至被授予荣誉公民的称号。他在接受采访中举出的一个骇人听闻的例子是，有一天德国情报局的人来到他在法兰克福的办公室，希望他写一篇关于利比亚和卡扎菲的文章。乌尔弗柯特强调，他对这个国家和这个人物并不了解，无从下笔。而这位情报官员拿出事先写好的一篇揭露卡扎菲生产制作化学武器的文章，让他立即署名，并在第二天见了报。几天后，整个西方世界媒体都按这个基调进行了报道。乌尔弗柯特扪心自问，这难道是新闻自由和客观报道吗？他痛心地表示："我为被收买而成为政府机构的代言人感到惭愧。"[①]

（二）事件评析

一些媒体工作者对金钱、权力的欲望是新闻寻租现象产生的原因之一，故而其他行业、组织甚至是国家才会利用这种情绪对媒体进行有目的性的渗透。乌尔弗柯特获得美国以及本国政治工作人员给予的经济利益后，在媒体上发表不实报道，是典型的有偿新闻。此外，部分不实报道也影响了后续其他新闻工作者的报道。

1. 媒体公共权力腐败，导致公信力受损

乌尔弗柯特作为德国知名媒体记者却罔顾国家利益，滥用自己的媒体公共权力为自己牟利。而这些记者能够长久地接受贿赂且未被发现，很大程度上就是由于内外监督机制的缺失。没有制度的约束，记者才能多次地接受贿赂。虽然后续乌尔弗柯特在公众面前承认自己以及其他工作者受贿的事实，但是其行为已经严重损害了德国媒体的公信力。德国民众在经历了该事件以后，极大可能对后续的各种新闻报道不再信任，新闻报道与社会的各个层面息息相关，因此最后可能会上升到质疑整个德国社会的层面，造成社会动荡的严重后果。

[①] 参见《德国：金钱交易削弱媒体公信力》（新华网，2015年1月5日）、《乌多·乌尔夫科特：德国三分之二记者可被收买》（观察者网，2014年10月23日）等。

2."把关人"素养缺失，媒体丢失观点立场

该记者发表不实报道后，其他的西方媒体机构以他的报道作为报道基调。该记者发表不实报道和"跟风"报道能刊登面世，都反映了所属媒体机构"把关人"素养的缺失。由于"把关人"新闻素养存在问题，公众只能在报道中看到千篇一律的观点，媒体间的差异性丢失。若媒体继续保持"把关人"素养缺失的现状，"跟风报道"就会层出不穷，最后败坏新闻行业风气，导致新闻报道固化。公众无法从新闻报道中满足求知需求，无法获得有用的新闻价值，后续媒体的生存发展受影响。同时，"把关人"是影响媒体价值取向的重要因素。该事件当中，把关环节的缺失，导致本国媒体人员成为他国政权"代言人"。此时，新闻寻租的危害并不再局限于媒体与媒体工作人员的范围内，而是已经上升到社会安全与国家安全的高度。"把关人"表面上只是审查新闻稿件的角色，但实际上该角色存在的意义十分重大。

（三）启发与引导

该事件发生以后，《法兰克福汇报》发表声明向公众道歉，并解释了事件的经过和原因。该报社解雇了多名涉嫌参与丑闻的记者和编辑，并开除了其他涉嫌违反职业道德的人员。后续报社加强了对员工的管理和监督，制定了更加严格的制度和规定，以确保类似事件不再发生。与此同时，报社积极与外界沟通，公开披露相关信息，包括调查进展、处理结果等。《法兰克福汇报》通过一系列积极的措施，试图挽回声誉并重新获得公众信任。

为了避免乌尔弗柯特类似事件再发生，记者在报道新闻时应该时刻保持公正、客观、独立的原则，加强自身的道德素质和职业操守，通过学习和培训提升专业素养，建立自律和自我监督机制，增加透明度和公开度，加强行业合作和交流等。最重要的是记者应当意识到自己在舆论引导、塑造国家形象、宣传国家价值观等方面有重大责任，所以在策划报道的过程当中要警惕外来政治意识形态的入侵，维护国家安全。

在乌尔弗柯特事件曝光后，媒体公信力会受到影响。毫无疑问，一个失去公众信任的媒体是无法生存的。因此，媒体必须始终以最高的道德和职业标准要求自己，以此重建和维持公众的信任。同时为了防止类似事件再次发生，加强对媒体的监管是必然的，并提高媒体运作的透明度。对于媒体工作者来说，

持续的教育和培训是必不可少的,以确保他们了解并遵循最佳的媒体伦理实践。除了制定严格的内部制度和程序,媒体还应鼓励员工举报任何可疑的活动,并确保有一个安全的环境,使员工可以提出问题而不必担心报复。最后,媒体把关人应牢记职业道德,不应再从经验、看法和兴趣等维度出发决定自身所处立场,应当在考虑到理念、价值观与政治素养的情况下强化对自身的严格要求,[①] 并且提高自身新闻职业素养,减少新闻寻租现象发生。

第三节 新闻伦理失范——人文关怀的缺失

在新闻报道的全流程中,给予报道对象足够的人文关怀是新闻报道必须做到的,人文关怀是新闻报道以人为本原则的重要体现。媒体作为一种人文社会机构,必须充分考虑当事人及其相关人物的尊严、隐私等。下面以几个典型案例为对象,剖析新闻报道中人文关怀的缺失。

一、"西安地铁女子事件"案例及评析

(一)事件回顾与概述

2021年8月30日,在网络上传出一段视频,视频中一名女乘客与一名男乘客在西安大雁塔地铁站内发生口角争执,遭地铁保安制止。为保障地铁运营,女乘客被保安强行拖出车厢,期间女乘客衣服被完全扯坏。女乘客表示自己的身份证在车厢内,随后向车厢逃去,保安立马追赶过去,女乘客抱着地铁扶杆蹲在地上要求保安调取监控。

2021年8月31日微博"@西安地铁运营分公司"发文:该乘客辱骂身边乘客,并与部分乘客产生肢体冲突,严重影响了车厢内乘车秩序,列车安全员发现后立即进行劝阻,在多次劝离未果后,为确保车厢内乘车秩序,17:45列车到达大雁塔站后,安保人员与其他热心乘客一起将该女乘客带离车厢。期

---

① 梁莉:《浅阅读时代报纸编辑的把关人素养》,载《新闻传播》,2022年第22期。

间因该乘客反应激烈，拒不下车，为确保地铁行车安全，车站工作人员及时报警协助处置。随后该乘客在安保人员的陪同下，抵达目的地后自行离开，未对后续车厢内乘车秩序造成较大影响。

2021年9月1日，西安警方介入地铁女乘客被拖离事件，律师称：保安无权强制带离。交通运输部回应西安地铁事件：已上报。

2021年9月2日，官方回应西安地铁保安拖拽女子事件：西安轨交7人被处理，保安尚不构成违法犯罪。据媒体报道，"西安地铁拖拽事件"涉事保安已经停职。据调查，西安地铁各运营线路的安全员保安服务均为外包。①

（二）事件评析

早在2021年8月30日西安地铁事件还未形成热搜趋势时，一些聊天记录就在微信群里面疯传，暴力行为与女性羞耻被毫无遮掩地呈现在公众面前，甚至还有很多人在不清楚事情原委的情况下对女乘客做出恶意的评论。部分媒体不仅没有出来批判这种现象，捍卫公民的隐私权，还持续通过主观性极强的文字进行非客观、非理性的事件报道。比如，忽略安保人员的暴力和地铁运营方过失，将焦点置于女乘客的反抗行为，缺少媒体本应有的人文关怀。

美国传播学大师施拉姆认为，受众获取新闻是为了得到即时性补偿和延时性补偿，前者主要满足受众对信息的需求和好奇心理，后者则主要满足人的精神需求。显然，后者对受众心理的作用更持久、体验更深刻。现代社会快节奏的生活、激烈的竞争，使得那些处于彷徨、困惑境遇中的受众渴望从传媒的人文关怀中寻找精神慰藉和心灵归依。而社会新闻与公众的日常生活紧密相连，对人们的思想行为影响很大，如果站在公立、平等、探究的角度展现或分析社会事件和现象，紧紧围绕新闻中最重要的因素——"人"，既关注新闻事件中扮演主体角色的人物的生存状况、生存环境，同时也考虑受众对信息的接受心理和价值判断，从而获得受众的共鸣，这样一来，媒体在潜移默化中就传递了一种积极向上的文化价值观。因而，应加强社会新闻中人文关怀体系的构建，

---

① 参见微博话题"西安地铁被保安拖拽女乘客已报警""公安介入西安被拖拽女乘客事件"（新京报视频号，2021年9月1日）等。

媒体要提升社会责任感，统筹兼顾受众视角，才有利于报道出真正有价值的社会新闻。

（三）启发与引导

1. 尊重人权"以人为本"，统筹兼顾追求客观

社会新闻中最重要的因素就是"人"。媒体在发布新闻时既要考虑人权法规，注重人文关怀，又要考虑受众对信息的接受心理和价值判断，从而获得受众的共鸣。本案例中，媒体应坚持新闻价值的体现，杜绝"伪人文关怀"，对报道对象的呈现要有足够的客观证据支撑，比如对女乘客、安保人员和地铁运营方的行为解读，应在追溯真相后客观陈述，不能因为对事件的了解不全面而在报道中缺失人文关怀，导致舆论攻击。

2. 注重隐私维护，完善举报机制

无论是官方媒体还是自媒体，在报道过程中都要维护当事人的隐私权，避免带来二次伤害。网络信息传播平台应设立便捷的举报渠道，鼓励用户积极举报侵犯隐私权的行为。对于查实的侵权行为，应及时采取措施予以制止，并追究相关责任。本案例中，各媒体在报道时应知法守法，不侵犯当事人隐私，不打法治社会的"擦边球"。

二、"梨泰院踩踏事故报道"案例及评析

（一）事件回顾与概述

当地时间 2022 年 10 月 29 日晚，韩国首尔龙山区梨泰院发生踩踏事故。截至当地时间 2022 年 10 月 31 日 6 时，该事故造成 154 人死亡、33 人重伤、116 人轻伤，合计 303 人。外籍遇难者为 26 人，来自 14 个国家。

截至 11 月 13 日韩国政府披露的最新数据，梨泰院踩踏事故共造成 158 人死亡、196 人受伤。

当地时间 11 月 14 日，韩国新生网络媒体"mindlenews"在未征得家属同意的情况下，将 155 位遇难者的姓名制作成海报发布，其中外国公民的姓名用英文标识。该媒体称此举是为了让社会感受到遇难者的真实存在，有助于哀悼

遇难者和查明真相，公开姓名未征得其家属同意，敬请谅解。最后迫于舆论压力，该媒体随后抹去了部分遇难者的名字，仅保留其姓氏。①

（二）事件评析

在梨泰院踩踏事件中，韩国媒体"mindlenews"在未经允许的情况下公布了遇难者姓名，这无疑是对遇难者家属、朋友的又一次沉重打击。媒体这一完全没有尊重遇难者隐私的行为，是一个非常典型的新闻伦理失范现象。在新闻报道中不能只追求流量，还要重视人文关怀，这样才有利于社会正能量的传播，减少热点事件的消极情绪。

1. 假意追求真相，实则带来伤害

韩国媒体"mindlenews"是新生的网络媒体，在发布时称此举是为了哀悼遇难者和有助于真相查明，但是这都不能成为其可以直接公布名单的理由。其一，哀悼遇难者可以通过"姓＋某某"的形式，个人信息在新闻报道中一向是需要着重保护的，这样做不仅侵犯了遇难者的隐私权，还给遇难者家属带来了"二次伤害"。媒体工作者在工作中严重缺失应有的人文关怀。其二，查明真相依靠专业工作人员和政府的行动，该媒体通过直接公布名单不仅没有帮助，反之更容易引起其他问题。例如，名单中存在外国公民，处理不当可能会造成外交问题。

2. 名单真假难辨，易引舆论哗然

在本次报道中，"mindlenews"公布的名单中遇难者的数量与权威发布的最新数量存在差异，这样的名单发布出去容易引发人们的猜测，无疑又掀起新一轮舆论。新闻的本源是事实，"mindlenews"作为新生媒体还处于为公信力奠基础的时期，这样的报道毫无疑问给其公信力带来了重大的打击。因此，尊重事实，注重人文关怀，才能减少新闻伦理失范的现象，从而营造良好的媒体环境。

---

① 参见《韩媒擅自曝光115名梨泰院踩踏事故遇难者姓名，韩网友怒斥》(澎湃新闻，2022年11月15日)、《韩媒擅自曝光踩踏遇难者姓名或引发外交问题　外国驻韩使馆已抗议》(人民网，2022年11月16日)等。

（三）启发与引导

1. 提升记者社会道德，凸显媒体人文关怀

新闻媒体记者在追求职业精神的同时，不能漠视对人、对生命的尊重。因为人是灾难的受害者，也是抗灾的主体，灾难后人们感到痛苦、悲伤，还会产生不同程度的恐惧和焦虑情绪，灾区人民对重建家园表现了极大的渴望，广大受众对灾区人民也表现了极大的同情和关注。本案例中，媒体的关注点可以在于真善美的传播，可以在于灾后灾民反应、现场情况等客观事实的呈现，而不应扯断隐私权的红线，对遇难者及其家属带来严重的二次伤害。

2. 合理对待"新闻加速"，提升新闻专业能力

新媒体时代下，灾难新闻报道的时效性上去了，但也要严防"新闻加速"的同时新闻专业能力的缺失。以最快的速度在报道中体现灾难事件关键要素而不是各媒体间进行恶意的"流量竞速"。本案例中，媒体应强化报道专业能力，尊重隐私权的维护，追求具有真正人文关怀意义的报道，为营造良好的媒体环境贡献力量。

三、"刘某州事件"案例及评析

（一）事件回顾与概述

2021年12月6日，刘某州在网上发布寻亲视频。视频中，他自称来自河北邢台，2004年到2006年之间出生。在他3个月大时，养父母从山西大同一家饭店将他买来。

2021年12月13日，《新京报》记者采访了刘某州本人及其养父母（均已去世）方面的舅妈柴女士，当晚刊发视频报道《男生自曝3个月大被买回家发寻亲视频 舅妈：像亲儿子一样照顾他》。

在开启寻亲之路的第九天后，好消息传来。2021年12月15日，山西临汾警方通过DNA比对找到了刘某州的亲生父亲。2021年12月27日，刘某州在石家庄见到了生父丁某。2021年12月29日，山西省大同市公安局举办认亲仪式，刘某州成功与生父团聚并发微博感谢各界帮助。

2022年1月初，刘某州又前往内蒙古见到生母。

刘某州称，养父母去世之后，4岁的他随姥姥、姥爷一起生活，爷爷、奶奶也会给予抚养费用。如今，他在河北一所专科学校读书，平时会兼职打工，虽然辛苦，但基本可以供自己的学习和生活所需。

2022年1月17日，刘某州在直播中称他想有个家，曾要求父母给他买房子或租房子，但被父母骂没良心，是"白眼狼"，此后他因住房问题被生母拉黑。

2022年1月18日，当日凌晨4点左右，刘某州晒出与生母的电话录音后，生母指责他强行向生父母索要房产。舆论瞬间压向刘某州，有人说他自导自演炒作。同日，刘某州再次发文，声明考虑到弟弟、妹妹的感受不会起诉生父母。

然而，就在18日当天晚上，部分媒体在均未成功采访到刘某州本人的情况下以《再遭遗弃寻亲男孩生父发声：他希望我们现在就为他买房，实在办不到》和《寻亲男孩刘某州生母谈拉黑隐情：想平静生活曾借钱让儿子旅游弥补》为题刊发了视频报道。这两篇报道一经发出，引起全网关注，也让"寻亲男孩"刘某州成为众矢之的，由此亦引发了大量网友对刘某州进行网络攻击。面对这些不实报道，刘某州本人回应"没有要钱让自己出去玩"，"只是想要一个家，没说要房子"。

根据"@微博管理员"发布的数据，1月17日到18日，刘某州收到大量微博私信。对此刘某州公开回应，"不奢求你们理解我，只希望不要再骂了"。

2022年1月19日凌晨，刘某州又连发4条微博回应，称自己并未要求父母在河北买房，旅游花的是自己的钱，声明要起诉生父母。同时，其抖音号也曾表示对无良媒体掐头去尾的报道，以及一些不知情的网络暴力的怨愤。

在刘某州一直拒绝采访的情况下，19日晚间，《新京报》刊发评论文章《被生母"拉黑"刘某州"想要有一个家"的愿望并不过分》，试图平衡舆论，但影响有限，未能成功。

2022年1月24日，在找回亲生父母40天后，刘某州在三亚海边发布一封七千字遗书，之后服药自尽。遗书中，刘某州详细回忆了15年以来的各种不堪遭遇，也最后一次针对这些网络攻击进行了回应。

当天，河北当地教育局回应将就刘某州遗书中提及的性侵事件展开调查。

山西警方回应正调查刘某州被买卖一事，已找到亲生父母做笔录。因刘某州曾在微博截图《新京报》报道，《新京报》被网友骂上热搜，为此关闭了微博评论。

同日，澎湃新闻发布评论《刘某州走了，剩下的事我们得理一理》。

2022年1月24日下午，社区未成年人保护专项团队对相关泄露刘某州个人隐私、挑动矛盾纠纷的违规内容进行排查清理，清理内容290条。

2022年1月26日，新浪微博对1000余名用户账号暂停了私信功能。这些用户曾在2022年1月1日至24日期间向刘某州发送私信，其内容多为对刘某州本人的网暴。

2022年1月27日中午，刘某州遗体在海南三亚完成火化仪式，亲生父母未到场。

2022年4月14日，三亚警方调查确认刘某州死亡系"自杀"，刘某州养家亲属认可调查结果，此外，还将继续委托律师向大同警方启动被拐案、遗弃案刑事追责。

2023年2月13日中午12时，北京互联网法院对刘某州被网暴致死案进行网上开庭。[①]

（二）事件评析

在"刘某州事件"中，部分媒体在报道中未能充分体现人文关怀。他们在报道中不仅侵犯了当事人隐私权，更是在未采访到当事人的情况下，为了追求首发独家新闻的经济效益，出现了"信源单一""报道偏颇"等错误。这样片面的报道导致当事人陷入舆论漩涡，相关部门也未能及时监测和控制舆情，最终导致当事人在舆论强压下自杀悲剧的发生。

1. 报道天平失衡，造成"一家之言"

1843年，马克思提出了"报刊的有机运动"，指出新闻真实的呈现是一个不断运动的过程。即在新闻报道中，单篇报道由于侧重点不同，看起来会是片

---

① 参见《新媒体环境下主流媒体失范的表征、影响与归因——以〈新京报〉关于"刘学州事件"的报道为例》（陈思雨、张燕翔，《声屏世界》2023年第2期）等。

面的、有偏差的，但随着后续报道的不断发布，事件真相就会逐渐清晰起来。① 但在当今互联网传播环境下，舆情发展迅猛，对于争议性强的新闻，媒体的首发报道至关重要。因此，新闻媒体在单篇报道中应尽量详细提供全景信息，融入多方信源，做到全面客观。"刘某州寻亲事件"涉及纠纷，存有争议。然而，在"刘某州寻亲事件"的报道中，部分媒体尚未采访到当事人，仅仅获得当事人亲生父母的单方面说辞，就发布偏倚一方的新闻报道，违背了新闻工作公正客观的原则。

2. 未保护当事人，侵犯"个人隐私"

1890年，美国学者沃伦和布兰代斯在《论隐私权》一文中提到了"保护隐私"的概念，认为新闻报道不应该为了迎合受众的低级趣味，侵犯他人的隐私生活。② 在我国，新闻媒体在未经当事人允许授权出现在新闻报道中时，不得透露当事人隐私。此外，《中华人民共和国未成年人保护法》中也规定了"对未成年人的新闻报道、影视节目、公开出版物、网络等不得披露该未成年人的姓名、住所、照片、图像以及可能推断出该未成年人的资料"。在"刘某州寻亲事件"中，刘某州作为未成年人，在报道时更需要媒体对其个人信息进行保护。

3. 忽略弱势群体，缺乏"人文关怀"

习近平总书记曾在党的新闻舆论工作座谈会上讲到，要"努力推出有思想、有温度、有品质的作品"。对媒体来说，要做出有温度的新闻作品，必须坚持以人为本，人文关怀不可缺失。在对弱势群体的报道中，媒体更应注重人文关怀。在"刘某州寻亲事件"中，刘某州作为未成年人身心发育尚不成熟，加之成长过程中的种种不幸遭遇，在现实生活中明显处于弱势群体的地位。然而，在整个事件的报道过程中，有的媒体并未充分彰显人文关怀，有的报道直接以其生母单面说辞为依据发布新闻。但事实上，刘某州本人在抖音、微博等平台上一直积极更新，倘若当时报道者能关注并采纳他在社交媒体上的自述，

---

① 罗旭：《互联网语境下的新闻叙事伦理重塑——以"刘某州事件"为例》，载《新闻传播》，2022年第21期。

② 黄琪：《从私域困扰到公共危机：隐私权的源起、嬗变与困境应对》，载《甘肃理论学刊》，2022年第2期。

记者能够再多些耐心，多尝试不同渠道联系他，获得多方信源后再进行报道，那么报道失衡的争议便会大幅减少。

4. 政府监管不足，致使"舆情发酵"

网络舆情的传播是一个过程，舆情演化研究者认为，舆情危机的爆发是议题事件的破坏力、公共性、社会敏感性等内生因素和媒体推动力、政府调控力等外生因素综合作用的结果。[①] 从政府的角度来看，政府相关部门如果能够及时监测媒体平台的舆情状况，那么完全可以掌握舆论话语权。在"刘某州寻亲事件"中，各媒体平台涌现出了诸如《认亲不足一个月，因亲生父母不给买房，刘某州宣布法庭见》《寻亲男孩刘某州望生母帮买房遭拉黑》等报道，主流媒体发布的生父、生母回应的报道更是使舆情发生巨大反转。政府相关部门在这种情况下如果能及时针对这件事情深入调查和舆情疏导，可有效遏止悲剧发生。

（三）启发与引导

1. 坚守新闻真实，保护弱势群体

本案例中，社区未成年人保护专项团队对相关泄露刘某州个人隐私、挑动矛盾纠纷的违规内容进行排查清理，即是在舆论传播过程中对弱势群体进行保护的有效措施。在"弱传播"现象下，有关弱势群体的次舆论甚至会盖过主流舆论而在信息传播中占据上风，因此要维护好未成年人等弱势群体的个人隐私，坚守道德的底线，不造谣、不引战。同时，无论何时，理性、客观、公正的报道原则始终是新闻媒体进行报道工作的铁律，在达到新闻真实的前提下能避免很多理解误差带来的舆论发酵甚至是网络暴力。

2. 呈现多方观点，融入多种信源

在新闻竞速时代，刘某州这样的案例很容易被各大媒体争相竞速报道，事件的全面性在短时间内很难被呈现。往往是一些触碰到新闻传播的"红线"的传播角度会爆发大量舆论，比如侵犯当事人隐私，随意造谣当事人身世等相关

[①] 高虓源、张桂蓉、孙喜斌等：《公共危机次生型网络舆情危机产生的内在逻辑——基于40个案例的模糊集定性比较分析》，载《公共行政评论》，2019年第4期。

报道。只有多种媒介形态呈现多方观点、融入多种信源、挖掘核心事实，才能更全面、真实地呈现最终事实，擦亮群众眼睛，从根源上预防网暴。

四、《东亚日报》主持人空难播报事件及评析

（一）事件回顾与概述

2013年7月6日，韩国韩亚航空公司214航班，由波音777-28EER型客机执飞，由韩国仁川国际机场起飞，预定目的地为美国旧金山国际机场。在降落时，飞机尾部撞到了机场防波堤上，导致机尾整截脱落，飞机主体机身偏出跑道，起火燃烧。

北京时间7日凌晨2点28分，据韩亚航空首尔总部表示，客机载有291名乘客和16名机组人员共计307人，其中包括有141名中国人。截至目前已有2人死亡，182人受伤，重伤49人。两名遇难者被初步证实是前往美国参加夏令营的浙江江山中学学生。

同日上午，据韩国News1通讯社报道，韩国《东亚日报》下属的"A频道"主持人尹某民在播报韩亚航空坠机事件时称："最新的消息是，是2名中国人而不是韩国人在事故中死亡，从我们的立场看，真是万幸啊。"庆幸遇难者不是韩国人而是中国人的说法迅速引发了中韩两国的争议。

随后该主持人与其所属频道在当天为此次不当言论道歉："在此为因直播韩亚航空飞机失事引发的争议道歉。死者当中没有韩国人，从我们的立场来看是万幸，他只是强调这一点。向观众们道歉"。

7月8日，"A频道"发表道歉书，为主持人的不当言论正式道歉。随后韩国放送审议委员会还发布公告称，这次事件涉及外交层面，将对"A频道"进行停播审查。[①]

[①] 参见《"万幸是中国人死亡"比空难更让人受伤》（中国青年网，2013年7月9日）、《空难报道中的新闻伦理与职业素养》（澎湃新闻，2022年3月22日）等。

（二）事件评析

在报道突发性灾难事件时，媒体不仅要提供事实和数据，更应坚守道德底线，敬畏生命，尊重受害者。然而，在这次韩亚航空 214 航班空难事件中，《东亚日报》主持人在报道时对他国灾难幸灾乐祸，庆幸遇难者是中国人而不是韩国人的言论明显缺乏对生命的尊重和对受害者的同情。同时，从此次事件中媒体也应该反思如何加强媒体职业道德建设和社会责任意识，提高媒体从业人员的素质和能力，以更好地向社会传递信息和价值。

1. 生命没有国界，报道应当平等

不管从事何种职业，也不管国籍、种族如何，人们总要遵循一些最基本的伦理原则，如人道主义、集体主义、公平公正、平等尊重、诚实守信等。① 在这次韩亚航空 214 航班空难中，无论遇难者的国籍如何，他们都是无辜的生命，都应该在报道中得到平等的对待和尊重。然而，韩国《东亚日报》主持人庆幸 2 名遇难者是中国人而不是韩国人的言论显然违背了以上原则。

在国际突发性灾难的新闻报道中，媒体更应关注的是事件本身和对遇难者及其家属的同情与关怀，而不是将其视为只与自己国家相关的信息。克里斯蒂安在《媒介公正：道德伦理问题真的不证自明吗》一书中就曾提到了"五个伦理学基本准则"，其中一条为"像爱你自己一样爱你的邻居"。中韩两国互为近邻和合作伙伴，本应是友爱互助的，然而韩媒主持人在报道中却只关心自己的国家，而无视其他国家的生命，没有做到新闻伦理最基本的平等与尊重。这种有失偏颇的不公正报道不仅仅引发了中韩两国的争论，更是将国际突发性灾难事件上升到了中韩两国的外交事件。从韩国《东亚日报》的这次报道中，其他媒体也应深刻反思媒体从业者的职责和道德底线。

2. 庆幸祸未殃己，丧失道德底线

电视节目主持人在主持节目时的"说"，应是一种平等的交流行为，不管节目的类型、性质如何，主持人的个性如何，"说"的风格如何，都要符合人文精神，体现人文关怀。不管是"说"的内容还是形式，主持人都要表现出对

---

① 陆高峰：《韩亚空难报道中的新闻伦理与职业素养》，载《新闻与写作》，2013 年第 8 期。

人的尊严、价值、命运的应有维护、追求和关切，真正尊重人、理解人、体贴人、关心人，而不能自视高人一等、自我感觉良好、颐指气使，更不能出现轻视别人、贬低别人、讥讽别人、伤害他人、"出口伤人"的现象。① 新闻主持人作为一种特殊的社会角色，可以有自己的个性和风格，但不能没有底线和边界，而道德底线是新闻从业者最基本的底线。《东亚日报》主持人的言论庆幸祸未殃己，丧失了道德底线，是缺乏同理心的表现。

新闻报道并非简单地记录事实、传递信息，还肩负着舆论引导、弘扬主流价值观的责任。新闻从业者作为公众信赖的信息传播者，应具备基本的道德操守和职业素养，树立正确的价值观，向社会传播正能量，弘扬正确的价值观念。尤其是在灾难性报道中，新闻从业者应敬畏每一个生命。然而，《东亚日报》在韩亚空难报道中，犯了基本价值观导向的错误，主持人不当言论是对生命的不尊重，既伤害了遇难者家属，也损害了所属媒体的公信力，掀起了中韩舆论风波。

（三）启发与引导

在这次韩亚空难的报道中，《东亚日报》的主持人和其所属频道媒体在舆情发酵后，采取积极主动的态度，及时反思致歉，在一定程度上挽回了媒体声誉，重建了公众信任。这种做法展现出了其对社会舆论的敏感性和对媒体责任的担当，值得其他媒体学习借鉴。然而，媒体行业还应意识到的是，当出现报道事故时，道歉和反思只是第一步，更重要的是在实际行动中做出改进，杜绝类似事件的再次发生。这需要媒体从多个方面进行努力，比如加强内部管理，提高新闻从业人员的专业素养，强化职业道德教育，确保每一位从业人员都能遵循新闻职业道德规范。此外，媒体行业还需要加强自律，这是保障新闻报道质量的关键。媒体应当建立健全的规章制度，对新闻报道进行严格把关，确保每一篇报道都符合事实真相，不偏不倚，全面客观。

对于突发性事件，每个人心中都有自己的想法和判断，但是一旦把个人的想法掺杂进新闻报道中，新闻报道便带入了个人色彩或倾向性，就容易影响社

---

① 王勇：《电视节目主持人应怎样"说"》，载《声屏世界》，2014 年第 8 期。

会大众对事件的判断和评论，导致媒体公信力受损。[①] 媒体作为社会的守望者，承担监督与引导之重任，要有高度的职业道德和正确的舆论导向，向社会传递正确的价值观。同时，媒体作为与世界对话的窗口，还应有广阔的国际视野和恢宏的世界胸怀，在国际性新闻报道中做到公平公正、平等尊重。

第四节　新闻伦理失范——隐性采访

在媒体融合发展的背景下，隐性采访逐渐走入视野，并被越来越多地运用于新闻实践中。隐性采访是获得"第一手报道"的重要渠道，有助于让新闻的新闻价值得到保证。虽然这种报道方式越来越普遍，但其争议性也越来越大。下面以几个典型案例为对象，剖析新闻伦理中的隐性采访现象。

一、"茶水'发炎'事件"案例及评析

（一）事件回顾与概述

2007年3月19日，一条题为《记者用茶水冒充尿液送检　医院化验结论称发炎》的新闻引起了社会上的热议。这条新闻的缘起是一位医疗界的专家的一句"玩笑话"——"就算是拿一杯茶水也能验出问题来"。记者们想要验证这句话的真实性，于是进行了一次暗访。经过乔装成为患者后，用绿茶当作尿样，分别送往十家医院做尿常规检测。结果令人大吃一惊：两家民营医院和两家省级医院没有从茶水中检测出问题，另外六家医院则不同程度从茶水中检测出白细胞和红细胞，其中两家医院的化验单显示，用显微镜就能看到白细胞。且五家医院给记者配了消炎药，总计药费1300元。

对此结果，著名茶叶生化专家程启坤教授表示，没有文献报告茶叶中含有胆红素和白细胞这样的成分，茶水中不可能出现红细胞和白细胞。杭州邵逸夫

[①] 章龙：《提升职业素养把握舆论导向——浅谈突发性事件的新闻报道策略》，载《中国地市报人》，2023年第10期。

医院检验科主管化验师在试验之后亦表示，茶水中不可能有红细胞和白细胞存在。3月31日13时至4月2日17时，全国九十二家三甲医院针对这一报道进行了相关的"茶水尿常规"检测的实验。在所产生的136份化验单中，占实验总数93.4%的结果显示为"阳性"，即证实茶水的确能"发炎"。此结果在丁香园网站发表后，舆论的风向开始发生转变，矛头对准了传媒和记者的职业道德。

同年4月10日，卫生部新闻发言人公开对事件做出回应，认为"茶水当作尿液样本送检，医院竟化验出了炎症"的报道有悖于媒体记者职业道德规范的要求，是误导公众。策划和报道茶水发炎事件的记者事后表示只是为了去验证专家所说话的真实性，但是此次报道实际起的效果却不仅如此，而且还恶化了医患关系，到最后医疗界与新闻界两败俱伤，有人质疑医疗界的伦理道德，也有人质疑媒体的职业道德。①

（二）事件评析

隐性采访常常是在不方便采访的情况下或者是公开采访遭到拒绝后，但迫于对真相的报道而不得不进行的，然而从"茶水发炎"事件来看，记者在报道前并未告知被采访人自己的采访目的，也未征询对方的意见，就把采访结果报道出来，盲目追求新闻效果而忽略了新闻工作者最基本的职业操守，引起了负面的社会影响。记者虽然可以用隐性采访的方式获取有价值的独家新闻，可如果与法律、道德方面发生冲突，往往会违背采访的初衷，从而造成媒体失范。整体而言，"茶水'发炎'"事件的采访者用一种非正常试验的方式进行采访，这样的采访是一种有意设计圈套的暗访。具体而言，隐性采访的伦理问题体现在以下几点：

1. 记者调查不充分，引发舆论风波

在医疗界进行"用茶水做尿常规化验"的实验之后，所产生的136份化验单中呈"阳性"的化验单占总数的93.4%，这样的结果可知，茶水的确能够"发炎"。杭州邵逸夫医院检验科的主管化验师金主管提到，小便的检测程序其

---

① 参见微博话题"茶水又'发炎'"（博主@白衣山猫，2015年11月4日）等。

实很简单，因为现在的仪器自动化程度很高，一些条件好的医院尤其是一些大医院用的都是进口品牌，它们的工作原理都是采用激光照射来分析尿液的成分。试纸的过期、仪器的老化等原因均有可能影响检验的正确性，茶叶水可能对仪器有一定的干扰作用，仪器的工作原理也可能导致其检测结果呈现白细胞微量。

在本次事件中，虽然记者的新闻策划单纯以改善医疗环境为出发点，但是其缺乏医疗知识，且调查不充分，未完全了解事实的全貌，导致其对这一事件产生了一些误解。同时，该事件本身具有一定的社会敏感性，报道一经发出，加上各电视台和报纸网站上涌现的诸多对此事而写的文章，公众开始吐槽医疗界的作风，舆论顿时一片哗然。在医疗界和卫生部对此发表了相关的文字说明之后，舆论随即发生转变，有人质疑医疗界的伦理道德，也有人质疑媒体的职业道德，到最后医疗界与新闻界两败俱伤。这篇"茶水'发炎'"的报道不仅误导了公众，对维护正常的医疗秩序产生了负面影响，还使医患关系更加紧张。简而言之，该报道不仅没有还原事件的全貌，其引发的舆论风波还造成了不良的社会影响，是非常典型的隐性采访伦理失范。

2. 隐性采访不适当，造成媒体失范

"在记者自身的角色方面，隐性采访成了记者弥补自己采访技巧不够、采访作风不扎实的'捷径'，而媒体的把关人出于抢独家、抢时间的目的，没有阻止甚至纵容这样的新闻报道出来。"[1] 记者假扮患者将茶叶水冒充尿液，营造一种自己在现场的体验式氛围，这是一种主观故意行为，这样的介入式暗访无疑是争论的焦点。在采访过程中，记者未询问被采访者意见，且被采访者完全不知道自己的言论及行为是在记者关注之下的，而后记者将采访结果不计后果地直接发出，体现了媒体人员知识、道德素养的双重缺失。

（三）启发与引导

1. 加强科学普及宣传，提高公众素养

公众应该了解基本的科学知识和健康常识并培养批判性思维，不轻易相信

---

[1] 毛辉：《户外数字媒体广告交易平台构建及运营研究》，电子科技大学硕士学位论文，2012年。

未经证实的消息，而是通过查找权威信息、咨询专业人士等方式，来验证信息的真实性。本案例中，通过媒体和公共教育，公众得到了正确的信息，消除了对茶水的误解。政府和相关机构应利用各种媒体渠道，如电视、广播、网络等，积极开展科普宣传，向公众传递科学的、正确的信息。这样政府、媒体与公众才能共同创建一个健康、和谐的社会环境。

2. 及时发布权威信息，阻止谣言扩散

政府和相关机构应该在第一时间发布权威的信息，澄清事实。对于散布虚假信息的行为，要依法查处。通过严格的查处措施，可以起到震慑作用，减少类似事件的发生。本案例中，政府和卫生部门迅速介入，组织专家进行调查，并发布了权威的澄清公告，指出茶水"发炎"的错误，消除了公众的误解。这种及时的信息发布有助于阻止谣言的传播，确保公众能够及时接收到准确的信息。

二、"茶百道原材料过期事件"案例及评析

（一）事件回顾与概述

2021年9月30日，某博主暗访不同城市的4家茶百道店铺，发现都存在过期材料更换标签使用的情况，并且店员在视频中声称是为了防止监管部门检查。晚间，微博话题"茶百道使用过期原材料"登上热搜。10月1日凌晨，茶百道发布致歉信。10月2日至6日，浙江省紧急开展"茶百道"食品安全专项检查。

2021年10月8日，宁波一女子称在茶百道奶茶店分装的奶盖中看到蜘蛛，索赔无果。茶百道回应：在饮品制作过程中并未发现蜘蛛，该顾客收到饮品数小时后才向商家反映。晚间，"茶百道回应奶茶中喝出蜘蛛"的话题再次登上微博热搜。

2021年10月9日，茶百道在官方微博针对上述两次食品安全事件分别再次做出回应：存在卫生清理不彻底的情况，但未使用过期原材料；对食品中来路不明的蜘蛛难以认领。①

---

① 参见微博话题"茶百道使用过期原材料"（博主@内幕纠察所，2021年9月30日）等。

（二）事件评析

在"茶百道原材料过期事件"中，某博主以暗访与偷拍的方式向公众揭示关乎食品安全问题中"不为人知"的真相。此事件能够引起极大的关注，有以下几个原因：

1. 媒体权力行使，"假造暗访"频生

在现代社会，公众对媒体有许多期待，希望它能够承担起传播新闻、表达舆论、监测环境、服务社会的责任。媒体实现自身社会职能是通过行使自身的信息传播权、舆论表达权和社会监督权。新闻媒介作为国家文化的重要组成部分，担负着巨大使命，同时还要兼顾自身经济效益，维持生存，保持竞争力。其所对应的表现就是利用各种先进技术和设备，以最小的人力、物力快速获取信息，满足大众的信息需求，博得关注。

在本案例中，自媒体博主以偷拍和暗访的形式获取流量，其行为带有引诱意味，势必加剧暗访行为的发生，形成新闻伦理失范，最终对社会秩序造成影响。

2. 公众隐私曝光，"信任危机"加剧

当下，社会大众的文化素养在明显提升，社会大众的法律意识水平也正在提高，对自身的隐私有着强烈的保护意识。

在本案例中，"原材料过期"事关食品安全问题，更是受众在日常生活中随时可能遭遇到的，无论报道的内容是否与事实存在偏差，都容易引起受众情绪激化，加剧"信任危机"。当暗访与偷拍的方式大肆兴起，新闻媒体违背了新闻生产中的道德规范，会导致新闻媒体的公信力急剧下降。

（三）启发与引导

1. 严肃公开道歉，公布紧急处理方案

茶百道在致歉信中称，个别门店出现了不符合卫生标准，私自更改操作流程等问题，对此表示歉意。将针对所有店铺进行全面排查并整改，不符合要求的门店一律采取闭店处理，严重者直接取消签约资格。茶百道在事件发生后迅速采取行动，发布了公开道歉声明，承认错误并承诺加强原材料管理。这一举措体现了茶百道对事件的严肃态度和对消费者健康的负责任态度。这一系列的紧急应对措施有助于缓解消费者的不满情绪，挽回部分品牌形象。

2. 强化质量监控，加大门店巡查力度

茶百道表示，将加大巡店频次和培训力度，优化门店管理，并将通过自媒体平台及时更新上传门店巡查整改问题及措施。为了挽回声誉，茶百道加强了对供应链的管理，加大了对产品生产和质量控制过程的透明度。这意味着茶百道将对供应商的原材料进行更严格的检验和审查，确保所有使用的原材料都符合食品安全标准。通过加强对供应链的管理，茶百道能够更好地控制产品质量和安全，提高消费者对产品的信任。

3. 及时处理回应，积极反馈消费者疑问

在本案例中，茶百道应主动与消费者、媒体和监管机构沟通，及时通报事件处理进展和整改措施，以减少误解和恐慌。这意味着茶百道需要建立一个有效的沟通机制，确保信息能够迅速、准确地传达给所有相关方。同时，茶百道应积极回应消费者的疑问和关切，以积极的态度和及时的回应赢得消费者的信任。

三、"印度电视台揭露腐败交易事件"案例及评析

（一）事件回顾与概述

2005年印度全印电视台播放了一段长达40分钟的偷拍录像，这段录像是印度电视台记者假扮为一名渴望进入印度影视圈的女子，与著名宝莱坞男演员沙克蒂·卡普尔的对话。镜头里，一名宝莱坞男电影明星公开向该女记者提出性要求，并指名道姓列举当前影坛通过性交易换取角色的女明星。此节目一经播出，宝莱坞为之震怒，印度社会对此议论纷纷。与此同时，记者是否侵犯了卡普尔的隐私权也成为争议的焦点。

3月14日，印度人民党的一些积极分子在卡普尔的住所外面举行示威，抗议他侮辱女性。此外，电视台是否侵权引起争议，很多法律工作者更关注媒体的权力和责任。"义愤填膺"的法律工作者对播出录像的电视台强烈谴责，认为媒体是打着调查的名义在渲染色情，而且偷拍的手段也是对私人权利的侵犯。他们呼吁议会抓紧立法，不要让媒体滥用影响力。最后全印电视台的主管

部门印度新闻广播部部长斋帕·瑞迪事后表示，政府已经注意到这个节目，并在现有法律范围内采取了行动。他所说的行动，就是即将成立一个审查委员会，对电视节目内容进行预审。①

（二）事件评析

隐性采访是指不公开记者身份或伪装成其他身份或公开记者身份但不道出真实意图，通过隐蔽地拍摄、录音等方法获取新闻素材的采访方式。② 隐性采访最大的魅力在于突破采访环境的封闭性和事实真相的隐蔽性。隐性采访在发挥积极影响的同时也会带来消极影响，因为随着技术的不断发展，采访后果将会更加极端，并且有价值的新闻也将变得更加复杂。新闻记者在用隐性采访的过程中，其偷拍、偷录等行为可能涉及被采访者的隐私，甚至会侵犯其隐私权。因此记者需要把握好"隐性"的度。③

在印度电视台揭露腐败交易事件中，记者通过偷拍的方式揭露印度影视行业存在的性交易现象。记者通过使用隐形的拍摄设备偷拍性交易这种行为，不仅侵犯了其隐私权，而且可能会导致采访后果更加极端。记者在报道前并未告知被采访人自己的采访目的，也未征询对方的意见就把采访结果报道出来，盲目追求新闻效果而忽略了新闻工作者最基本的职业操守，引起了社会争议，造成一定的负面影响。

1. 隐性采访把握失度造成信任危机

当下，我们正处于文明时代，社会大众的文化素养有明显提升，在这一背景下，社会大众的法律意识水平也正在提高，对自己的隐私有强烈的保护意识。④ 本案例中，很多法律工作者就认为印度电视台的记者是打着调查的名义在渲染色情，其偷拍的手段更是对卡普尔私人权利的侵犯。记者通过偷拍的方式揭露印度影视行业存在的性交易现象，该录像经过印度电视台播出后，舆论

---

① 参见《女记者偷拍性交易内幕　宝莱坞爆出桃色丑闻》（新浪网，2005年3月21日）、《宝莱坞传出性丑闻　印度名演员索"性"赤裸裸》（央视网，2007年8月30日）等。
② 贾芳：《隐性采访与隐私权的保护》，中国人民大学硕士学位论文，2005年。
③ 马彩英：《电视新闻记者在隐性采访中"度"的把握研究》，载《新闻传播》，2023年第4期。
④ 华晓倩：《电视新闻隐性采访"度"的把握及法律思考》，载《明日风尚》，2016年第11期。

顿时一片哗然。记者假扮试图进入影视圈的女子，营造一种自己在现场的"体验式"氛围，这是一种主观性的故意行为，这样的"介入式"暗访行为无疑是争论的焦点。

"腐败交易"或者是"性交易"词汇本身具有一定的社会敏感度，无论报道的内容是否与事实存在偏差，都容易引起受众情绪激化，加剧"信任危机"，同时，也对社会产生了一定的不良影响。印度人民党的一些积极分子在卡普尔住所外举行示威，抗议他侮辱女性，这是记者没有把握好隐性采访的"度"，侵害了他人的隐私权，引起了社会的不良反应。

2. 媒体权力行使不适当造成媒介失范

在现代社会，新闻媒体作为一种信息传媒和舆论手段，社会与公众对其有许多期待，希望它能够承担起传播新闻、表达舆论、监测环境、服务社会的责任。[①] 媒体有了信息传播权、舆论表达权、社会监督权三种权力就应当承担相应的责任与义务。新闻媒体应当为社会当好瞭望者，为民众当好代言者，为政府当好监督者，为国家当好捍卫者，行使好自己的传播权力，履行好自己的社会责任，遵守相应的道德规范。

然而，在印度电视台揭露腐败交易事件中，媒体没有顾及视频播出后是否会对社会稳定产生影响，也没有顾及此视频是否损害了公共道德等。视频的播出既未告知当事人，也未对视频中的当事人打码，为提高电视台收视率揭露社会问题，直接将偷录的视频在电视上播出，引发舆论，是媒介失范的表现。

（三）启发与引导

在本次印度电视台揭露腐败交易事件中，全印电视台的主管部门和其所属媒体在舆论发酵后，积极采取措施处理此事，在一定程度上重建了公众信任，挽回了媒体声誉。但是在现实生活中，如何界定公众人物的隐私权并不容易，因为广大民众也有知情权，有获得信息的权利，而媒体的职责是将真实的东西呈现在大众面前，因此保护公众人物的所谓隐私权必然会在一定程度上限定新闻的自由。所以新闻从业者需要坚守职业道德规范，把握好报道分寸，并且对

---

① 郑保卫：《权力·责任·道德·法律——兼论新闻媒体的属性、职能及行为规范》，载《国际新闻界》，2005年第4期。

于隐性采访应当少用、慎用，尽量通过正确的手段获取新闻素材。

四、"索菲录音带事件"案例及评析

（一）事件回顾与概述

2001年3月14日，英国的小报主编派记者马泽尔·穆罕默德乔装打扮成阿拉伯联合酋长国的一名"酋长助理"，假装要与索菲和哈金合伙开办的公共关系公司R-JH谈大生意的样子，主动接近索菲和哈金。骗得英国伊丽莎白女王的小儿子爱德华王子的王妃索菲的信任，骗她讲出了她对英国政坛、王室、性、毒品等一些敏感问题的看法，记者暗中将其录音。

2001年4月8日出版的英国《世界新闻报》整整用了10个版面的篇幅全文刊登了所谓的"索菲录音带"抄录稿，它像一枚重磅炸弹震动了白金汉宫，引起社会广泛关注。

当日白金汉宫发表公开声明，对新闻界进行了猛烈回击，指责新闻界发起了一场针对爱德华伯爵夫妇的"巧设陷阱，利用诡计，捕风捉影地制造假新闻"运动，但声明也表示，今后王室成员会注意将公共职责与商业活动区分开来。索菲也发表了声明：辞去R-JH公司董事长的职务，并认真反思这一事件引出的问题。与此同时，舆论在指责索菲不该利用王室地位为自己公司捞好处的同时，也纷纷指责《世界新闻报》的做法违背了报界的行为准则。但该报表示，录制并公开"索菲录音带"是基于维护公共利益的考虑，因为报界行为准则规定，只有在维护公共利益以及通过其他手段无法获得的前提下，才能采用巧设陷阱的方法得到某些新闻素材。[①]

（二）事件评析

隐性采访是指记者隐瞒身份、采访目的及采访手段，在采访对象不知情的情况下，以偷拍、偷录或者其他记录方式获取新闻素材的一种采访形式。隐性采访因其独特的价值在社会监督、媒体竞争等方面确实能发挥积极作用。但是隐性采访若突破了新闻伦理甚至法律法规的界限，则会给当事人带来伤害，使

---

① 参见《英国王妃索菲录音带风波始末》（中国新闻网，2001年4月16日）等。

得媒体、记者公信力丧失。① 在隐性采访的全流程中，记者应当坚守职业道德，在进行隐性采访活动的时候，需要注意"度"的把握。

然而在"索菲录音带事件"中，记者通过假扮阿拉伯联合酋长国的一名"酋长助理"诱骗王妃讲述一些敏感问题的看法并且悄悄录音。这一过程是在有意识地侵犯他人的隐私权，是记者隐性采访使用不当造成的失范行为。记者过度介入扭转新闻事实进而产生"策划新闻"，是新闻工作者抛弃职业操守，摒弃职业道德，为己谋利的失范行为，严重损害了媒体公信力，也对新闻环境造成了不良影响。

1. 隐性采访使用不当造成道德失范

在隐性采访中，记者的显著特征之一是他们从旁观者、传播者变成参与者。为了便于采访到事实全貌，记者有时会扮演"秘密卧底"的角色，但是，一些"卧底"记者往往会陷入"使用违法方式阻止他人侵权行为"的禁区。隐性采访的内容多是社会上具有较大争议或影响较大的事件，能够引导舆论，甚至还可以推动某个行业的改革。记者假扮阿拉伯联合酋长国的一名"酋长助理"设置"陷阱"诱导王妃索菲阐述自己的观点和看法是记者有意策划新闻、采取手段操控事态发展的后果，违背了报界的行为准则。这不仅是记者本身的采访作风问题，还侵犯了他人的隐私权和名誉权，是记者隐性采访中道德失范的表现，造成社会不良影响，体现了媒体人员的职业道德的缺失和社会监管力度的薄弱。

2. 隐性采访使用不当引起新闻伦理争议

新闻伦理是新闻行业、媒体从业者在新闻传播活动中价值判断和日常行为的一种规范，是记者等媒体相关职业从事者对自我行为的一种内在约束。在一些国家，提到新闻伦理则强调四个原则，即真相原则、责任原则、独立原则和最小伤害原则。② 然而，在"索菲录音带事件"中，记者使用隐性采访的过程中带有较强的主导意识，记者有意识地设置"陷阱"诱骗英国王妃索菲，并且使用隐藏录音设备偷录了这段对话，而后将其曝光。此事件对英国王室声誉造成了破坏，也对英国社会造成了不良影响，违背了新闻伦理原则，引起新闻伦

---

① 贺彩红：《论隐性采访在新闻报道中的规范使用》，载《西部广播电视》，2021年第15期。
② 雷蕾：《隐性采访的道德失范与规避措施研究》，载《今传媒》，2022年第10期。

理争议。舆论在指责索菲不该利用王室地位为自己公司捞好处的同时，也纷纷批评《世界新闻报》的做法违背了报界的行为准则。

（三）启发与引导

本次"索菲录音带事件"中，新闻从业者没有把握好"度"，违反道德规范、触犯法律，从而引发社会舆论。基于此，新闻从业者在进行隐性采访时，需要把握好"内容"以及"社会容忍度"，因为隐性采访的目的是有效提高新闻的真实性和全面性，正确地引导舆论，揭露社会不良现象，维护好公众的利益，不做有损政府权威的事情。在本案例中，对于媒体而言，在舆论发酵后没有及时采取措施应对，表现出《世界新闻报》媒体的失责，在一定程度上损害了媒体的公信力。因此，媒体行业需要注意到，当报道出现事故的时候，首先要采取积极主动的态度去面对，更重要的是需要及时采取实际行动，展现媒体责任的担当，挽回媒体的声誉和公众信任力。

想要从源头上遏制新闻从业者的道德失范现象，还需要加强新闻从业者的道德修养，不断提升自己的综合素质，形成正确的价值观念。同时，社会应当加大对隐性采访的监督力度，以合理的方式提出建议，促进新闻从业者对自身行为的规范。

五、"食狮公司诉ABC事件"案例及评析

（一）事件回顾与概述

1992年，为了调查北卡罗来纳州食品连锁巨头食狮公司的卫生情况，两名美国广播公司（ABC）的记者，伪造个人信息到该公司任职，使用偷拍方式揭露了该公司以不卫生方式处理食品、欺骗顾客的内幕。经过剪辑的视频播出后，导致食狮公司股票暴跌，销售锐减，全国88家连锁店面临倒闭危险。于是食狮公司以"非法侵入"和"对雇主有不义之举"为由向法院提起诉讼，并要求支付巨额赔偿。

地区法院陪审团于1997年1月判处食狮公司胜诉，因ABC采访手段欠妥，要求其支付食狮公司惩罚性损失赔偿费550万美元。

1997年7月23日，《纽约时报》对这一判决进行了报道，标题是《食狮

公司获赔 550 万美元的判决引起讨论》。其中提到：许多记者质疑这一判决，因为长期以来，秘密的拍摄手法都是电视台揭露重大的与公共政策和公共健康事务相关事件的必要手段。媒体的专家也对判决持质疑态度，媒体伦理专家认为：这一判决有一个潜在的问题，它可能让调查记者寒心，并且使媒体报道后退。但同时更多的人支持这一判决：电视台对卧底的方式有过度使用的趋势。陪审团成员在接受采访时说：在持续 6 天的讨论中，陪审团曾两度陷入僵局，最后取得共识是：支持调查性采访，但对 ABC 的具体方式并不赞同。基于这一矛盾，他们认为对 ABC 的罚款可以从 1 美元到 1 亿——具体数字并不重要，惩罚行为本身也不是目的，而只是希望媒体引以为戒的手段。

1999 年 10 月 20 日，美国第四巡回上诉法院（里士满）重新审定地方法院的判决后，仅支持了其中两项诉由，"对雇主有不义之举"及"非法侵入"，驳回了地方法院关于"欺诈""不公平贸易手段"的内容，虽 ABC 最终败诉，但惩罚性赔偿降为 2 美元。[①]

（二）事件评析

甘惜分在主编的《新闻学大辞典》中对隐性采访的定义是：在采访对象不知情的情况下，通过偷拍、偷录等记录方式，或者隐瞒记者的身份以体验的方式，或者以其他方式，不公开猎取已发生或正在发生而未被揭露的新闻素材的采访形式。[②] 追求新闻客观事实，挖掘事实真相并且公之于众，是记者的天职。然而在隐性采访的过程中，记者会对受访者隐瞒采访目的和真实身份，这极容易导致受访者产生反感和误解，甚至会侵害整个新闻行业的公信力和权威性。[③] 但是在这个案例中，两名新闻记者的动机是为了揭露严重危害社会和企业的不法、不良行为。媒体充当人民的耳目喉舌，是在履行巡视社会、保障公民知情权的合法职责，具有道义上的正当性。更何况这些暗访秘拍获得的真相

---

① 参见《食狮公司获赔 550 万美元的判决引起讨论》（《纽约时报》，1997 年 7 月 23 日）、《为什么普利策奖拒绝颁给暗访报道？》（澎湃新闻，2015 年 6 月 9 日）、《卧底采访的法律与道德风险——美国食狮公司 VS. 美国广播公司判例与青岛"城市信报"卧底系列报道对比分析》（阴卫芝，《新闻记者》2011 年第 12 期）等。
② 马宇丹：《隐性采访中的新闻伦理思辨》，载《新闻世界》，2013 年第 4 期。
③ 雷蕾：《隐性采访的道德失范与规避措施研究》，载《今传媒》，2022 年第 10 期。

通过一般的正常的明访明拍是无法或者难以获得的，记者暗访也是"不得已"的选择。

此事件能引起极大关注，有以下几点原因：

1. 记者隐瞒身份取材引起争议

新闻媒体作为社会的守望者，具有环境监测的功能。尤其是西方社会的大众媒介有巡视社会特别是监视政府的功能，同时兼具代表公众行使"知情权"的告知责任，若有问题而不揭露，便是大众媒介的失职，会降低其在社会上的公信力。这也是大众媒介也难免采用隐性采访手段包括秘拍方式的一个原因。但是，新闻记者的专业水准主要体现在获取新闻素材的能力上，而这种获取新闻素材的能力和手段同样需要真实。记者需要提高的是与人沟通的能力，要凭借自己的能力通过与被采访者的沟通和交流来获取新闻素材，同时需要保证采访手段与过程的合法性。

从美国这一案例的审理和判决过程可以看出，尽管最后第四巡回法院将地方法院陪审团判定的 550 万高额惩罚性赔偿降低到 2 美元，但是都在某种程度上认为美国广播公司这一卧底行为是值得商榷的。法院最后之所以支持"对雇主有不义之举"和"入侵"这两个诉由，是因为第四巡回法院也认为两位记者应当承担这一侵权责任。因为她们在此间的身份是公司内部员工，拿着工资却在为 ABC 做事，而这件事又明确损害了现行雇主的利益。此外在侧面也表明媒体应该在维护公众利益的前提下采取适当的方式进行隐性采访，尤其是卧底采访应有严格的限制，不到万不得已不能采用。正是基于以上的认识，新闻从业者更应该谨慎对待隐性采访，尽力做到以正确的手段去获得新闻素材。

2. 公众隐私曝光引起信任危机

大数据时代背景下的信息共享，给人们生活带来便利的同时，也威胁着个人信息安全，因此公众对自身隐私有着强烈的保护意识。但是隐性采访与隐私天生就是一对矛盾，公民一方面要求保护自己的隐私，另一方面又希望知道别人更多的信息，两者之间就产生了冲突。[①] 本案件中的视频揭露出食狮公司食品存在的食品安全问题，而有关食品安全问题，更是受众日常生活中随时随地

---

① 李景钰：《道德与法律双重视域下的隐性采访》，载《新闻研究导刊》，2016 年第 18 期。

可以接触到的，无论报道内容是否与事实有出入，都容易使受众情绪化，从而加剧"信任危机"。记者隐瞒身份进入公司，通过隐藏拍摄设备进行偷拍并发布出来，违背了新闻生产中的道德规范，不仅会导致新闻从业者专业能力和职业素养的下降，也会导致新闻媒体的公信力下降。因此，新闻从业者需要提高自身法律意识和职业素养，把握好隐性采访的度，从道德和法律两个方面利用好隐性采访。

（三）启发与引导

在现代社会，新闻媒体作为一种信息传媒和舆论手段，社会与公众对其有许多期待，希望它能够承担起传播新闻、表达舆论、监测环境、服务社会的责任。[①] 社会与公众在给新闻媒体赋予承担相应责任的同时应给予多重权力。本案例中，记者假扮相关人员获取新闻素材，没有运用好相应的权力，引起社会争议，也降低了新闻媒体的公信力，产生了不良影响。因此新闻媒体从业者需要运用好这些权力，承担起相应的责任。基于此，新闻从业者需要加强自身的专业能力，提高与人沟通的能力，尽量做到以真实的手段去获取新闻素材，需要抱着"能不用就不用，能少用就少用，一定要避免滥用"的态度，谨慎地对待新闻采访。

第五节 新闻伦理失范——媒介审判

在新媒体时代，互联网技术赋予网民极大的话语权，我们每个人都能成为舆论的参与者，对公共事件进行评论和转发。新闻媒体对于事件的报道也在一定程度上影响着舆论走向，进而影响司法审判，这就是"媒介审判"，其实质是以新闻自由干预司法，以媒介的"话语强权"代替舆论监督。媒介审判的表现方式主要是媒体超越司法程序，对正在审理的案件的案情分析、案件定性、

[①] 郑保卫：《权力・责任・道德・法律——兼论新闻媒体的属性、职能及行为规范》，载《国际新闻界》，2005年第4期。

涉案人员定罪量刑等一系列问题做出公开的判断和结论，以其明显的倾向性引导受众，形成一种足以影响司法独立审判的舆论氛围，从而使审判在不同程度上失去其公正性[①]。因此，杜绝媒介审判，治理网络舆情尤为重要。下面以几个典型案例为对象，剖析新闻报道中的媒介审判现象。

一、"艺人母亲被撞案"案例及评析

（一）事件回顾与概述

2018年12月31日晚23时，叙永县公安局通报：在四川省泸州市叙永镇西大街发生一起3人受伤，驾驶人驾车逃逸的交通事故。其中一名伤者黄某（女，55岁，叙永县人）于2019年1月23日抢救无效死亡。经证实，黄某为女演员谭某某的母亲。

2019年1月1日14时查获肇事车辆并确定马某（男，28岁，四川省叙永县人）为嫌疑人，经过警方的多次劝投，2019年1月2日10时，马某在家属的陪同下到公安机关投案自首，公安机关对其采取刑事拘留强制措施。嫌疑人到案后，公安机关立即按照办案程序对马某进行讯问，并对其血液和毛发进行抽样送检，通过走访调查及相关视频资料佐证，嫌疑人肇事前有饮酒行为。马某因涉嫌交通肇事于2019年1月16日被叙永县人民检察院批准逮捕。

2019年8月31日上午，谭某某母亲被撞案正式开庭，当地法院进行开庭审理并全程直播，公共舆情的爆发点便在于那场10小时庭审。但没想到在超量的点击率背后，广大民众的共同监督之下，仍然出现了大量谣言和失范报道，在网络上形成了舆论发酵现象。谭某某庭审现场哽咽发言，称嫌犯家人从未道歉。该案另一受害人家属发言，称事发后马某父母还抱怨让他的儿子在监狱里过春节，马某撞人后连夜逃离，庭审的态度让人愤怒。

9月2日，微博"@微博管理员"发布消息称，在谭某某母亲被撞案这一事件中，有个别账号搬运其他平台有悖基本事实的内容进行恶意营销，对相关账号进行禁言三个月和永久禁言处理。其中提到，经与庭审视频记录比对，有4个账号所描述内容与事实不符。这些账号发布不实信息，且性质恶劣，依据

---

① 慕明春：《"媒介审判"的机理与对策》，载《现代传播》，2005年第1期。

微博社区相关规则，予以永久禁言。

9月19日，从谭某某现身母亲被撞案庭审到一审宣判，耗时20天终于等到结果：肇事者马某获刑6年，赔偿136万。

对该处理，网友们表达了更大的不满："明星上庭尚且如此，草民更没活路""检察官表达不够清晰""公安遗失重要证据、作证时还含糊其词"……类似评论，遍布网络，不乏捏造庭审现场事实、夸大歪曲庭审言论、恶意营销、把矛盾对准法官与检察官的行为，媒介审判现象频出。①

（二）事件评析

本案例属于典型的媒介审判。谭某某是公众人物，众多网民为此进行发声属正常现象，但无法保证群众对客观事实的认知与明晰保持在同一水平。这类发声现象一定程度上会为案件的受重视程度带来积极效益，但网络舆情的不可控性和已生成的新闻伦理失范现象会对社会产生负面影响。

具体而言，随着当前融媒体的纵深发展，为了吸引受众，个别媒体不顾自身职责，干预司法，进行"媒体审判"。在本次报道中，相关平台的自媒体运营账号成了最大推手。为博取流量和进行自我营销，出现了大量恶性竞争行为，如捏造事实、挑拨与司法的对立等。这不仅是对谭某某粉丝情感的消费，对法院正常审理手续独立性的干扰，更可能给新闻报道和公正审判之间的平衡带来不稳定因素，最终导致媒介审判。

新媒体视域下对媒介审判的防范对策可从以下几方面着手：

其一，新闻从业者对审判活动报道时必须严守法律底线。坚持真实、客观、公正的原则，向社会公众报道真实的审判过程，不仅是新闻媒介的权利，更是一种责任，切忌人为炒作或制造轰动效应。

其二，司法部门在审判过程中应依法向公众及时进行信息披露，加强信息透明度，满足公众对案件的知情权，通过公开审判取得公众的信任和理解。同时，进一步强化对司法机关行使司法权的法律监督，从根源上杜绝腐败现象的

---

① 参见《谭松韵母亲被撞案引发众怒，最可怕的事情仍在发生……》（光明网，2020年9月9日）、《谭松韵出席妈妈被撞案庭审，一身黑衣表情严肃，获经纪人牵手打气》（搜狐网，2023年11月16日）等。

禁区，让"网络警察"无处出手，让"媒介审判"审无可审。

其三，在融媒体时代，"媒介审判"较为泛化，舆情的形成要经过"意见领袖"再到受众的"二级传播"机制，每一环节的把关都不可缺失，不少平台在议程设置的能力上也要进行优化。

(三) 启发与引导

1. 完善司法制度，引导舆论规范发展

政府应该完善相关司法制度，强调法律法规不容忽视。网络不是法外之地，尽管公众有自由发声和对舆情事件进行监督的权利，但对于传播谣言、故意煽动网络暴力等行为，政府需依法处理。此案例中，由于当事人家属属于公众人物，其比普通人拥有更多关注度，且敏感元素过多。部分自媒体为达其营销目的，恶意杜撰不实信息，影响司法独立。

2. 实现两个舆论场相互融合

面对即使在庭审 10 小时直播的情况下，也有大量不实谣言的滋生。究其原因，是官方舆论场和民间舆论各自的缺点所导致，它们之间存在着一定冲突。官方舆论场应通过互联网贴近公众，与其充分沟通，将具备一定价值的反馈融入司法中；而民间舆论场的受众应脱离情绪控制，回归理性思考。这样才能形成两个舆论场的共振，画好习近平总书记所说的"同心圆"。

3. 科普法制知识，提高受众理性认知

长久以来，一些受众认为小城市法治关系网络错综复杂，他们往往在不良媒体的煽动性报道下，非理性表达希望司法公正的强烈愿望，这严重影响了司法进程。政府平时需开展一系列的科普法治知识的活动，受众也应积极参与，增加法律常识，增强法律意识。

二、"鲍某某事件"案例及评析

(一) 事件回顾与概述

2019 年 4 月 8 日，韩某某与鲍某某感情破裂，韩某某到烟台公安局芝罘分局报案称，其三年多来被"养父"鲍某某多次性侵，烟台公安局芝罘分局于次日立案，并商请检察机关提前介入。

2019年4月26日，烟台公安局芝罘分局经侦查，综合各种证据，认为鲍某某不构成犯罪，决定撤销此案，并通知了当事人。

2019年10月9日，烟台公安局芝罘分局根据当事人及其律师提供的一些新的线索决定再次立案，并在本地及其他涉案地做了大量调查取证工作。

2020年4月，一段6分钟的短片被媒体曝光，一名女孩自述"被烟台上市公司高管性侵四年"的事件随之成为舆论的中心。4月9日，被害女孩对媒体表示，从2016年起，她和"养父"鲍某某一起生活，三年时间里遭到多次性侵，其自述"第一次被性侵时刚满14周岁"。

2020年4月9日，《南风窗》杂志的官方微博发布长文《涉嫌性侵未成年女儿三年，揭开这位总裁父亲的"画皮"》，以养女的说法作为主要信息来源，披露了鲍某某长期性侵未成年养女却逍遥法外一事的报道，引起广泛关注，在网络上掀起轩然大波。

2020年4月11日，鲍某某通过澎湃新闻发声回应，称自己和韩某某是情侣关系。

同日凌晨，烟台市公安局发布通报：关于一女子控告鲍某某性侵一案，公安局已组成工作专班，并商请烟台市人民检察院派员参加，对前期芝罘公安分局侦办的案件事实及公众关注的相关问题正在进行全面调查。

2020年4月12日，财新网刊发报道《高管性侵养女案疑云》，引起舆论较大争议。

2020年4月13日，最高人民检察院官微宣布，最高检与公安部已派出联合督导组，针对此案件，指导多地警方开始进行大规模调查。

2020年4月13日，财新网有关鲍某某案的独家报道突然撤稿，并做声明如下：4月12日刊发报道《高管性侵养女事件疑云》，引起舆论较大争议，我们认真核查，报道确有采访不够充分、行文存在偏颇之处，已在当日撤回报道。

2020年9月17日，最高检调查结果水落石出，韩某某年龄造假，第一次与鲍某某见面时，已年满18岁。且韩某某的陈述和提供的证物经查证与事实不符，不能认定鲍某某的行为构成强奸罪。①

（二）事件评析

在鲍某某性侵养女事件中，个别媒体在没有仔细核实事件真相以及采访不充分的情况下，披露鲍某某长期性侵未成年养女却逍遥法外一事。虽然这些媒体敢于揭露社会阴暗面、保护弱势群体的初衷是值得肯定的，但是行为失当、发言不慎也引发诸多新闻伦理问题，如媒体审判、听信受害者单方面信源、侵犯当事人基本人权等，从而造成媒体伦理失范。

1. 非客观性的报道，媒体存在失范表现

长期以来，客观性法则始终在新闻业的专业理念中居于中心地位。新闻客观报道的最基本要素之一就是平衡性，也即"以平等的态度与方式对待新闻事实的当事者各方，给予对立或观点不同的双方平等的发声机会"②。在性别暴力报道中，媒体从业者习惯性地站在受害人的角度看待事件，受"先入为主"的单方叙事的影响，而忽视对立的声音的呈现，从而可能错误地引导受众。媒体对于鲍某某性侵养女事件的最初报道，称养女年龄为14岁，但警方调查后否认了这一说法，表示当时已经年满18岁。在性侵案件中，年龄是法律判决的重要线索，媒体在报道时应该对这些基本信息进行核实。但媒体只掌握了一方的信息，在取证信源方面没有走应有的程序，没有给予双方平等的发声机会，影响了正常的司法程序，同时也侵犯了当事人的基本人权，法庭未判，媒体先判。此事件表明，媒体需要处理好理性与感性、新闻自由与司法的关系，做到客观公正的报道。

2. 叙事煽情化报道，引发舆论风波

在此案例中，各家主流媒体、自媒体都展开报道，并显示出不同立场。"部分媒体为了得到受众的关注，博取点击量以获得更高的利益，不仅把涉及公平、正义、安全、道德等网民关注的热点作为媒体策划和报道的焦点，而且

---

① 参见《"鲍毓明案"最高检公安部介入，当有一锤定音》（澎湃新闻，2020年4月13日）、《鲍毓明涉性侵养女案调查情况公布》（《中国日报》，2020年9月17日）等。
② 张灿灿：《案件报道如何呼唤公平正义》，载《青年记者》，2018年第7期。

在具体的报道中主动迎合受众的口味和受众期待。"[1] 报道围绕养女讲述被鲍某某侵害展开，手法煽情，内容带有倾向性，造成公众刻板印象，从而导致了谣言的传播。报道在案件事实的举证上模糊不清，并不能提供足够有力的完整辅佐性材料，严重违反了新闻报道客观、平衡的原则。个别报道为进一步增强煽动性，对受害人被侵害等内容甚至给予细节性和刺激性的描述，强化受众偏袒养女的判断倾向，进而引发舆情。此次舆论风波表现出新闻工作者媒介素养的缺失。煽动舆论超越司法程序对嫌疑人进行审判，对整个舆论环境乃至社会造成了不良影响。因此，新闻工作者要坚守职业道德底线，提高自身媒介素养，以平等的态度对待新闻事实的各方当事者，客观真实地进行报道。

（三）启发与引导

1. 总结相似案件，回归中立报道

某些不良媒体为博眼球，过分曝光当事人的年龄、身份、职业等个人隐私，专注报道此类舆情事件中的种种细节，这是对事件当事人在情感上的第二次伤害。在针对此类案件进行报道时，媒体从业者应不断提升自身专业能力，还应关注性侵事件中涉及的法律法规，同时从实际案例中总结新闻内容呈现方式，为此类报道提出可行性建议。

2. 加强内部规范制度，重塑媒体公信力

主流媒体应当坚守党性原则，确保新闻的真实、准确、公正和客观，不随意发布虚假新闻和煽动性新闻，持续输出高品质的新闻内容，以保持自身的公信力和权威性。此案例中《南风窗》就是一个典型的例子，首先，单方面信源且缺乏引用证词的报道塑造了柔弱的女性当事人角色，引发舆论误导。其次，极强的煽动性语言引导公众的情绪一边倒，这违背了新闻报道中立客观的原则，也大大削弱了自身公信力。

在本案例中，事件当事人只能通过委托自己的律师要求相关媒体对不妥报道发布声明。所以媒体机构应推动建立行业内部规范制度，同时设立专门的投诉部门和相关工作人员，这有助于公众和社会组织对此类性侵案件报道的投诉

---

[1] 陈雯婷、张书铭：《当下新媒体环境中的媒介审判》，载《声屏世界》，2021 年第 2 期。

与审查，也能重塑媒体在公众心中的形象，巩固媒体公信力。

三、"谢帕德事件"案例及评析

（一）事件回顾与概述

1954 年 7 月 4 日，医生谢帕德怀有身孕的妻子玛丽琳被人用大头短棒残忍地打死在位于克利夫兰市郊外的家中。经过警察的取证调查之后，他们把所有怀疑都指向谢帕德，但谢帕德本人坚持称自己是清白无辜的。谢帕德案刚一发生便引起了媒体的注意，一夜之间谢帕德的名字登上了各大媒体的头条，成为臭名昭著的杀人犯。

7 月 7 日，在谢帕德为其妻子举行葬礼当天，新闻媒体刊登了一篇某律师助理抨击谢帕德家人反对接受询问的消息，该律师是后来谢帕德案的主控律师之一。

7 月 20 日，各新闻媒体对谢帕德发起攻击，前后刊登标题为《有人逃脱审判》《为什么不审讯？格博博士（谢帕德案的验尸官），赶快进行审讯》的文章。

7 月 29 日，谢帕德被迫接受长达 3 天的审讯，其辩护律师只能出席而不能参与审讯。审讯过程被电台直播，报纸、电台、电视台的记者围绕主控官和被告进行拍照、直播。最终验尸官在众人欢呼声中宣布：监禁谢帕德，等待大陪审团的审判。但媒体又相继刊登《警方为什么不盘问头号嫌疑人？》《为什么不把谢帕德抓入监狱？》等文章。

11 月 4 日，谢帕德案正式开庭，谢帕德当时的绯闻女友出庭作证，检察官与陪审团纠缠"账户是否对妻子忠诚"的话题，忽略谋杀案的本质。最后，谢帕德被判定成立二级谋杀罪名，判处终身监禁。

1961 年，谢帕德哥哥向美国律师李·亨利寻求帮助，要求重新审理本案。恰巧当时《亡命天涯》影片播出，该片讲述喊冤背负杀妻之名的外科医生亡命天涯，独力寻找真凶的剧情。大众受剧情热度影响，开始同情谢帕德。

1964 年，地方法院认为当时案件的审判侵犯了宪法赋予被告的权力，立即释放谢帕德。

1965 年，美国联邦上诉法院驳回地方法院判决，谢帕德再次入狱。

1966年，二审开庭，谢帕德无罪释放。[①]

（二）事件评析

在美国社会中，新闻媒体对司法活动的报道可以起到对司法权力公正行使的监督，大众传播可以对司法案件进行深入报道和舆论监督，促进司法公平，有效监督法官判案，揭露腐败，培养公民法律观念和意识。但在不同利益背景和价值取向的影响下，即使主流媒体极力标榜自身的客观公正，其报道的公平性和公正性也是难以保证的。新闻报道最重要的便是客观性与真实性，即使报道在硬性数据的基础上保证了报道的真实可靠，但是在报道内容上只能无限接近于真相，纯粹的客观是极难做到的，无论是报道的口吻、内容还是刊登的图片都会暗含有意或无意的倾向性。

本案例中，新闻媒体在报道中一次又一次的错误舆论引导让陪审团做出了错误审判，强大的舆论压力致使法院审判丧失公平性和公正性，造成了媒介审判。媒体为了追求新闻自由与轰动效应，为了增加关注度而选择性忽略案件当事人的感受和利益，媒体的"抢先审判"也与一国司法机关追求的司法审判独立、维护法律权威、保护被告获得公正审判的权力的核心价值产生极大矛盾，甚至当最终的法院审判结果与媒体的"判决结果"截然不同时，早已在潜移默化中接受了媒体观点的民众很可能因此对法院审判产生强烈不满和抵抗情绪，导致其对国家法制的失望，可见，媒体审判的"后遗症"对一国法制带来的负面影响是不可估量的。[②]

1. 媒体炒作构成媒介审判

魏永征、张鸿霞在其主编的《大众传播法学》中提道："'媒体审判'最早是西方国家新闻传播法中的一个概念，是指媒体在报道和评论是非时，对任何审判中的刑事案件失去客观公正的立场，以明示或暗示的方式，主张或反对给嫌疑人或被告人定罪，主张或反对给嫌疑人或被告人判处某种刑罚，其结果是

[①] 参见《舆论与司法的五次纠结，每次都惊天动地》（新京报书评周刊，2017年3月28日）等。
[②] 张梓恒：《浅谈媒体审判对司法独立的影响》，载《法制博览》，2017年第16期。

或多或少地影响公正审判。"①

本案件中，新闻媒体通过利用"议题设置"的方式来获取关注度，以"怀孕妻子惨死家中"为议题博人眼球，使"谢帕德事件"成为受人关注的社会新闻。同时，为了让报道更具有戏剧性和冲突性，媒体在案件还没有审判前就对事件进行大肆报道和"审判"，直接判定谢帕德为凶手，对事件的传播起到了推波助澜的作用。在社会舆论的压力下，美国陪审制度的缺陷暴露：陪审团成员易受外界影响，做出错误判断。

2. 媒介审判绑架社会舆论

媒介审判的重要表现形式是媒体暴力。"媒体暴力"提出于20世纪七八十年代电视和电子游戏盛行的时期，一般被认为是包括电影、电视、电子游戏、报刊等在内的媒体含有或刊登刺激性、易模仿性、深毒害性等暴力内容，诱导受众行为出现偏差，即不同程度地偏离或违反既有社会规范。② 新闻媒体发布的内容能够直接地引导受众情绪。从"沉默的螺旋"理论来看，人们都有趋同从众的心理，即使持有不同意见的人，会因为害怕孤立而改变自己的立场。而通过媒体的"喇叭"所传达出来的信息会被误认为是大多数人的观点，从而影响人们的独立思考。因此，媒体进行"媒介审判"的过程中，社会舆论与其牢牢绑定，媒体通过报纸、杂志、电台和电视台等媒介可以影响国民的思想、国家的决策，在舆论中成为掌舵人。

本案例中，媒体在案件未审之前采用"媒体暴力"，也就是通过报纸文字、图片等符号暴力大肆报道并怀疑谢帕德，接连刊登文章攻击谢帕德。在WHK电台的一次广播中，罗伯特·康西戴甚至把谢帕德比作伪证者，让谢帕德处于社会舆论中劣势一方，使陪审团审判错误。媒体这样的行为是对当事人人格的侮辱，也是对法律程序的亵渎，有悖新闻伦理。

3. 社会舆论干涉司法公正

媒体对行政、司法、立法起制衡作用，被称为第四权力。但新闻媒体对司法并没有直接的干涉作用，而是通过监督的方式促使司法的公平公正。新闻媒体通过不客观的、具有倾向性的言论影响民众对于事件的看法，并且通过其特

---

① 魏永征、张鸿霞：《大众传播法学》，北京：法律出版社，2007年。
② 向凡洋：《自媒体视域下媒体暴力行为及治理初探》，载《新闻研究导刊》，2018年第8期。

有的公开性、广泛性和权威性，让民众相信这是大多数人的观点，形成"拟态环境"，这种拟态环境通过舆论发酵最终成为一种真实环境，进而影响法官和陪审团的审判。

本案例中，验尸官、陪审团、法官在社会舆论场中，无法坚守宪法审判公平，在媒体和受众给予的压力之下使司法执行程序受到来自外界因素的影响，这是新闻从业人员业务素质低下和"法盲"的体现，也是新闻媒体没有正确行使第四权力的体现。

（三）启发与引导

"谢帕德事件"中媒体的错误舆论引导导致陪审团做出错误审判，致使医生谢帕德被囚禁10年，在10年后严格限制媒介的审判中，谢帕德被宣告无罪释放。然而，已经对谢帕德本人身心造成的伤害是无法挽回的。在美国社会中，新闻媒体对司法活动的报道可以监督司法过程。然而一个不可忽视的问题是，尽管主流媒体都标榜自身的客观公正，但事实上新闻报道还是会受到不同利益和价值背景的影响。最高法院大法官克拉克（Tom C. Clark）1966年在"谢帕德案件"代表法庭陈述意见中将这次审判形容为一次乱哄哄的"狂欢节"，他将当时法院的错误归为四点。第一，法庭缺乏对有关审判的公共舆论有效的控制，而舆论中狂热的气氛扰乱了法庭的审判程序。第二，法庭本来应当隔离证人。所有报纸和电台可以随心所欲地采访所有的证人，这致使许多证词未经法庭质询便公之于众。第三，法庭本来可以做出一些努力，控制新闻界不从警方、证人和双方律师那里获得线索、信息和流言蜚语。这些信息造成谣言和混乱。第四，法庭本来可以禁止双方律师、当事人、证人或者法院工作人员发表任何庭外言论，也应当向发出偏见的记者作出警告。[①]

从司法上防止媒介审判只是治标，更为重要的是要约束新闻从业人员的职业道德。一方面，要增强新闻从业人员的社会责任感与危机感，不随意报道事件；另一方面，还要提升新闻从业人员的基本法律知识修养，在报道刑事案件时才不会出现"法盲"的情况。

---

① 丁文生：《简论司法舆情和司法独立的平衡——药家鑫案的制度反思》，载《广东农工商职业技术学院学报》，2014年第2期。

四、"朴某天被指控性侵事件"案例及评析

（一）事件回顾与概述

2016年6月13日，韩国有线台JTBC新闻报道，一名在酒店工作的24岁女性A某疑被艺人朴某天性侵。首尔江南警署相关负责人透露：6月10日有一名女性通过男友向警方举报朴某天，称其在3日晚上遭遇性侵。随后，朴某天公司称对方是敲诈。

6月14日，有韩媒公开诉状内容，但随后，江南警署公示女方撤诉的文件。此时，"朴某天性侵女子"事件已经在世界范围内发酵。

6月16日，韩媒报道一女子B某称在2015年12月被朴某天性侵，随后，江南警署表示确实收到了相关人士的起诉状。朴某天经纪公司声明："性侵一说毫无事实根据，希望媒体克制发布一些未经确认的消息，如果朴某天被认定为存在任何犯罪行为，他将会退出娱乐圈。"

6月17日，"受害者"C某、D某在网络上出现。根据YTN报道，首尔江南警察局收到C某指控朴某天性侵的起诉状。同日19点，《世界日报》报道当天有两名女性C某、D某向警方指控朴某天。D某称自己是在2015年2月在某娱乐酒店的洗手间遭遇不幸。

随后，朴某天经纪公司起诉A某诬告，韩媒爆出A某向朴某天勒索将近500万人民币被拒绝，但随后又称是朴某天经纪公司主动联系A某支付赔偿金和解。警方怀疑C某、D某在说谎，此时朴某天正在准备中国的演出，警方认为这可能是黑帮策划（因为事件都很相似），限制了所有涉案人员的出境。

6月28日，第五名女性（E某）出现称：当时差点被性侵，因为觉得警察不会相信酒家女子的话而没有报警，并向记者展示了当时和朋友的文字聊天记录。

7月7日晚8点，韩国SBS电视台报道，韩国警方当日公布了"韩国明星朴某天涉嫌性侵事件"的调查结果，朴有天被判无性侵嫌疑。警方认为，无明显证据证明朴某天与该女性发生的性关系属强迫，起诉朴某天的前两位女性涉嫌诬告。

7月15日，尔江南警署发布：警方没有找到能够证明朴某天与四名报案

女性发生关系时使用强制手段的证据,因此四项性侵指控将以无犯罪嫌疑结案。

8月29日,韩国首尔中央地检女性儿童犯罪调查部表示:将以恐吓未遂及诬告名义对曾对朴某天提起诉讼的A某提起拘留起诉。此外还将对A某男友B某,以及经熟人介绍认识的C某分别以恐吓未遂及诬告为由提起不拘留和拘留起诉。以上3人曾向朴某天及所属社进行威胁并索要5亿韩元(约人民币300万元)和解金,并威胁如果不给和解金就将事件扩大化并提起诉讼。

另外,A某此前向警方报案称自己遭到了朴某天的性侵,但在随后的调查中她又承认自己是自愿与朴某天发生性关系。此外,警方还查出A某的男友和表哥曾以和解金的名义向朴某天索要钱财。[①]

(二) 事件评析

希特勒的纳粹宣传部长戈培尔说过:"谎言重复一千遍就是真理。"[②] 在乱象丛生的网络环境中,媒体的有意引导,可以达到扭曲事实的效果。信息时代,新闻媒体可以通过强大的技术手段和社会影响力对某些司法案件施加"话语霸权",这便使得舆论与司法之间的矛盾加剧,成为社会事件中的一个重要不确定因素。

本案例中,本应最先传播事实真相的新闻媒体在有意或是无意之中率先成为扭曲基本事实的始作俑者:致使许多人在官方结果未出之前就判定朴某天的有罪事实。更可怕的是,无论最终当事人的判决结果如何,这些负面语言给予当事人的伤害都是无法挽回的。这已然使媒体的舆论监督权异化,陷入媒介审判的困境之中。

1. 公众"刻板成见",造成"多数人的暴虐"

美国的政治家、新闻记者沃尔特·李普曼最早提出了"刻板成见"的观点,在他看来,人在接受外界事物时,会根据自身固有的、简化的思维以及兴

---

① 参见《朴有天性侵案或被判无罪 疑与A某存在巨额金钱交易》(界面新闻,2016年7月8日)、《朴有天疑出60万私了性侵案 "性侵丑闻"事件梳理》(人民网,2016年7月11日)等。

② 严锋、孙愈中:《网络谣言"戈培尔效应"剖析与对策研究》,载《东南传播》,2017年第3期。

趣爱好对其进行"自我想象",这通常会让人处于一种先入为主的惯性思维中,很难做出正确的判断。新闻媒体每天都将海量的、复杂的信息打包推送给受众,受众在习惯此类模式后,便会形成一套固有的思维模式,在遇到相类似的新闻事件时,大脑自动将事件进行分类处理,致使受众极容易产生错误判断。受众本身的意见形态具有自发性和盲目性,在媒体的引导下,受众非理性、偏执性的思维占据上风,将网络平台作为发泄的场所,加上"沉默的螺旋"效应以及网络的匿名功能,受众偏激性的语言会造成"多数人的暴虐"占领舆论高地,使真理的声音被淹没。

在本案例中,网民对于"性侵"事件受害者大多为女性的刻板成见使理性的声音处于低位,而新闻媒体在接到各种快讯后直接抛出的行为成为引导公众情绪的重要导火索。二者结合,使这场"暴虐"极具杀伤力,对当事人造成不可挽回的伤害,新闻媒体本身的权威性也受到影响。

2. 网媒"媒介审判",遗忘"无罪推定原则"

互联网环境中的"媒介审判"是网络媒体、网民通过网络平台对某些社会性热点问题进行分析调查和评论,从而形成舆论的压力,干预、影响司法独立和公正的现象。[1] Web2.0时代的到来,让网民观点的"传播"和"交换"变得简单,但随着网民"参与"和"评论"范围的扩大,其舆论场的错误率明显提高,使得事件真相的还原以及司法的公正判断受到影响。

在本案例中,由于媒体对于该事件的大肆宣传和报道无意识地激化了民意的愤怒,而民愤又为媒体报道注入力量,从而导致媒体营造的"拟态环境"更加影响着受众,进而影响司法判断。媒体并未对"快讯"进行深层次的辨析,网民对于报道的深度信任,使攻击朴某天成为一个"集体宣泄口",在警署和官方未作确切说明前直接给涉事人员定罪。此外,媒体的舆论监督功能异化成为舆论审判,新闻媒体职能错位,使得司法独立和新闻自由的天平过分倾斜,有悖于司法公正。

(三)启发与引导

本来应该传播真相的媒体反而率先成为扭曲事实的始作俑者。朴某天事件

---

[1] 李琰:《浅析网络时代的"媒介审判"》,载《今传媒》,2012年第8期。

发生的这段时间内，媒体未审先判的言论使很多人在官方调查结果未出来之前便将朴某天定罪。最可怕的是，无论朴某天事件最后的判决结果如何，网络媒体上的负面语言造成的伤害是无法被定罪的。信息时代，媒体通过强大的技术手段和社会影响力会对司法案件施加"话语霸权"，这会使司法审判受到严重影响。舆论监督应该受到保障，但如果媒体使舆论监督异化，便会造成"媒介审判"。鉴于"媒介审判"对司法审判的负面影响，应该从司法、传媒、社会、受众等多个方面探求"媒介审判"的矫正措施，走出当下司法审判囿于"媒介审判"的困境。具体提供以下参考措施：第一，受众应加强自身对新闻信息的辨别能力；第二，法律应对媒介行为做出规范；第三，新闻从业人员应提升自身专业素养。

五、"辛普森事件"案例及评析

（一）事件回顾与概述

1985 年，辛普森与白人妮可结婚，婚后出现摩擦，辛普森曾对妮可施暴。1994 年 6 月 12 日深夜，一名散步者在洛杉矶西部一豪华住宅区前发现两具血淋淋的尸体，随后报案。女死者是辛普森前妻妮克，另一位死者是附近餐馆的服务生戈德曼。

6 月 13 日凌晨，四名警察在没有搜查证的情况下，翻墙而入搜查罪证。案发后，辛普森在芝加哥接到警方发出的前妻死亡的通知。6 月 13 日清晨，辛普森从芝加哥赶回加州，此时，警方决定将辛普森列为主要疑犯，并准备逮捕。新闻媒体报道内容：警察在辛普森家中搜查到了大量的物证、辛普森与前妻妮克分居之后屡有纠葛。

6 月 17 日，辛普森的律师准备陪同辛普森回警察局时，发现辛普森不知去向。众多新闻媒体前往警局门口等待辛普森自首。当日，辛普森在加州高速公路上被直升机和警车跟随，拉锯过程被直播，美国 9500 万群众观看全过程，最终在家中被逮捕。

辛普森被捕后，《时代周刊》刊登封面故事"美国式悲剧"时，将辛普森的收监照片进行了加深处理。部分报纸直接使用了"恶魔杀手辛普森"的标题。选定陪审团期间，描述辛普森的书籍泛滥，他的名字被人注册为商标，花花公子公司录制了辛普森的健身视频，CNN 制作了辛普森案件细节信息的光盘。75 家媒体参加或者试图参加审前听证会，法庭前的停车场搭起了 4 到 5 层的电视录像台。NBC 电视台搭建了 45 英尺高塔，挂起了条幅，高空转播晚间新闻。各大媒体对于全程直播庭审趋之若鹜，有的还邀请了法律专家、心理专家现场点评。

审判过程中，由于检方证据全都是间接证据，因此，经过辩方律师对这些"旁证"进行严格鉴别和审核，不利局面被扭转，最终，辛普森无罪释放。[①]

（二）事件评析

1. 报道情绪先行，营造信息陷阱

后真相时代，公众意见和情绪表达先于客观意见。情绪在舆论场中的蔓延会使得舆论生态恶化，不同的人从自身角度和利益出发，结合自身经验，从一开始便会对事件进行个性化解读，然后再进行群体间交流。当某些思想占据上风，便极易形成同一观点聚向靠拢想象，此时，意见声音大的一方掌握了麦克风。"草根群体"通过新闻媒体获取信息，当信源传播的信息带有情绪化指令，他们往往深陷其中。

本案例中，新闻媒体将警方围堵辛普森的画面直播，激起受众心中的正义感，成为激发民愤的导火索。相关新闻报道中的"悲剧""恶魔"等字眼直接激化受众情绪，受众陷于新闻媒体打造的情绪陷阱之中。

2. 过分迎合受众，媒体界限模糊

达拉斯·斯麦兹认为媒介的节目不是其最重要的商品，只是吸引受众来到生产现场——媒介前的"免费午餐"，媒介最重要的商品是受众。[②] 出于对收视率、点击率的需求，新闻媒体常常传播因追求眼球效应而出现的"暴力、金钱、性"等意味的低俗新闻。同时，加上媒介经营者企图通过掌控媒介获得话

---

① 参见《谢普森"杀妻"案》（央视网，2021 年 11 月 30 日）、《美前橄榄球明星 O·J·辛普森入狱 9 年后获假释出狱》（澎湃新闻·全球速报，2017 年 10 月 1 日）等。

② 达拉斯·W. 斯麦兹、杨嵘均、操远芃：《大众传播系统：西方马克思主义研究的盲点》，载《国外社会科学前沿》，2021 年第 9 期。

语权，便会促进新闻伦理失范现象产生。新闻媒体的职责是以传播信息为主，但 90 年代以来，为迎合普通受众，美国电视新闻节目爆炒政界、社会名流的绯闻、暴力案，例如"戴安娜王妃之死""克林顿丑闻"；或是出台"基于事实"加上"合理想象"的新闻节目，像 CBS 播出的《街头故事》，每周播出一期以犯罪、吸毒等社会阴暗面为背景的新闻故事。这些新闻节目使得新闻、纪实节目、娱乐性节目之间的界限变得模糊。

本案例中，在司法程序正常执行过程中，一些媒体为了满足受众需求，大肆渲染案件，直接以"辛普森杀妻"的结果传播信息，属于媒介"越位"行为。有的媒体还为了博取眼球，以故事化、娱乐化的节目、报纸报道事件，也有悖新闻媒体传播新闻真相的职责。

3. 人文精神缺乏，干扰司法程序

新闻报道作为社会环境的"瞭望塔"，对于社会真相的呼唤以及问题的质疑有着无可比拟的功能，但同时有部分媒体为了满足受众的猎奇心，不惜违反伦理价值，做出了披露采访对象隐私、漠视受害者生命、炒作劣势群体等行为，为了追求片面利益，忽视人文精神。

本案例中，新闻媒体无法干预司法程序，便为公众营造了一种拟态环境，在此环境中影响公众情绪和观点，通过控制社会力量来对案件审理施压，企图让审判结果能如同媒体报道一致。媒体邀请法律专家、心理专家对案件进行点评，博眼球的新闻传播方式的背后不仅是新闻媒体炒作劣势群体、丧失人道主义精神的体现，也是在对此案审判法官施压。法官和陪审团并不生活在真空内，这样的拟态环境会影响他们做出专业、理性的判断。

（三）启发与引导

"辛普森案件"不仅反映了媒介审判对于司法程序的干扰，更多的是反映了媒体人的道德缺失。媒体监督司法，有利于规避风险，但一味为了追求新鲜感与利益，企图以道德绑架法律，媒介"越位"行为便会导致法律丧失公平公正。在此案例中，媒体的高度关注和连番的花样报道让嫌疑人辛普森在还没有被裁决前就成为美国民众心中的杀人犯。"民意沸腾"让司法人员具有压力，司法公正一再受到威胁。但为了维护司法公正，美国的法官和陪审团也做出了有力反击：陪审团制度不久后取消、辛普森被宣布无罪释放。本案例中，美国司法机关对媒介审判的回击有几个重要点值得关注：第一，陪审团成员应一案一选，当陪审团成员受社会舆论影响时，应重新组织；第二，对于被媒体污染过的证人，司法机关应慎重参考其证词；第三，禁止记者以记者身份进入庭审现场；第四，禁止法务人员受访。

新闻自由是滋生媒介审判的土壤，过度地遏制新闻自由会造成新闻失范，同样不利于社会进步。总而言之，新闻从业人员要在报道中遵循新闻规律，坚持客观报道，坚守职业底线。本案例中，美国新闻媒体行为提供以下几点警示：第一，客观传播新闻事实；第二，适度娱乐化包装；第三，强化新闻评论；第四，树立正确的新闻价值观；第七，提高新闻从业人员及受众的自身素质；第八，完善法规。

第六节　新闻伦理失范——滥用生成式人工智能

当人类对科技的渴望和诉求达到前所未有的强度时，科技发展也达到了史无前例的水平。有学者甚至认为 AI 可以推动第四次工业革命，这足以见得 AI 对各行业造成的振动与革新。生成式人工智能（AIGC）的出现，更是加大了这种可能性。但是作为一种新的技术手段，它也和其他事物一样，是有利有弊的。在新闻场域中，AI 技术的大范围内使用，让新闻业版图得以重构，同时，矛盾关系与矛盾空间发生了变化，无序与失范现象也偶有发生。

下面以几个典型案例为对象，剖析生成式人工智能给新闻伦理带来的新问题。

一、"重庆缙云山大火抢险救灾　AI 新闻照片事件"案例及评析

（一）事件回顾与概述

2022 年 8 月 21 日，重庆市北碚区缙云山发生山火，大火持续了 5 天，受到社会各界的关注和支持。8 月 25 日，大火被扑灭。

过程中，有网友为了致敬消防员，在社交平台上发出一张消防员"穿越火

线"的图片，并说明系后期制作，然而在图片传播过程中，这一点却被忽略了。不明真相的网友甚至将此图片评为"2022最佳摄影作品"。图片制作者在事态进一步发展时，发布致歉申明，并再次强调图片是合成作品，引发网友热议。①

（二）事件评析

在本事件中，网友利用AI绘画软件合成照片发布社交平台，本意是向消防救援人员致敬，表达人性关怀，但是不实照片在网络上大范围传播，却让新闻生命"被剥夺"，扰乱了社会公共舆论环境，造成新闻伦理失范。

1. 工具理性压迫，新闻内容失真

"工具理性"理论源起于韦伯，是一种以工具崇拜和技术主义为生存目标的价值观。AI的发展源于人们对技术进步的渴求，目的是合乎理性的。但是技术的发展也体现了人们对利益的渴求，技术作为生产力的纯洁性开始逐步消失。在新闻场域中，"工具理性"不断压迫新闻媒体生产内容，会让传播内容和新闻价值受到忽略。

在本事件中，网友利用AI绘画软件合成照片是想让图片传播的内容更有"温度"，这体现了技术工具在新闻生产过程中的重要作用，源于目的"合理性"去创造新闻，反而却造成了新闻失实的后果。

2. 职业守则缺席，媒体公信力下降

确立新闻职业道德规范是学者们研究新闻伦理的重要目的，原因是新闻职业道德规范能够保证新闻各功能的正常发挥。而AI技术的使用，让过去新闻职业道德的规范受到了冲击，因而新闻伦理失范现象频频发生。

在本事件中，网友转载、营销号直接搬运以及部分媒体采用网友发出的"穿越火线"AI合成照片进行新闻活动，传播了不实内容，消耗了民众情绪，使新闻生命丢失。在真相被揭露之后，更是引发了公众舆论，对社会造成负面

---

① 参见《数据·明查 | 骗过百万网友的AI照片，你分辨得出来吗？》(澎湃新闻，2022年9月6日)、《睡前消息488期文稿：重庆山火之后，有图≠真相》(观察者网·风闻社区，2022年9月25日)等。

影响。究其原因，是媒体人对信息把关不严以及媒介素养薄弱。此行为会让媒体的公信力下降，并最终造成新闻伦理失范。

（三）启发与引导

1. 媒体加强对信息监管和自身行为监督

媒体内部工作人员应对新闻传播工作保持相应的积极性，对发布的内容进行严格审核与把关，严格按照新闻生产要求进行新闻生产。同时不断提升自身专业化能力和责任意识，对于行业内利用AIGC生成工具规范的媒体进行及时纠正。此案例中，部分媒体采用了网友发出的AI合成照片进行新闻报道，没有引导社会舆论健康发展，造成新闻伦理失范。

2. 建立相关法规政策，监管制约用户

以防新闻伦理问题的发生，各国政府必须评估本国国内环境，制定AI可以使用的领域和目的，对涉及隐私和版权的内容进行规范约束，对滥用技术图获取不当利益的人员予以相关法律处理。AI可以出现在任何有助于行业向上健康发展的产业和事业中，但是绝对不能让AI使用在产生负面影响甚至是犯罪的情景中。各类AIGC平台应该出台相关政策明确规定AIGC所生产内容可适用的范围等，并针对可能出现的问题实施相关追责制度，对不当行为进行相关惩罚，保证其受到充分监管和合规制约，最大限度防止此类生成类技术引发的内容不实和媒体危机。

二、"杭州不限行事件"案例及评析

（一）事件回顾与概述

2023年2月16日，一条关于杭州市政府3月1日取消限行的"新闻稿"在网络上疯传。据浙江之声记者调查，这是一条不实新闻。2月16日当天下午，杭州某小区业主群里讨论ChatGPT，一位业主开玩笑尝试用它写了一篇杭州不限行的新闻稿，随后该业主在群里直播了ChatGPT的写作过程，并把文章发到了群里。一些不明所以的业主将该文章截图转发，最后导致错误信息的传播。据了解，警方已介入调查，杭州相关政府部门均没有发布此类政策。

涉事业主后来在群里道歉，称网传3月1日取消机动车尾号限行的截图"不是从官方得知的"，而是在业主群里聊起ChatGPT，其用ChatGPT拟写的，后软件自动生成的新闻稿被不明实情的业主转发，误导了大家。"在社会上造成了不良影响，给政府工作带来不便，我深表歉意。"①

（二）事件评析

ChatGPT通过人工智能算法分析大型数据来学习模仿人类的行为，可以识别模式、使用这些模式来进行预测或生成新的内容。由于ChatGPT能够在各种样式和语境中生成逼真的文本，部分普通网民因此无法鉴别出信息的真假，从而扩散和传播了虚假的信息，造成信息传播的生态混乱。

1. AI新闻的生产放大了虚假信息的传播风险

在"杭州不限行"事件中，ChatGPT利用人工智能模型将数据集中而构成的虚假文本较为逼真，大众缺乏区分真假新闻的能力而被误导，从中可以看出这样的模型如果没有经过精心设计和训练，可能会无意间助益虚假信息的传播、放大偏见或引起社会上的不良影响。2022年12月6日，一位用户让ChatGPT写一篇关于著名音乐人葛伦·但泽的讣告，ChatGPT随即写出了一篇非常具有情感性的悼念文章。这篇文章里不仅包含了他的生平事迹、创业功绩，还写了其逝世于2022年12月6日，享年67岁。但是，这名音乐人事实上活得好好的，且没有任何患病的情况。ChatGPT确实可以方便人们的工作，响应人们的需求，提高做事的效率，但是如果被别有用心的人或组织利用，混淆事实与想象，广泛传播虚假信息，导致社会混乱，那么ChatGPT就会成为危害社会的工具。

ChatGPT虽然能够凭借极其出色的文本生成和对话交互能力迅速走红，但与此同时，有关其回答准确度和真实性很低、采纳价值不高的争议也一直存在。大成律师事务所高级合伙人肖飒对《证券日报》记者表示，"可信"是最难以达成的。核心问题指向服务生成内容，可信程度的波动化，一时超常的准

---

① 参见微博话题"网传杭州3月1日取消限行通稿是假的""网传杭州3月1日取消限行是假的""假新闻是chatgpt写的！"（浙江之声，2023年2月17日）等。

确表现，一时难以分辨的潜藏错误，是阻碍人们对该类服务赋予更多信任的主要原因。

2. AI 新闻的生产带来了数字新闻的巨大挑战

"信息环境的数字化给新闻的传播带来了巨大变化，实时、混杂、庞大的传播行为与正统的、秩序的以及有限的新闻操作相融合，新闻的各种载体形式、内容格式和方法渠道不断排列组合，新闻业的边界不仅变得更加松散，而且面临着消解。AIGC 以量取胜，可能产生大量看上去'令人信服'的内容而占领大众的注意力资源。"[1] ChatGPT 撰写的这篇"杭州 3 月 1 日取消限行"的不实新闻稿，引发了大众的热议。不仅如此，2023 年 2 月 16 日，美国某著名新闻可信度评估机构也对 ChatGPT 进行了实验，结果显示 ChatGPT 对 80% 的内容给出了明确的诱导性甚至是错误的回答，其中充斥着大量的谣言、流言和危言耸听的内容。由此可见，在社交媒体环境下，AI 在放大假新闻生产和传播的风险。一旦 ChatGPT 被不恰当地运用在制造虚假信息和假新闻上，数字新闻将会面临巨大的挑战。AI 生成不恰当、不真实的新闻信息，导致公众在辨别信息真伪的过程中面临更大的障碍，久而久之可能形成对数字新闻传播环境下所有信息的不信任，并最终危及作为媒体生存与进展之根本的媒介公信力。

ChatGPT 等 AI 的伦理问题是社会上的热点话题。由于数据集在多样性、公正性等方面存在缺陷，ChatGPT 在算法训练时可以反映甚至放大数据中的偏见和刻板印象。AI 是一种高级技术工具，它是度量现实世界而得到数据，并建立模型来进行相关决策的。正是这种处理信息的自动化、数据化模式，让新闻的伦理失范问题频频发生。新闻记者通过 AI 生成新闻的生产模式，改变了新闻的价值和监督作用，削弱了自身的专业性。同时，机器写作和数据分析生成的新闻产品也会取代记者在新闻生产活动中的主体地位，侵害其新闻采写和创造新闻价值的权利，这使得新闻的真实性、公正性受到了冲击。

---

[1] 郑满宁：《人工智能技术下的新闻业：嬗变、转向与应对——基于 ChatGPT 带来的新思考》，载《中国编辑》，2023 年第 4 期。

（三）启发与引导

1. 人机协同，提升公众媒介素养

由于 ChatGPT 具有强大的语言生成能力和交互功能，其可作为新闻生产的有力帮手，但过度依赖 ChatGPT 会造成内容把关不到位、内容空洞化和泛众化，以及产生虚假新闻等现象。首先，通过先进技术加强 ChatGPT 对新闻数据等信息的客观判断，由 ChatGPT 生产的新闻应明确批注；其次，这需要公众加强其媒介素养，充分发挥自身主观能动性，正确认知和对待此类工具，同时敢于质疑其生成内容，面对各类报道时也应对信息加以辨别，若发现虚假不实的新闻报道，应及时向有关部门反应。此案中该业主应该审核新闻稿件的真实性，加强自己对新闻稿件的洞察能力和伦理价值判断，其他业主也应认真辨别信息是否真实，不应随便转发不实新闻。

2. 出台政策，规范人工智能发展

随着人工智能技术在新闻领域的广泛应用，其可能带来隐患，诸如隐私泄露、版权争议、信息茧房等。首先，政府应该制定一系列关于人工智能在新闻领域应用的政策制度，明确其适用范围、数据保护、算法透明等方面的规定，以此规范其发展。

三、"AI 画作获奖事件" 案例及评析

（一）事件回顾与概述

2022 年 8 月，美国科罗拉多州博览会举行了一场艺术比赛，参赛者 Jason Allen 凭借 "Theatre D'opera Spatial"（《太空歌剧院》）获得数字艺术类冠军。8 月 31 日，Jason Allen 在推特上发帖："我赢得了第一名"，并配图使用 AI 绘制的作品，由此因此极大轰动。职业画师和艺术爱好者指责其加速了创造性工作的消亡。

对此，国内网民也在各大社交平台上展开了激烈讨论。截至 2023 年 8 月，知乎平台上一名用户提出的 "插画师朋友觉得 AI 会让自己失业，我该怎么安慰和开导他？" 引发了近 70 万次的浏览。

2022年10月12日，微博话题"一张画证明人不会被AI取代"登上热搜，将公众对于AI画作的讨论推向了一个新的高潮。①

（二）事件评析

2022年，文本与图像交互内容生成平台DALL-E2与新一代对话NLP模型等AICG，面向广大网络用户开放并取得强烈反响，AIGC进入高速发展期。这场"全民狂欢"预示着元宇宙时代的主人公AIGC将成为内容生产的基础设施。从科学家麦卡锡首次提出"人工智能"概念到世界顶级棋类选手一而再、再而三地被AI击败，到世界首幅人工智能作品在佳士得拍卖会上以43.25万美元被拍卖投下，人工智能已经从辅助人类完成指令性机械动作过渡到了可以"自主"进行内容生产活动。AI快速学会人类的思维技能，"创造"出属于自己的艺术作品。AIGC的应用为全民参与内容生产提供了工具支持，带来一定的文化变革。在人们物质生活得到满足，追求精神层面高品质享受的时代，AI介入人类专属的艺术创作领域，是数字化时代下艺术创作中不可忽视的重要问题。

在本案例中，毫无绘画基础的内容创作者使用MidJourney创作的AIGC绘画作品《太空歌剧院》获得美国新兴数字艺术家竞赛"数字艺术/数字修饰照片"类别一等奖，充分体现了当前AIGC技术在内容生产上所取得的突破性成果，但我们应该对技术快速发展带来的巨变做出理性思考与人性关怀。

1．"打碎重组"的作品，触发版权危机

AI绘画软件通过对既有名作的深度学习，"取其精华"，根据用户所属的一系列关键词在其"精华库"中选取最为匹配的一部分，进而将其重组。在这个爬取既有艺术作品、元素，将其"打碎重组"的过程中则存在着版权之争。AI画作的实质是应用算法、规则和模板的结果，是一种算法创作，体现的是开发者的思想与脑力劳动，明显有人类的前期介入。这一生成内容涉及人类思想表达，具有独创性和可复制性，当其开发者存在不正当性想法时，此技术便

---

① 参见《AI画作在艺术博览会拿奖引发争议，人类艺术家：这太离谱了》（澎湃新闻，2022年9月2日）、《AI画作拿奖惹怒人类艺术家》（澎湃新闻，2022年9月8日）等。

可能成为违法行为的最大助力，而当前法律制度在 AIGC 领域的不健全，则会加剧违法行为的产生。

在本案例中，虽然 Allen 并未侵犯他人利益，但其数字作品获奖的结果却给他人带来一定影响，因此，职业画师和艺术爱好者们强烈抵制。Stable Diffusion 的受封和艺术家们发表的禁止自己作品用于 AI 学习和创作的声明就是"版权危机"所带来的链式反应。"AI 制造"与"人造"是有区别的，AI 的产出是"集各家所长"，在表现上与"剽窃"有相似的意味，会使信息安全指数降低，引起社会不必要的恐慌。

2. "算法筛选"的机制，异化个体地位

AI 的产出往往是进行大数据算法筛选，利用代码直接生成，对于一些牟利的商业组织来说，是一个降低经济成本的契机。他们生产的都是模式化的内容，只要受众有需求，就可以大量满足受众。这种机制使受众地位凸显，而作为此前的行为发起者，正在被挤向边缘位置。

"AI 画作获奖事件"中，Allen 的作品获奖，让艺术家们产生危机感，其实这就是人工智能技术消减了艺术家们在领域内的绝对主导权。AI 产品的出现是技术发展到一定阶段的必然结果，公众应该时刻警惕人工智能等技术发展过程中的"达摩克利斯之剑"，明确人的主体地位，以防被技术异化。以 AI 新闻写作为例，AI 技术让新闻写作效率大大提升，可新闻专业主义极力维护的新闻价值要素却遭到了消解，算法机制也让公众的自主选择占据主导位置，损伤了新闻媒体作为社会公器进行社会监督的职能，使媒体话语权威呈下放趋势。

（三）启发与引导

1. 加强公众对人工智能的深入认知

为防止 AI 技术在绘画行业中的应用导致公众认为其会产生风险或造成不良体验。首先，官方应从日常活动如学校教育、专家讲解等引导公众以更具批判性的态度看待人工智能技术存在的风险性问题；其次，对于产品存在的数据安全和隐私隐患，要及时进行相关风险警示。此案例中职业画师和艺术爱好者们强烈抵制 AI 画作的原因一方面是"版权风险"和"原创能力"，另一方面是作品背后人文价值的体现。

2. 绘画行业革新发展，人文伦理遭受冲击

一方面，AI 绘画可以为艺术行业提供更多艺术作品，从而满足不同偏好的消费者。也因为 AI 绘画的便捷性和快速性，它可以为艺术行业带来更多低成本的作品，从而促进艺术行业的革新发展。另一方面，它也可能促发艺术市场出现侵权和盗版作品，从而损害艺术作品的原创性和独特人文价值。此案例中，《太空歌剧院》画作的获奖不仅是绘画行业里程碑式的象征，也对伦理价值和人性关怀带来沉重思考。

四、"美国科技新闻网站 AI 新闻事件"案例及评析

（一）事件回顾与概述

当地时间 2022 年 11 月开始，美国科技新闻网站 CNET 陆续上传 AI 技术生成的新闻报道。

2023 年 1 月初，一位名叫盖尔·布雷顿的营销主管在推特上发文，称这些新闻可能并非真人所写，而是由 AI 生成。

随后，CNET 回应称：这只是一个"实验"，以检视 AI 技术"能否帮助记者和编辑从 360 度全方位的视角来报道新闻"。CNET 将原来的"记者"署名"CNET MONEY STAFF"改为"CNET MONEY"，即删去"员工"（STAFF）一词，同时附加说明——"这篇文章得到人工智能引擎的帮助，并由我们的编辑进行审校、事实核查和编辑"。读者点击署名后能看到文章是借助"自动化技术"，即人工智能编写。

1 月 12 日，科技网站"未来主义"（FUTURISM）指出：这些 AI 技术生成的报道存在一些"非常愚蠢的错误"。例如，一篇报道写道，利率为 3% 的 1 万美元存款在第一年后能赚取 10300 美元。但实际上，1 万美元只能赚 300 美元。

对此，CNET 在部分 AI 技术生成的新闻中附加更正通知："我们目前正在审查报道的准确性，如果发现错误，将会更新并改正。"

最后，CNET及其母公司暂停所有网站上的人工智能生成内容。[1]

（二）事件评析

1. AIGC缺陷：提供事实不准确

任何技术在转译复杂现实世界内容时，都无法做到完全准确，而真实、准确是新闻的基本准则，两者存在冲突。挪威报业集团施博史泰德（Schibsted）在实验生成式AI辅助新闻摘要发现，有十分之一的内容包含了"幻象"或虚构的成分。[2] 当前，生成式AI在逻辑推理、可靠性、稳健性、准确性、安全性上还存在一定的局限。[3] AIGC的本质是模仿自然语言，在数学和逻辑推理领域是存在缺陷的。再者，就写稿机器人而言，算法、媒体大数据与个性化推荐的特点会让用户得到的消息是同质化的，久而久之，先入之见会更加固化，使其置身于"信息茧房"中，看待事情往往是片面的、不准确的。

本事件中，CNET多次提到有关存款利率的报道都出现了数学错误，直接证明了CNET所运用的AI技术并不成熟，导致新闻媒体的权威性和公信力受到损害。

2. AIGC缺陷："算法透明"不规范

自新闻生产进入算法转向以来，因算法黑箱带来的算法不透明、算法偏见削弱了公众对新闻的信任，学界呼吁智能新闻生产遵守算法透明伦理。[4] "算法透明"就是试图将算法信息阐明。对于新闻媒体用户终端而言，进行"算法透明"的实际操作就是明确指出作品由AI参与或直接生产。当前，大多数新闻媒体尚未有"算法透明"的意识。

---

[1] 参见《AI偷偷写新闻70多篇，数月后才被人发现》（澎湃新闻，2023年1月18日）、《美国科技媒体AI写稿酿出"新闻灾难"》（中国经济网，2023年2月5日）等。

[2] Johannes Gorset. "Schibsted Experiments with AI, Finds 37+ Ways It Can Help", https://www.inma.org/blogs/media-leaders/post.cfm/schibsted-experiments-with-ai-finds-37-ways-it-can-help.

[3] Zhou J, Ke P, Qiu X, et al. "ChatGPT: Potential, Prospects, and Limitations", "Frontiers of Information Technology & Electronic Engineering", 2023.

[4] 陈莎：《生成式AI在新闻生产中的应用、现实问题及其应对》，载《青年记者》，2023年第19期。

本事件中，CNET 在未经指正前所发布的数十篇新闻都没有直接揭露新闻作者的算法身份，由此带来的后果便是受到学术界和用户的强烈批判。此行为不但有损媒体声誉，而且会让受众加强对 AI 技术的怀疑。

3. AIGC 缺陷：适用范围有争议

生成式 AI 超强的计算能力能提升新闻采编的效率，但并不是所有类型的新闻都适用于机器自动化生产。[①] 冰冷的算法、没有深度的碎片化报道、缺乏人文关怀的文字、不懂人类的感情一直是 AI 写稿的痛点。当前，机器人写作仍然遵循"W+H"规则，生产内容往往模式化、扁平化，传播的新闻信息流于表面，因此，针对一些涉及敏感数据、对伦理要求高的报道，如金融信息、讣告、人伦话题等，是否采用 AI 写作也一直存在争议。

本事件中，CNET 的 AI 报道在智媒时代的落地实践中并未取得良好反馈，甚至带来负面影响。由此看出，AIGC 在新闻领域的应用尚且存在诸多困难。

（三）启发与引导

CNET 的错误并不在于使用了 AI 技术，而是在其不谨慎、不恰当地运用。当前，AIGC 在新闻行业的运用存在许多问题，但是人作为主导者，应该专业地、合理地使用 AI 技术，通过人工编辑和审核确保生成内容的准确性，保证人类记者的独特立场。

在新闻行业中，一种新技术的运用往往会带来颠覆性的变化。学者约书亚·梅洛维茨曾言："任何一种媒介的介入，都会创造出全新的环境。"AIGC 的浪潮来势汹汹，即使技术本身存在着一些问题，但这并不会阻碍人工智能技术取代新闻采编的趋势。但在此之前，我们仍需谨慎面对技术带来的风险，审慎回应技术带来的挑战。

[①] 陈莎：《生成式 AI 在新闻生产中的应用、现实问题及其应对》，载《青年记者》，2023 年第 19 期。

五、"《爱尔兰时报》AI 新闻事件"案例及评析

（一）事件回顾与概述

2023 年 5 月 14 日，《爱尔兰时报》刊登了一篇名为"爱尔兰女性对假棕褐色的痴迷是有问题的"的读者评论，批评爱尔兰女性用美妆产品让皮肤变成小麦色。具有争议的主题和语言使文章收获了较高浏览量，成为当天浏览量排名第二的文章。

随后，文章被指认是由 AI 创作的。《爱尔兰时报》随即删除文章并发表道歉声明，称"此事件破坏了《爱尔兰时报》与读者间的信任"。

该报主编科马克称："收到稿件后，'作者'和编辑还进行了沟通，并提供了相关研究的链接。"科马克在道歉声明中表示："这起事件凸显了报社在稿件刊发前的程序存在漏洞。"

据英国《卫报》报道，"阿德里安娜·阿科斯塔—科尔特斯"这个作者身份的幕后操作者称，他们发布的文章中，约 80% 都是利用 AI 完成的，目的是"让大家开心"。①

（二）事件评析

1. 把关能力薄弱，易陷"信息茧房"

算法时代把关主体从专业媒体人转向人工智能，传统媒体人"把关人"角色被大大弱化甚至不复存在。算法与人工编辑协同把关工作机制会减轻新闻工作者负担，但这也造成不少新闻工作者放松了对自身的专业素质要求，过度享受技术便利，造成新闻工作者职业意义和认同感缺失。而算法并不能做到从新闻要素、新闻深度、人道主义等多方面去筛选文章，容易造成把关失误。与此同时，算法会根据受众信息需求推送文章，受众出于对新闻媒体的信任以及对

---

① 参见《爱尔兰女性对假棕褐色的痴迷是有问题的》（《爱尔兰时报》，2023 年 5 月 14 日）、《爱尔兰报纸为误刊 AI 文章道歉，英媒：再次表明 AI 给新闻业带来的挑战》（环球网，2023 年 5 月 17 日）等。

特定信息的需求，"信息茧房"加固。

本事件中，《爱尔兰时报》刊登的文章事关女性话题，极易引起关注。算法与人工编辑的协同把关本应是双重保障，但是由于编辑对"作者"的信任却没有进一步核查，导致文章刊发引起大范围讨论，一方面体现了媒体把关模式的缺陷，另一方面则体现了受众对于特定信息的依赖和对其他信息的忽视。

2. 传媒技术异化，加剧"信任危机"

多元化、复杂化的信息促进媒介技术快速发展，AIGC融入新闻传播为其提供极大便利，但也埋下隐患。人工智能技术的工具理性随着科技发展急剧膨胀，人们在享用技术盛宴的同时，潜移默化地完成了一次又一次技术崇拜。对于AI技术的极致追求，使得深度伪造技术成为现实，它是利用更为复杂的机器学习（ML）和人工智能技术生成的具有高度欺骗性的视觉和听觉内容，因此具有更高的迷惑性和欺骗性。[1] 它可以进行针对性传播，具有高度个性化的特点，从而使得虚假信息的传播更具针对性和个性化，这种高度个性化的传播更容易吸引受众的注意力和引发共鸣，从而使虚假信息更容易传播开来。

本事件中，《爱尔兰时报》刊登的AI文章就是一篇深度伪造的文章，在没有人指出其为AI合成时，已经有受众阅读过并从中获取信息，这恰好证明，深度伪造的文章更易传播虚假信息。当媒体出现过犯错的行为，受众心中便会出现怀疑种子，新闻媒体易陷信任危机。

（三）启发与引导

智媒时代的技术异化主要发生在新闻生产和新闻分发过程中，并且体现在传播内容和传播效果中，我们应该坚持工具理性和价值理性的统一，规避技术进一步异化风险。具体提供以下参考意见：第一，坚持工具理性与价值理性的统一；第二，弱化技术功利主义；第三，确信新闻从业者的主体地位；第四，建立人本视角下"人技互构"观。

《爱尔兰时报》刊登AI新闻事件让人深思人工智能技术发展的利弊，同时，媒体在事后的紧急公关也可为行业媒体提供参考：坦诚承认失误，及时做出补救措施，并提醒众人警惕技术异化。

---

[1] 张多：《深度伪造技术对新闻业的影响及其治理》，载《青年记者》，2023年第23期。

六、"Facebook 算法虚假新闻事件"案例及评析

(一)事件回顾与概述

2016 年 5 月,Facebook 陷入了一场"偏见门"的麻烦之中:Facebook 被指责热门话题榜(trending topics)受到人为操纵,新闻筛查存在政治偏见。Facebook 的领导层出面否认这些指责。

2016 年 8 月,Facebook 宣布撤掉"趋势话题"的人工编辑,"趋势话题"板块热点内容的筛选将全部由算法替代。

8 月 28 日,Facebook 的"趋势"新闻版块将一则福克斯新闻炒掉知名主持人 Megyn Kellybb 并称其为"叛徒"的假新闻推上了热搜榜单。在 Facebook 修正这一错误之前,这一则假新闻已经获得了数千次转发。

9 月 9 日,据 BBC 报道:Facebook 的算法程序以不准显示裸体为由"封杀"了一张著名的越南战争照片——"战火中的小女孩"。据路透社报道:Facebook 因删除越南战争受害女孩的照片遭到谴责。随后,Facebook 恢复所删照片。[1]

(二)事件评析

"一旦媒介技术向前发展,媒体的权力必定膨胀,加上技术应用之初缺乏规制,新的传播伦理问题便随之产生。"[2] 现阶段,AIGC 技术快速发展,机器人能够取代很多职业,但是从人机交互原理、新闻伦理以及社会影响来看,机器人并不能做到完全的感同身受,甚至比被批判为冷漠无情的记者更加"冷血"。因此,在算法植入的情况下,新闻媒体的报道在揭露事实、控制舆论等方面更为机械化,往往会导致媒体暴力、传播虚假新闻、媒介越位等违背新闻伦理的情况产生。

---

[1] 参见《Facebook"偏见门"是怎么回事?一份测试考考你》(网易新闻,2016 年 5 月 17 日)、《算法新闻的伦理危机及调适——以海外智媒 Facebook 为例》(陈雪军、朱婧怡,《国际公关》2022 年第 4 期)等。

[2] 李怡然:《人工智能时代新闻生产创新模式建构研究》,暨南大学硕士学位论文,2018 年。

本事件中，由于 Facebook 中植入的算法无法做到数据来源准确、观点客观，导致向公众传播虚假新闻信息，对新闻当事人造成了严重伤害，影响了社会稳定。

1. 把关权力转移，难辨新闻真假

信息不对等的条件下，权力倾向的一方通过持有智能新闻的掌控权，来达到混淆视听、煽动舆论等目的，这种以自动推送新闻的方式暗中操纵用户信息与社会舆论，类似于传统意义上媒介的"把关人"角色，又更为轻易、高效，且不易追责，对新闻传播伦理提出了挑战。[1] 在传统媒体行业中，进行把关的是记者和编辑，而在人工智能时代中，"算法把关"代替了"人工把关"，这可能会导致人们看到的是被重新选择并加以结构化的新闻环境，难免会使新闻内容的真实客观性丢失。算法新闻中，导致新闻失实的原因主要来自两方面：一是在新闻领域中，算法的应用往往是利用套话和模板，这种方式并不适合所有新闻内容；二是机器人即使在精准的数据下也难免会出现数据错误应用与解读的情况。

在本事件中所涉及的两个虚假新闻，排除人为操控的原因，可将其归结到 Facebook 所应用的算法存在巨大缺陷：无法做到对数据的准确解读、无法确保数据应用的准确无误、无法做到对新闻的确切把关。这三个缺陷会导致虚假新闻、噱头新闻以及"标题党"等新闻伦理失范现象的产生，严重误导受众。

2. 算法权力滥用，操控社会舆论

人工智能识别用户喜好并进行内容推送的核心在于"算法"，而算法在选取数据时会按照用户喜好进行排序，这决定了新闻被选取的概率，也决定了媒体权力倾向的一方所获利益的多少。在新闻推送中，数据和代码掌握在算法持有者手中，决策主动权在谁手中，谁的利益就可以被维护。如果算法持有者将自己的主观情绪投入到机器对新闻的客观选择上，那么势必会加剧受众的"信息茧房"，使受众的一部分知情权丧失，形成"信息孤岛"。

本事件中，Facebook 对于用户暴露的信息的整理与分析，促进其超强的"个性化"推送，精准推送热点话题。"去中心化"的网络传播模式让信息被

---

[1] 陈雪军、朱婧怡：《算法新闻的伦理危机及调适——以海外智媒 Facebook 为例》，载《国际公关》，2022 年第 4 期。

Facebook 的智能算法排列和操纵，反馈给用户"拟态环境"，这让社会舆论牢牢被算法持有者掌控。在网络社交媒体的非理性催化下，可能会引发整个社会的动荡不安。

（三）启发与引导

Facebook 撤掉人工编辑，采用算法推送，试图从侧面表明算法比人工编辑更公正，没有偏见，事实却与预期相悖。算法技术的快速发展，让大量记者、编辑的岗位被 AI 取代，这一现象暗示着数万家庭可能面临巨大的失业危机，不利于整体社会经济的发展。与此同时，在网络社交媒体的非理性催化下，会引起整个社会的动荡不安。由此可以看出，算法并不是万能的。日常的新闻采编与新闻传播更多的是要做到算法技术和人工编辑的协同合作，发挥算法技术的针对性和便捷性，与人工编辑丰富的经验与严密的逻辑相结合。最重要的一点，任何伦理失范行为归根结底是人类伦理道德的丧失，因此，避免失范行为要依靠人类坚守自身的道德底线。

【思考题】

1. 结合最近发生的一个新闻事件，探讨虚假新闻产生的原因。
2. 结合最近发生的一个新闻事件，探讨新闻寻租产生的原因。
3. 结合最近发生的一个新闻事件，分析缺失人文关怀的表现及其缘由。
4. 结合最近发生的一个新闻事件，分析形成媒介审判的缘由。
5. 请结合教材和相关案例，探析在 AIGC 时代如何避免新闻伦理失范。

第六章　新闻伦理教育与媒介素养的提升

随着媒介生态的演化，新兴技术的负面影响在新闻实践中愈发凸显，新闻生产主体也日趋公民化、利益化，新闻伦理问题涉及的边界正不断扩张。由此可见，提升大众的媒介素养成为实现新闻伦理教育科学发展的重要一环。本章将分别回溯美国与我国新闻伦理教育、媒介素养教育范式的发展历程；在探讨其思想演进之余，更结合我国国情，厘清当下我国新闻伦理教育的基本内容，探析适应我国新闻伦理和媒介素养教育本土化发展的可行策略。

第一节　新闻伦理教育

一、新闻伦理教育的发展历程

（一）美国新闻伦理教育：在思辨中走向成熟

美国是世界上最早开展新闻职业道德建设与新闻伦理教育研究的国家，其发展历程反映了一个多世纪以来美国新闻传播教育界对媒体伦理、新闻从业者职业道德的思辨。

19世纪末至20世纪初正值美国第二次工业革命全面完成时期，日益凸显的政治、经济等问题威胁着美国的社会稳定。与此同时，美国报业迈向商业化发展阶段，激烈的自由竞争导致黄色新闻的兴起与泛滥，新闻界因缺失社会责任而日益成为社会矛头所向。所谓黄色新闻，美国学者维尔克斯将其定义为

"以犯罪和色情为主要内容，大量使用插图和软广告，使报道和报纸本身受到更为广泛关注的一种新闻报道"①。在此背景下，沃尔特·李普曼、约翰·杜威、罗伯特·哈钦斯等思想者引领着民主与自由的进步思潮，美国新闻自由委员会（哈钦斯委员会）更在其首次发布的报告《一个自由而负责任的新闻界》（1947）中，针对大众传媒提出了"社会责任论"。此后，新闻教育者们更加明确了教育方针，除了重视学生的技能培养，他们设计的课程内容更加强调新闻从业者对社会、伦理、道德、民主、文化等问题的关注。

1908年，美国新闻教育机构的摇篮——密苏里大学新闻学院创办，其创始人沃尔特·威廉姆斯提出的"为学生提供历史、伦理或法律方面的理论知识，而重心放在报道、写作和编辑课程上"②的教学策略作为20世纪初新闻教育模式之经典为各大院校所采纳。1914年，威廉姆斯又以个人名义草拟了《记者守则》，内容如下：

> 我相信记者这一职业。
>
> 我相信，公共新闻就是公众信任；与之相关的人就要充分行使他们对公众的责任和信任；不为公众服务而仅为私利驱使者，均为背信弃义之徒。
>
> 我相信，思路清晰，陈述明白，精确而公允是优良新闻的基础。
>
> 我相信，新闻记者只须写出其心目中认为真实的事物。
>
> 我相信，对新闻压制均是错误的，除非是出于社会福利的考虑。
>
> 我相信，没有人会像记者那样去写普通人不会说的事情；受本身偏见所左右及他人偏见之笼络，都应该避免；决不能因威逼利诱而逃避本身之责任。
>
> 我相信，广告、新闻和评论都应为读者最大的利益服务；有关真实与清白的标准应当符合所有人；对好新闻最重要的检验就是对其公共服务的衡量。

---

① 薛妍：《19世纪末20世纪初美国黄色新闻研究》，江西师范大学硕士学位论文，2017年，第3页。

② 林牧茵：《移植与流变——密苏里大学新闻教育模式在中国（1921—1952）》，复旦大学博士学位论文，2012年，第43页。

我相信，最成功的新闻和最值得成功的新闻——是敬畏上帝和尊重人的；是非常独立的，不会被傲慢的意见或对权力的贪婪而动摇，宽容但不粗心，要会自我控制，有耐心，尊重读者但要无所畏惧；对不公愤愤不平；不要对特权的诱惑或者暴民的喧嚣而受到干扰；尝试给每个人一个机会，一个平等的机会，就法律、诚实的工资、承认人类的博爱而言；要有强烈的爱国心，真正促进国际社会的美好愿望和巩固国与国之间的友谊；这就是全人类以及当今世界的新闻事业。①

此后，这一《记者守则》被写进该学院的教科书，更被翻译成100多种语言发表，对学界和业界皆产生深远影响。

密苏里大学新闻学院开创了美国新闻伦理教育之先河，一百多年以来，该学院惟实励新，不仅要求师生在教学制度、处理学术失范行为等方面恪守职业标准与道德，更在教学实践中以总体原则为本，辅以新近案例，并依据各专业特点有针对性地予以剖析，以期与时代接轨。此外，不同于美国的其他新闻院校，该校将新闻伦理与新闻哲学拆分成两门课程，并将这一教学模式从本科教育阶段贯穿至博士培养阶段。

20世纪40年代末，传播学在第二次世界大战这一特殊时期以及人文社会科学和媒介技术的不断进步下兴起。这一交叉学科的出现，一方面使新闻学向技术化的方向发展，另一方面则令学界忽视了新闻学本可履行的社会责任以及新闻中的民主成分。因此，部分学者开始反思"新闻的职业化"问题——应如何使传媒人才在提升技能、树立新闻专业主义精神、培养学术性思想三方面满足新闻实务工作的需求。然而，20世纪末，随着美国经济的日益强大，世界互联网与信息技术、媒介技术的日益增强以及信息爆炸的出现等，这些反思受到了冲击与消解。基于此，学界与业界开始重新提倡新闻专业主义精神并不断关注、反思新闻伦理教育。

世界于20世纪90年代步入高度信息化的发展阶段。1999年正逢世纪之交，在网络传播发展及全国信息基础设施建设视域下，美国新闻传播教育界开始注重新闻伦理教育课程体系的调整。通过管窥美国新闻与大众传播教育认证

---

① 李建新：《密苏里新闻伦理教育的内涵及借鉴》，载《新闻大学》，2012年第5期。

委员会创办的刊目《新闻与大众传播教育者》在这一时期的研究内容，我们可以从教学方法、新兴课程体系与技术等来了解这一变化。在这一年，该刊首期刊登了 2 篇关于新闻伦理教育的文献：美国俄克拉何马州立大学 Steven Smethers 副教授的论文《网络空间在课程表中：新的法律和伦理问题》、美国密苏里大学博士研究生 Stan Ketterer 的论文《教学生如何评估和使用网上资源》。前者主要阐述了与网络空间有关的新闻传播法制与伦理问题，并探究如何将其融入"'网络社会'中的责任：今天和明天的新闻伦理学"这一门研究生选修课程中；后者以网络传播中"以讹传讹"的事件为案例，并立足于作者自身在本科生阶段参与的教学实践、利用该校报纸《哥伦比亚密苏里人》创建的网站"Missourian Newsroom Web Resources Site"进行教学的情况，论述了正确评估和使用网上资源的重要性以及指导原则。值得注意的是，这两所大学在网络传播背景下设置的新闻伦理教育课程皆具前瞻性与普适性相融合的特征——俄克拉何马州立大学的这一门新课程采用双框架模式来拓宽新闻伦理教育的内容，分别围绕传统传媒与网络时代新兴传媒的新闻道德课题展开，以期在遵循毕业生仍将就业于传统传媒业这一现实的同时展望未来；而在密苏里大学的课程以及 Stan Ketterer 提出的若干指导原则中，所涉及的网络信息核实及隐私安全等问题仍旧是今天学界与业界热议的话题。

此外，我国学者王大丽曾在《美国新闻传播教育研究现状——基于〈新闻与大众传播教育者〉2003—2012 年论文的分析》一文中指出，"美国新闻传播教育研究者越来越多的将精力放在'新闻职业伦理'以及'新闻职业社会角色'等相关问题上来"[①]，并且学者们试图从教学实践、文化因素等多角度切入考察上述因素对学生职业伦理观的形成、职业社会角色的认同等影响。由此可以看出，美国新闻传播教育界就其教育方向应偏向理论还是实践，应侧重技能培养还是通识型培养等一系列关于新闻教育观念的问题已日趋达成共识。

（二）我国新闻伦理教育：横向移植后的探索

20 世纪初，美国兴起了主张"反思与寻求社会变革"的进步运动；而在

---

① 王大丽：《美国新闻传播教育研究现状——基于〈新闻与大众传播教育者〉2003—2012 年论文的分析》，载《国际新闻界》，2013 年第 2 期。

同一时期，中国先进的知识精英们发起了提倡"民主"与"科学"的新文化运动，并广泛接纳与自身追求的理想信念相契合的理论与技能。此外，新闻业及新闻教育被视为实现民主与科学的重要途径，因此，通过发展新闻业及新闻教育，宣传追求自由民主的救国思想势在必行，而新闻伦理思想已然渗透于我国新闻教育发端之际。

1918年10月，北京大学新闻学研究会成立。此后，研究会会长蔡元培聘请徐宝璜、邵飘萍担任研究会导师，为学生传授新闻学知识。虽然该研究会并未直接设置与伦理道德相关的新闻课程，但徐宝璜和邵飘萍等人都曾提倡新闻伦理思想。前者的新闻伦理观主要建立在自身对报纸及其作用的认识基础之上，后者则主要建立在新闻实践作用的基础之上。因此，他们的新闻伦理观共同钩织了我国早期新闻学者对新闻伦理的探索与思考，并被倾注于新闻学知识教学之中。

早在19世纪，我国学界愈渐意识到开展职业化教育的重要性，此外，美国的新闻实践及教育思想对中国知识界日益产生了广泛影响，因而，美国新闻教育模式在中国的横向移植变得尤为顺利。所谓横向移植，"'横向'意即地域空间上的迁移（即从美国到中国），'移植'表现的是一种初始状态（即中国新闻教育起步之时几乎是照搬了美国模式）"[①]。1921年沃尔特·威廉姆斯携《记者守则》来华访问，1932年燕京大学新闻系编的《新闻学研究》刊登了该守则的译文，以供当时我国的新闻从业人员借鉴与参考；此外，沃尔特·威廉姆斯以及由托马斯·密勒、鲍威尔、埃德加·斯诺为典型代表的"密苏里帮"利用"密苏里模式"也助推了中国新闻伦理教育的发展。

而在另一边，以黄宪昭（《广州时报》主笔）、汪英宾（《申报》著名记者）、梁士纯（新闻教育家）等为代表的中国"密苏里新闻帮"日益活跃于新闻教育的舞台。他们积极地将自密苏里习得的新闻教育思想及方法传授给国人，并重视新闻职业道德教育，以期将这一范式融入我国新闻教育体系并促进其发展。然而，这一"移植"并不顺利，甚至由于欠缺深入的学理分析，在探索中的教育理念更是发生了流变。

[①] 林牧茵：《移植与流变——密苏里大学新闻教育模式在中国（1921—1952）》，复旦大学博士学位论文，2012年，第71页。

1924年，汪英宾在接受了美国新闻教育后回国。基于在西方形塑而成的新闻观念，加之对当时社会出现知识分子对新闻工作认可度及兴趣不高、报馆的人才培养模式存在局限、新闻传播业乱象丛生等问题之关切，他主张：第一，新闻从业者应树立自觉的职业认同、职业归属感以及社会责任；第二，在奉行报馆人才培养模式之余，尝试设立报学专科以扩宽培养途径，并且教材讲义由经验纯熟的报业人士编撰；第三，在新闻实践过程中，新闻从业者应时刻牢记以"客观""真实"为核心的新闻职业道德规范。但是，面对当时动荡的社会局面，汪英宾在实现其主张的过程中，不得不做出妥协与退让。

与汪英宾不同的是，黄宪昭在燕京大学新闻学系执教期间，在效仿密苏里大学新闻学院"新闻周"活动之余，结合中国新闻业界发展实际，诚聘知名报人作为讲师任教。而后，梁士纯在任期间，牵头成立燕京大学新闻学系协助委员会，促进院系与报界融合互助，并协力培养"领袖人才"，这既充分考虑了中国国情，又提升了新闻从业门槛，提升了从业人才的综合素养。

新中国成立后，受"文化大革命"等政治动荡的影响，新闻从业人员的职业伦理道德遭遇冲击。而后，在20世纪80年代，部分院校的新闻院系开始逐步系统地讲授新闻职业道德，新闻伦理教育被纳入新闻教育课程，以专章专节论及新闻伦理道德的著作也陆续出版。到了21世纪初，我国正值经济转型新时期，有偿新闻与新闻侵权等现象多发，致使学界与业界不得不加强新闻伦理道德的教育与新闻法治相结合的相关研究。然而，在这一时期，我国的新闻伦理教育课程设置出现了"学时过少、学分设置偏低、未被师生予以重视、教育与实践脱节"[①] 等问题。现如今，我国经历了由 Web 2.0 向 Web 3.0 过渡的时代，在这一背景下何以加强新闻职业道德教育仍然是学界与业界亟待探讨的前沿热点。

世界较为系统的新闻伦理教育肇端于美国，在历经一个多世纪的发展后，美国以密苏里大学为代表的较为完善的新闻伦理教育模式对全球新闻学界与业界产生了深远影响。我国的新闻教育模式受启于美国，其中新闻伦理教育在"密苏里模式"教育理念的影响以及社会发展的推动下逐步形成体系。但须指出的是，我国的新闻伦理教育尚未能全然适应世界传播模式的迭代与更新。因

---

① 都海虹：《我国新闻教育中伦理观念的培养与传承》，载《青年记者》，2015年第2期。

而，在网络传播蓬勃发展的今天，我国新闻传播学界与业界汲取美国新闻伦理教育模式之精华，以进行本土化发展、顺应时代潮流是尤为必要的。

二、我国新闻伦理教育的发展现状、困境与现实意义

（一）我国新闻伦理教育的发展现状

在 20 世纪 90 年代，新闻专业成为我国的热门专业，各大高校开始添设新闻学院或者新闻专业，使得新闻专业人才数量打破以往纪录，并不断地输送至新闻界。与此同时，经济正处在转型阶段，在新闻界，有偿新闻和新闻侵权现象等问题屡次出现。为了处理相关问题，我国着手建立健全相关法律机制，但是成效并不明显。这些问题显示需要加强新闻伦理道德的研究和教育，进而推动新闻界对新闻的研究，使新闻伦理道德的研究和新闻法制相结合并建立新闻伦理的学科体系，出版新闻伦理相关论著。

在第二届新闻传播史论课程群教学改革研讨会上，有学者指出，在学术研究层面，我国仍未建立系统化的学科体系，缺乏建设性研究。在教学方式层面，高校主要依托线上混合式的授课平台，此举易造成师生之间产生距离感、学生因上课无法集中精力而产生压力、老师疏忽对学生的管理等弊端。此外，有授课教师尝试将基础理论和实践应用相结合，着重开展具有现实意义的"案例教学"和紧跟时代发展的"实践教学"，并将新近的案例和实践技能融入课堂，促进理论知识与实践技能的有机结合与转化。在教学内容设计层面，针对社会上出现的问题，如新闻报道不实、侵权现象，有偿新闻以及新闻内容娱乐化等进行探讨并给出相对清晰的判断标准。

综上，我国新闻伦理教育还存在一些问题，如学科体系建立不完善，已开设课程受重视程度及互动参与效果不够显著，学界与业界对传媒人才新闻伦理规范、职业道德的培养欠缺，学理分析及实践教育亟待加强等。基于此，学者们围绕"新闻传播伦理与法规"课程的发展走向提出了如下可行建议：一是充实案例资源，依托全媒体传播平台，试行立足实践和案例的情景教学；二是增强学理分析，教师在从理论取向推进"元规则"研究的同时也增强学生的批判性思维的培养；三是在提高互动参与性及减少压力感之余，更应建立秩序感，以固定节奏推进课程组织；四是做好顶层设计，贯通人才培养框架，实现学界

与业界培养策略的有机融合。

（二）我国新闻伦理教育的发展困境

1. 新闻教育角度

一是对新闻伦理教育的不重视。近几年，新媒体时代的到来使得传媒产业迎来了高速发展时期，因此，也扩大了对相关专业人才的需求，调动了各大高校创办新闻专业的积极性，推动了创办进程。由于对新闻伦理教育的不重视，我国教育体制当中只有新闻专业才开设了新闻伦理与法规的课程，且对新闻伦理教育的课程设置少、学分低，使各大高校的师生对这门课程产生轻视的心理，从而忽视对新闻伦理规范和职业道德素养的培养。

二是新闻伦理教育的师资和课程教材相对缺乏，课程体系杂乱。即使部分高校创办了新闻专业，设置了相关课程，也是将它和法律问题放在同一门课程里，甚至只是将其作为选修课来开设。在一门课程的容量中很难去完成对学生新闻伦理观念的树立。同时，高校在选送教师进修新闻伦理道德方面的课程、培养骨干带头人、开展有关的课题研究、深入探究和研讨新情况和新问题、编写和及时更新与新闻伦理教育的相关教材等方面较为弱化，导致在课程内容的教学中，教师未能将最新的教材案例带入课堂，一些新知识和新观念也未能及时融入课程中。

2. 新闻报道角度

一些新闻从业者伦理失范，未起到表率作用。新闻从业者道德素质下降和缺失对新闻伦理也造成了严重的影响。例如，在新闻采访报道过程中，一些新闻从业者会由于利益的驱使，对具体的新闻报道主体等事实进行删减或更改，造成概念偷换、主体偷换以及过分夸大等问题。部分新闻从业者也会为了获取需要的信息，未经采访对象的同意，泄露个人隐私，从而造成网络暴力等问题。这些问题使得教育界和整个社会都开始讨论新闻伦理，教育工作者不得不重新思考新闻伦理教育的内容和方法。

3. 历史发展角度

我国尚缺乏在新闻伦理教育方面的经验。在 20 世纪 20 年代，传播事业走在世界前端的发达国家们已然陆续开设新闻伦理方面的课程。可见，国外经过长时间的实践，对新闻伦理进行了深入研究，在新闻伦理教育方面已经积累了相对成熟的教学经验。然而，我国高校开设新闻教育课程晚于西方，且更为注重传媒人才基础知识和应用技能的培养，缺乏对其新闻职业道德的系统、深入培育。因此，我们应该策马扬鞭，立足于自身新闻教育发展实际，探寻提升策略。

（三）我国新闻伦理教育的现实意义

1. 增强新闻从业者的新闻伦理意识

新闻伦理意识即需要参与成员发自内心地认同、遵守和践行道德规范，而不是强制的，因此，很有必要加强新闻从业者的新闻伦理意识。尤其在新媒体时代，由于媒介环境更加复杂化、多元化，新闻伦理意识表现得更加弱化。

新闻伦理意识的弱化，在媒体和传播工作者身上表现得更加明显。例如，随着新媒体在市场和产业等方面的发展，新闻及其相关产品的发展地位有明显的下降趋势，甚至为迎合市场的需要，新闻成为它们的附带品。在这种情况下，新闻媒体平台及新闻工作者对提供高质量新闻的态度有所改变，导致出现重视经济利益、弱化新闻伦理意识、违背新闻伦理规范等问题。在自媒体快速发展的状况下，每个人都可以在网络上传播信息，对于自媒体工作者来说，他们没有接触过新闻伦理教育，不清楚新闻伦理的概念，以至于他们对新闻传播意识的认识不足，甚至没有新闻伦理意识。所以，此类人群可能会在编辑和发表信息的过程中出现传播内容没有主题、传播的内容不具备真实性和准确性、传播中夹杂着情绪等问题，这会对专业媒体和新闻工作者造成极大的负面影响。

2. 增强自媒体伦理规范与职业道德

新媒体环境下，公众的话语权得到显著提升，个体均可作为公民新闻生产者参与到新闻的生产与传播的过程中，反映出新闻事业的参与人员队伍不断壮大。而技术只提供了渠道，并没有对专业素养提出太高的要求，以至于各类新闻从业人员在新闻内容的生产过程中因为缺少职业伦理道德意识而造成伦理失范现象。而且，伦理失范成

扩展资源

国家网信办"亮剑"自媒体乱象，依法严管将成为常态

（来源：《人民日报》）

本过低，新媒体特点赋予受众遗忘性，各类事件的快速更新使之前出现的伦理失范现象很快被遗忘，正如人们所说的"互联网没有记忆"，过低的代价使得伦理失范问题难以从本质上得到解决。新闻从业人员是新闻报道的主力军，只有加强其伦理规范意识与教育，才能形成良好的职业道德氛围，改善新闻报道伦理失范的现状。

3. 加强传媒工作者的自律

伦理责任与义务的产生基于伦理关系的建构以及社会角色的互认，在信息传播的时候，传媒工作者需要考虑到自身形象对传播效果所带来的负面影响。想要得到受众的认可和尊重，传媒工作者就需要遵守与媒体工作相关的职业道德以及伦理原则。排除干扰，完成对专业技术性要求极强的新闻报道，这和新闻从业者自身的新闻伦理自律性有很大的关系，因此加强新闻伦理的教育非常重要。

4. 推动主流文化的开发

开展新闻伦理教育，不仅要加强学生们的德育工作，还应该以社会主义核心价值观为方向，以我国优秀传统文化为核心，辅以数字化的手段，以自主创新的精神来提高国际新媒体的生产、传播及使用能力，并因时因势造就一批具有中国特色、时代精神和内容健康高雅的媒介文化品牌。当前我国已经意识到了国际新媒体环境下主流文化开发的重要性，同时在国际新媒体的文化博弈之中，我国主流文化的影响力正得到逐渐增强。在这一过程中，除了要继续发挥大众主流媒体的作用，还要兼顾文化的发展，了解大众的心理，针对某一人群的气质特点来吸取其他文化的精华部分，提升主流文化的亲和力。这与新闻伦理的教育息息相关。

5. 巩固公共精神的培育

新闻媒介是社会文化的重要角色和现代人认识社会的重要方式。现在，大众传媒是一种特殊的公共空间，并且愈加受到重视。一方面，国家和时代需要新闻媒介对公权力运用行使舆论监督作用；另一方面，公共舆论和调节公共精神是由新闻媒介提供的。新闻媒介聚焦热点，引发公民进入公共领域，表达意见，并对公共领域中的精神予以重塑。新闻传播凭借公共话语空间中的特殊地位，带动公众形成普遍的社会良知。这就要求新闻从业者具备职业伦理精神和深厚的专业学识，从话语创造者变为伦理中介者，进行伦理的传播和公共空间的开拓，使得当代社会传播思想力得到增强。新闻传播教育的根本是思想培养，新闻教育必须重视伦理教育，尽到在培养人才源头上所担负的把关责任，通过有效的伦理道德教育培育学生的公共理性精神，让学生具备较强的社会责任感，能够正确处理各方面的关系，也让新闻更好地为社会大众服务。

三、我国新闻伦理教育的基本内容、基本路径与基本策略

自 1918 年北京大学新闻学研究会成立，一些学者提倡新闻伦理思想，随后在 1928 年秋，谢英伯在广州创办了中国第一所新闻专科学校，致力于培养新闻专科人才以及促进新闻学的教育发展。由此可见，对于新闻伦理教育以及创办新闻专业化学校，我国一直都在不断探索和创新。关于我国的新闻伦理教育，可以从以下几个方面来分析：

（一）我国新闻伦理教育的基本内容

新闻伦理教育一直以来都是新闻从业者的必修课，近几年各大高校对有关新闻实践业务的课程较为注重，对职业道德教育和新闻伦理的关注度还需强化。根据最新修订的《中国新闻工作者职业道德准则》所提出的七条内容以及蓝鸿文教授提出的观点，可以总结出以下几点内容：

扩展资源

中国新闻工作者职业道德准则（来源：新华社）

1. 进行职业品德教育

无论是过去还是现在，为了能让大众在第一时间获取到国家动态及最新消息，新闻工作者几乎每天都要写报道，不仅如此，在全媒体时代环境的背景下，单单写文章是不够的，还需要多方面的技能培养，因此对新闻工作者进行至关重要的职业道德教育，不仅关系到新闻工作者自身的内在素养，还关系到新闻媒体乃至整个社会的风貌。做文先做人，文品如人品，有了人品才能有文品。中国新闻事业史上有许多注重人品，对自己有着高标准要求的新闻从业者，如邹韬奋和范长江等。中国记协为了纪念他们两个人还专门设立了长江韬奋奖，奖励那些无论是新闻编辑、写作报道还是人品都卓越的新闻工作者。邹韬奋和范长江是新闻工作者学习路上的榜样，不

仅要学习他们的新闻文品，更要学习他们的高尚人品和专业的职业品德。

关于对新闻工作者进行职业品德教育，《中国新闻工作者职业道德准则》提出："不断增强四力，自觉遵守国家法律法规，恪守新闻职业道德，自觉承担社会责任。"① 其中，恪守新闻职业道德是新闻工作者的首要前提基础，确立新闻工作者的良好形象，事实上也是在人民群众中给新闻媒体塑造一个优良的形象，使新闻媒体增辉生色，给社会营造一个积极向上、良好的氛围环境。

2. 进行道德理想教育

进行道德理想教育，首先要明确什么是道德理想，正如蓝鸿文教授所言，"所谓道德理想，是指人们依据并综合一定社会或阶级的道德原则和道德规范，所追求、所向往的完善社会道德关系、完美人格的高尚品德和具有高尚品德的典范人物"②。在对新闻工作者进行道德理想教育时，要尽可能地与其本人的职业追求融会贯通，将道德理想贯穿于职业追求。

道德理想像是一根"主心骨"贯穿于人生观、价值观和世界观中，对人的思想品德发挥着统一领导作用。进行道德理想教育，实际上也是对新闻从业人员的人生观教育。当前，建设社会主义新闻事业不仅需要品德崇高的人，而且需要新闻职业素养更高的人，所以就需要打造众多将职业追求和道德理想融为一体的新闻工作者。

（二）我国新闻伦理教育的基本路径

1. 与社会现实需求接轨

李蓓认为，"我国的新闻人才培养一直都是以社会需求为导向的。在很多人看来，教育就是以社会需求来塑造个人，新闻教育作为一种职业技能教育，社会需求更应该成为人才培养的唯一标准"③。

随着大数据、人工智能等在媒体行业的运用日益宽泛和层层深入，算法透明与信源保护的矛盾、虚拟现实与新闻真实的抵触等一系列新的传媒职业伦理

---

① 新华社：《新修订版〈中国新闻工作者职业道德准则〉发布》，载《中国广播》，2020年第1期。
② 蓝鸿文：《论新闻伦理道德教育的内容和方法》，载《青年记者》，2001年第5期。
③ 李蓓：《加强职业道德教育，塑造完整人格——媒体商业化形势下新闻人才培养目标的探讨》，载《新闻知识》，2007年第1期。

风险不断出现，所以我们急需与现实需求接轨，找到一种合适的方法去平衡社会现实和新闻伦理教育的关系。

路鹃曾提出："各高校在教学方式上，应该更多地引入情景式教学，让学生作为主导者，做知识的创造者和意见的表达者，要培养和增强他们的职业精神和职业道德，所以师资的培养和发挥和教师言传身教尤为重要。教师在授课的同时可以引入一些实时热点和经典案例，当今社会需要怎样的新闻人才，我们就致力于培养什么样的人，让学生在教学中了解当今世界，也从现实社会中明白自己需要提升的地方。"①

2. 搭建传媒学界和业界交流的平台

当今错综复杂的社会条件下，一些认知和辨别能力都有限的人，很容易受到社会中的不良影响，迷失正确的前进方向和道德信仰。他们在学习或者工作中，面对各种利益和诱惑，如果没有正确的价值观和道德观，没有正确的职业理想，是很容易走歪路的。

这时候，就需要学界运用相关理论知识来指导新闻从业事者。所以我们要积极搭建两者沟通的"桥梁"，让一线的理论成果和观念及时成为指导新闻实践的理论工具。路鹃提出，当今社会应加强新闻界和新闻院校的合作和交流，这样新闻专业师生的职业道德素养就可以通过优秀的新闻工作者发挥先锋模范作用来得以提升，我们要积极鼓励新闻学子走出校园，深入基层，了解平民百姓的现实生活。

如今学界重构理论模式，业界注重打造新型主流媒体。蒲平认为，现在业界面临着传播力、影响力、社会地位下降的难题，学界面临着三个方面的问题，即新闻学科研究的核心概念发生了变化、新闻改革40年新闻传播学学科的嬗变、现有研究范式需要改变。② 所以，要把传媒学界和业界所遇到的难题集中起来，相互取长补短，积极搭建一些平台，例如"互联网+"，让其共同发展。

3. 充分发挥批判性思维和积极行动精神

谭平剑认为，我国新闻人才教育培养目标日渐注重强调人的价值和人的发

---

① 路鹃：《我国目前新闻伦理教育的误区与发展路径》，载《新闻界》，2009年第3期。
② 蒲平：《转型：传媒业界、学界、教育界的共同主题》，载《新闻记者》，2019年第2期。

展需要，追求真善美及其统一，在对社会做贡献和实现自我价值两者之间的平衡下，新闻伦理教育目标重新搭建，即做到批判性思维和积极行动精神的融会贯通。① 新闻伦理的教育必须学习如何正确处理新闻传播活动中发生的伦理问题，在合法合德和不合法不合德之间做出正确理性的抉择。

选择是新闻工作者永恒的课题，新闻工作者根据什么道德标准选择新闻，这既是新闻道德实践的核心问题，也是新闻伦理学中最基本的问题。

选择也体现了新闻伦理教育内在的批判性思维，新闻工作者需要具备这种思维，在保持理智的同时也需要对现实具有一定的敏感性。新闻伦理教育不是一蹴而成的，而是养成型、培养型的课程，所以积极行动尤为重要，让新闻工作者在实践中培养能力。

（三）我国新闻伦理教育的基本策略

1. 宏观层面：更新新闻伦理教育改革的理念

在理论建设方面，如何看待人才培养"智"与"德"的关系，将直接影响到新闻伦理教育的理念确定。王超群认为，不应该在技能培养与品格养成之间做非此即彼的选择，而是应该树立应用型知识与思辨性知识教育同等重要的观念，这样新闻伦理教育才可能真正得到重视。

新闻伦理教育理念的改革也是学界一个重要的突破点，要提出一些新的教育理念和方法，使业界的新闻工作者和高校的老师学生们紧跟新理念，创造新价值。

2. 中观层面：更新智媒时代新闻伦理教育的内容体系

在知识体系建设方面，要结合当今时代特色和现实生活，应当遵循怎样的伦理规范？对此，目前尚未有确切的定论，但是一些学者也提出了他们的见解和看法，比如杨保军、杜辉提出的"透明原则、风险可控原则、知情同意原则和核查与更正原则"②，秦煦、周长城指出："应当发展区块链技术，构建隐私

---

① 谭平剑：《试论我国新闻伦理教育目标与教学内容的重构》，载《传媒观察》，2011年第1期。
② 杨保军、杜辉：《智能新闻：伦理风险・伦理主体・伦理原则》，载《西北师大学报（社会科学版）》，2018年第1期。

保护系统，同时也要完善相关法律法规和加强传媒行业的自律。"① 王超群指出："智媒时代发展的同时，需要将平台型媒体、算法工程师乃至机器人纳入伦理主体的考核范围，根据实际情况进行体系建设。"②

3. 微观层面：改革教学方法，积极开展岗前培训

习近平总书记在 2016 年 12 月提出了"课程思政"的要求，非常重视高校的思想政治教育工作。王超群提出："我们需要通过案例教学将马克思主义新闻伦理道德观贯穿始终，将理论性和实践性有机融合起来。"③ 算法工程师、程序员等也需要加强新闻伦理的专业学习和系统的培训，因此进行岗前培训十分重要。在 2015 年中国记协新闻道德委员会成立之后，各报社、电视台采用业界和学界教师资源共享的形式，采用课堂讲座、网络互动、经验分享等方式积极进行岗前培训。

除了以上加强我国新闻伦理教育的策略，还有许多未曾提及以及正在探索中的指导方法、创新途径和理念，它们是新闻学和伦理学的融合的结果，所以说，随着新闻学和伦理学的发展，新闻伦理教育也因时代潮流而更新迭代。

第二节　媒介素养教育

一、媒介素养对新闻伦理规范的意义

新媒体与媒介技术迅猛发展，传统媒体环境随之改变，新闻伦理由之前的新闻业务者向平台、技术工作者转变。新媒体平台的涌现让公众掌握了更多的话语权，新闻事件不再仅仅局限于新闻工作者的编辑报道，而是让公民所发表

---

① 秦煦、周长城：《新闻领域人工智能应用的伦理风险及治理》，载《新闻知识》，2019 年第 12 期。

② 王超群：《智能媒体时代的高校传媒职业伦理教育改革研究》，载《教育传媒研究》，2021 年第 2 期。

③ 王超群：《智能媒体时代的高校传媒职业伦理教育改革研究》，载《教育传媒研究》，2021 年第 2 期。

的信息参与到新闻报道中去。然而，这也带来了不可避免的伦理问题，如过激的言论、网络暴力、虚假新闻频出等。多数新媒体运营者凭借炒作、发布低俗信息博取眼球、吸引流量，导致新闻伦理逐渐边缘化，给媒体环境带来众多不利影响。由此可见，提升媒介素养对于规范新闻伦理具有重大意义。

（一）提升大众的新闻伦理规范意识和参与意识

新闻伦理的缺失不仅仅是媒体平台和新闻从业者的问题，大众的媒介素养也非常重要。在新型媒体特别是自媒体高度发达的今天，每位受众都是信息的发送者和传输者，都享有信息接收、发布、传播的自由权力。当前，许多舆论事件都是由网民发布的信息或言论所引起，网民必须重新审视网络言论的伦理问题。

在这种情况下，对公民进行媒介素养教育，普及媒介、新闻、舆论等常识，普及新闻伦理的常识，有助于提升公民的新闻伦理意识，从而避免参与过程中出现种种伦理失范现象。

（二）提升网民对技术生产新闻的认知

在人工智能等媒介技术下，新闻生产已突破新闻从业者的人工生产，涌现出机器生产、机器传播的模式。网民在使用人工智能的媒体平台时，如果对此不够了解，误以为人工智能新闻、算法新闻是人为选择的结果，就容易受到误导。

这种情况下就需要加强媒介素质教育。媒介素养教育可以把技术生产新闻的流程、原理等向网民普及，提升网民对技术生产新闻的认知，避免被技术误导，并在新闻浏览行为中自觉提升判别意识。在算法新闻日益受到追捧的情况下，网民对技术生产的认知尤为迫切，所以必须要加强网民的媒介素质教育。

（三）提升用户对新媒体内容的选择水平

当前，我们正处于新媒体高速发展的时代，新媒体的内容与传统媒体内容有着诸多区别。首先，新媒体的内容生产主体很多是个人、企业、利益集团等，背景较为复杂；其次，新媒体的内容生产流程缺乏严格的把关程序，具有较强的主观性甚至随意性；再次，与传统媒体的内容质量相比，新媒体内容还具有较大的差距；最后，新媒体的内容生产正在出现非人工生产的现象。新媒体内容的上述特征，导致其在内容质量、价值导向等方面出现一些新的问题，用户如果对这些情况没有了解，仅仅就像看传统媒体的内容一样，就会受到一些不良的影响。而媒介素养的引入与普及，可以帮助用户更好地把握新媒体的内容、生产、传播特征，进而提升对新媒体内容的选择水平。

（四）加强新闻从业者正确的新闻伦理及职业道德规范

近几年，虚假新闻偶有发生，涉及食品安全、名人事件、灾难事件等领域，为了获取更多受众的注意力及平台流量，部分新闻从业者偏重于通过窥探隐私性质的新闻报道来获得更多受众的关注。此外，在新媒体环境下，新闻媒体除追求新闻真实性等原则外，还应该承担弘扬优良传统文化、树立良好道德风尚的社会责任。

在新媒体环境下，新闻伦理涌现出技术伦理、参与伦理、运营伦理等新问题，更加凸显出新闻伦理教育和媒介素养教育的重要性。媒介素养教育是指引导公众正确解读和使用媒介资源，强化公民的媒介素养。随着时代的发展，各种各样的媒介存在形式无时无刻不在强调媒介素养的重要性，例如，媒介素质教育在人们使用媒介的同时规范他们的行为，以此来使人们具有良好的媒介交往观和媒介的思想道德观。它不仅有助于提高网民对技术生产新闻的认知度，也可以提高公民参与新闻生产过程中的伦理意识和对新媒体内容的选择水平。

二、媒介素养与媒介素养教育

（一）媒介素养的概念与构成要素

1. 传统媒介素养

传统媒介主要包括报纸、杂志、电视、广播等媒介。在当今社会，传统媒介仍占据着重要的作用，报纸、杂志、电视、广播依然有自己的受众群体。

报纸与杂志是离不开文字的，并且文字阅读能力是媒介素养最基本的要求，它要求人们在面对报纸杂志新闻时具有一定的解码能力；报刊上还存在无声语言，文字的情感色彩、图片的引申含义，都要求读者具有一定的解码能力，在面对广告和招聘信息时还应该具备解析真假的能力。

广播主要通过声音符号传播信息，人们必须要懂得认知和使用广播语言的技巧和能力。电视的传播是通过声音、图像的结合输出声讯画面，看电视在目前来说仍然是人们娱乐消遣的主要轻松方式，电视里播放的电视剧、电影、新闻、广告、娱乐节目等具有一定的迷惑性，要求人们在观看电视时懂得背后的含义。

2. 新媒介素养

近年来，传播技术的蓬勃发展带来媒介领域的一系列变革，传播形式不断更新冲击和重构了传统的传受方式。新的媒介环境对其传播者和受众提出了更高的要求，也为媒介工作者带来了一系列研究课题。网络与手机为人们带来便捷、高效的服务，网络媒介突破传统的单向模式，传者和受者实现沟通，

> 扩展资源
> 白岩松谈媒介素养与讲好中国故事
> （来源：中新网）

人们在接触网络的同时，要具备一定的媒介素养去甄别网上的信息，选择性地进行阅读，在分清虚拟和现实的情况下去与人沟通或者使用网络工具，不要沉浸在虚拟的世界里浪费生命。

新媒介素养还体现在新媒介格局中，新媒体形态改变了传统的传播模式和传受关系，使得传者和受者的界限逐渐变得模糊，身份也出现了渗透和转化。新媒介素养改变传统的传播模式和拓展受众媒介素养的教育方向，并且新媒介素养也是传媒从业者职业精神和专业精神的体现。

3. 构成要素

媒介素养要求个体在获取信息之余，学会分析、评价以及传播信息。获取能力主要要求受众能够依托特定渠道去搜索、获得，并将其相关信息予以有机组织，而后储存于既有的存储平台甚至是自身的知识集束之中。分析能力要求个体能够基本辨别信息的客观真实性，厘清信息的基本逻辑链条、类型以及传者意图；此外，还应做到对信息所属的宏观背景有一个基本认识。与之相递进的，即为评价能力。这一层面要求个体对信息基于客观性的判断，进而调动主观能动性对信息从价值观念、文化与意识等观念进行观照。传播能力指受众掌握传递信息的基本手段，并能不断提升自身的传播技巧，树立双向的互动

意识。

（二）媒介素养教育的内容

学者卜卫早年曾通过比较西方及我国台湾地区的媒介素养教育，梳理出了媒介素养教育的基本内容应包含"媒介特质、媒介信息特质、媒介生态与组织、受众对自己接触行为的管理分析"[①] 几个方面。而今，我们也以这四个角度出发对媒介教育的基本内容予以探讨。

1. 媒介特质

媒介特质即媒介的基本特点。麦克卢汉曾指出"媒介即信息"，因此，在媒介融合的时代背景下，个体应认识到传统媒体与新媒体各自的优劣，以期为厘清媒介融合问题之根本，构建新旧媒体有机互融的信息传播社会奠定基础。个体应明晰新媒体具备交互性强、时效快、成本低、范围更广泛等传播优势，但也不应忽视传统媒体犹存的较高权威性、舆论引导能力强、信息生产专业能力过硬等优势。

2. 媒介信息特质

而今，随着数字化技术的不断发展，虚拟信息大量涌入受众视野，使得媒介现实与社会现实难以区分。此外，"信息爆炸"现象将更为凸显，信息的传播形式将不再拘泥于单一的文本、图像、音频和"超文本"链接，而是趋向多种形式交互、相融甚至是以"超媒体"的形式链接并传递给受众。与此相伴的，除却说服性、娱乐性甚至充斥着色情及暴力元素的信息，更有诸如流言、谣言等，皆对大众舆论带来深刻影响。

3. 媒介生态与组织

媒介生态与组织实为考察媒介在运作过程中所受的微观、宏观因素。就其微观角度而言，包括传媒组织信息生产的基本过程，组织对其媒介事业的管理机制，等等；就其宏观角度而言，包括影响媒介传播的政治、经济因素，以及文化、意识形态上的霸权主义，等等。了解这些内容，有利于个体明晰媒介组

---

① 卜卫：《论媒介教育的意义、内容和方法》，载《现代传播－北京广播学院学报》，1997年第1期。

织信息传播框架的要义，以树立文化自信并助力个体人文素养的全方位发展。

4. 受众对自己接触行为的管理分析

媒介素养教育是需要终身培养的，故而，结合我国教育实际，将对受众的教育划分为儿童、初中、高中、成人四个阶段。

（1）儿童阶段：了解传统媒介与数字媒介的基本类型、联系及区别，能够基本辨明事物的真实与虚构，可以分析自己的观看行为并做出简要评价。

（2）初中阶段：辨析媒介呈现的虚拟环境与现实环境的区别及联系，了解传统媒体与新媒体的基本运用手法，知晓大众传媒的说服意图，能对新闻信息进行简要的文本分析；对自己的内容偏好进行初步了解及分析且具有一定的批判和自主意识。

（3）高中阶段：能够对自己的媒介接触行为进行评估和管理，能够调动批判性思维对内容提出质疑，对大众传媒的说服意图进行辨别，尝试对媒介接触频率等要素与现实生活中其他因素的相关关系予以思考。

（4）成人阶段：要充分了解大众传媒的结构、内容及社会反馈；能够明确传统媒介、网络媒介传播内容的可信度，能够厘清传播过程中展现的社会行为、角色定型等价值观念，能够自主明辨信源与社会控制关系，等等。

三、媒介素养教育范式的更迭

西方以近代工业革命为起点，凭借其发达的经济和社会水平，为媒介技术的发展奠定了雄厚基础。正如我国学者刘津池指出，"媒介资源的可利用与可更新程度是媒介素养教育发展的客观前提"[1]。在近现代媒介发展史上，世界已然经历了由印刷媒介到网络传播媒介的变革。20世纪初，英国以自身相对成熟的社会经济基础成为世界媒介素养教育范式的摇篮，而后，媒介素养教育共经历了保护范式、批判范式、解密范式、参与范式的更迭。如今，在媒介社会化发展视域下，学界与业界仍在探讨新媒介素养教育范式，以顺应智能传播时代的发展趋势。

---

[1] 刘津池：《当代媒介素养教育研究》，东北师范大学博士学位论文，2012年，第79页。

（一）保护主义理念下的媒介素养教育

1. 印刷媒介时代的保护范式

印刷技术的日趋成熟以及西方城市规模的扩大迅速推动了大众报刊市场的兴起，为刺激报纸销量的增长，报业携手广告业发布"媚俗"内容，引导社会舆论，操控着社会价值观。

基于这一社会环境，英国文学批评家利维斯和他的学生丹尼斯·桑普森出版了文化批评著作《文化和环境：培养批判的意识》（1933），对新闻传播业存在的种种社会问题予以强烈批判，同时提出了将媒介素养教育视为必修的一部分，引入学校教育体系进行系统教学的倡议。在此之后，这一从精英视角出发，以"文化保护"为核心思想的观点引发广泛关注。这一时期的媒介素养教育旨在倡导青少年群体抵制大众报刊引导的通俗文化，教育者们试图借由本国的传统文化增强学生对流行文化的"免疫"。

2. 电影时代的批判范式

20世纪50年代至60年代，以威廉姆斯为代表的新左派利维斯主义者在利维斯主义的基础上，批判地继承了"文化与文明"传统，并参与精英与大众论争，建构出了文化研究范式。他们的主要观点，即认为文化的表达应是多元的，它并非仅保持着精英权贵特享的高贵形式，而同样有大众化及生活化的形态。与此同时，以马斯特曼为代表的研究者们对电影及其相关的流行艺术极其关注，这一时期也被称为"电影研究的时代"。

而后，霍尔等人在《大众艺术》中针对如何进行电影素养教育提出了相应的建议与对策，这时的教育理念转变为基于学生的日常文化体验进行教学，要求学生需具备评判能力，能够辨析文化作品的优劣，并且能够明确大众通俗文化的存在及其合理性。因此，这一时期的媒介素养教育机制可以理解为是对保护范式的一种发展与修正。

3. 电视媒介时代的解密范式

20世纪70年代电视的发展日益兴盛，同时，符号学、结构主义、马克思意识形态理论等广泛流行。在这一背景下，"电影与电视协会"在其出版的《屏幕》《屏幕教育》杂志中，将上述理论应用于分析媒介及其传播内容并探寻媒介素养教育的可行策略。由此，该组织所倡导的"屏幕理论"成为这一时期探讨媒介素养教育的主流观点。

该媒介素养教育的核心内容是在屏幕教育中关注媒介语言、媒介意识形态的再现问题。这一时期代表人物莱恩·马斯特曼深受符号学家罗兰·巴特著作《神话学》的影响，在教学实践中主张以符号学理论为依托对媒介进行文本分析；此外，他要求学生借由这一方式相对客观地剖析隐藏于文本背后的意识形态，厘清媒介的运作机制、组织形式，并结合政治、经济等背景因素理解媒介的"再现"特征。这一点，体现了这一阶段教育理念相较于上一阶段的突破——它不再拘泥于研究媒介文本内容本身，而是在关注媒介文本内容之余，更深度地挖掘媒介文本的组织与建构机制对其内容表现的重要作用。随后，"屏幕理论"推动了世界首轮媒介素养教育实践的发展，更为西方发达国家媒介教育体系的日趋成熟奠定了基础。

综上，这一历史阶段体现出了一种保护主义倾向。这类倾向产生的动机，可大致分为三类：基于对文化价值的保护考虑、基于道德维护和防范的立场、基于政治形态出发。须指出的是，在理解上述三种动机时，我们还应结合当时的社会环境及文化背景——英国正面临美国文化霸权侵扰、美国大众传播中存在性和暴力，以及70年代"身份政治"形态出现等来综合考察。此外，这一范式是以青少年群体为教育对象，培养他们辨别媒介所传递的文化内容的优劣。虽然这旨在维护这一历史时期社会文化的发展，但是，学生在学习过程中属于被动角色，且居于主导地位的教师与家长过度注重价值批判，因而会导致学生的评判意识只局限于对和错，对媒介本身欠缺真实、深刻的理解。

（二）超越保护主义理念下的媒介素养教育

1. 理念转变：从保护主义到超越保护主义

自20世纪90年代以来，社会政治格局以及大众传播媒介的再发展，社会对媒介的认识更为深刻，大众传播受众的地位也重新得到确立。在媒介教育实践的过程中，学生既有的媒介经验被发觉，并且原有的基于真理灌输的教学方式并未取得可观的效果。因此，将媒介教育视作文化保护手段的理念逐渐被倡导多元文化及多元主体的观念取代，媒介素养教育突破保护主义的桎梏势在必行。

著名的媒介教育专家大卫·帕金翰提出了"超越保护主义"的主张。他强调，媒介素养教育应以学生的自我发展为目标，着眼于学生在社会中的生存状态，注重其体验与参与，并从中辅以知识与道德的培养，而非一味注重功利的"文化保护"与"政治防御"等问题。这一理念促进了网络传播时代参与范式的更迭。

2. 互联网时代的参与范式

互联网的出现与发展对于媒介形态的演进具有里程碑式的意义，它凭借数字化、多媒体性、交互性等特征改变了人类的传播生态，既对精英阶层及主流媒体的话语权垄断带来了冲击，也极大地助力了参与式媒介的发展及参与式文化的形成。所谓参与式文化，指"依托网络虚拟社区，以青少年为主要参与对象，通过构建某种身份认同而鼓励其更为主动地制作媒介文本与内容、增强其网络交往能力，以实现媒介文化的自由平等及多元"[1]。在互联网传播引发的参与式文化视域下，亨利·詹金斯认为，新媒介素养应被视为一项社会技能和一种互动方式，个体在数字化时代应尽可能实现创造性思维、选择与批判能力、参与协作能力及自我表达能力等四方面的提升。由此可以看出，这一阶段媒介教育的核心问题是培养个人在新媒体使用过程中学习知识，以多元开放的视野与媒介、社会形成三者互动。

当前，美国处于新媒介素养教育实践的领军地位，他们充分动员自身的科研机构、中小学、其他社会力量，以学生为中心，对其实施灵活、随意的群体专题式教学，以期培养他们的社区（现实社区与虚拟社区）交往能力。我国学者曹洵指出，未来美国对于青少年的新媒介素养教育将不再局限于课堂，而是向家庭甚至是社会延伸，并将更为切实有效地整合教育资源。

3. 智能时代参与范式的重构

5G时代的到来为人类信息传播格局带来了重大变革，作为人与万物的连接基础，它在实现新媒体传播主体、内容、渠道、场景甚至是传播关系的极大解放之余，也将实现传播观念的转变。

学者姚姿如和喻国明指出，在5G时代，个人成为社会运作的基本单位，

---

[1] 李德刚、何玉：《新媒介素养：参与式文化背景下媒介素养教育的转向》，载《中国广播电视学刊》，2007年第12期。

这既推动了微粒化社会的到来，也将实现社会信息的分布式传播；大数据以及基于数据的智能化算法将为传播内容赋能，传播渠道也将呈现由实转虚的特征；由于媒介连接物理因素、心理因素、生理因素、社会因素，非理性传播或将占据主导。基于此，为顺应智能传播的发展，媒介素养教育的范式将予以重构，即顺应以"破圈融合"为主导的新媒介素养趋势，树立"以人为本"为核心的新媒介素养目标，打造"关系联结"为主体的新媒介素养内容，实施"参与体验"为感知的新媒介素养教学法。

一个多世纪以来，西方发达国家的媒介素养教育日趋成熟，其教育范式的影响力处于世界前列。然而，须指出的是，在传播格局不断变革的时代，媒介技术及其形态的频快更迭会导致媒介教育范式的改变。因此，我们在探讨西方媒介素养教育的范式更迭之余，更应对这一发展进程中媒介逻辑的演变及其对社会传播形态的改变予以综合考察。此外，由于中西方国家意识形态的根本区别，在借鉴他国教育策略的同时，我们应结合自身语境实际，厘清思路，顺应智能化、媒介社会化的发展趋势。

四、我国的媒介素养教育

（一）媒介教育思想的萌芽

我国的媒介素养教育体系虽晚于西方发达国家，但早在 20 世纪 20 年代，以邵飘萍为代表的新闻工作者便对媒介素养予以关注，认为新闻知识应被纳为国民应掌握的通识性知识之一。在 1931 年，复旦大学新闻系教授黄天鹏亦曾指出应培养学生新闻写作的兴趣及能力，增强其观察力，并树立"新闻纸"作为"公众的公共机关"这一正确认识。可见，在 20 世纪 30 年代，中国新闻学界及教育界便提倡在课程体系中增加培养学生媒介认知能力的新闻学课程，这与西方同一时期的媒介素养教育相契合，但未得到系统推广。

（二）港台地区的媒介素养教育

值得一提的是，我国台湾地区的媒介素养教育虽然萌发于 20 世纪 90 年代，但在学理建设、本土经验推广、民间力量动员乃至对国际媒介素养教育的促进方面都具有相当的影响力，其关键在于凭借大学与传播相关的科系及非营利组织发起全民总动员。其中以富邦文教基金会组织编写的《媒体素养教育政策白皮书》(2002 年) 为代表成果, 这部被称为亚洲的第一本媒介素养教育报告着眼于媒介素养教育的重要性、发展远景及实施政策等三个角度, 系统阐述了将媒介教育贯穿高中、大学和成人教育各阶段以及"健康媒体社区" (Healthy Media Community) 建设等策略的重要性。并指出, 对个体的媒介教育内容应囊括个体对媒介信息内容的理解、培养思辨再现能力、分析受众及媒介组织、影响和近用媒介等多个方面。而后, 它更成为《国民中小学九年一贯课程纲要》及台湾地区其他教育政策制定的指导纲领。

此外, 我国香港地区的媒介素养教育自 1997 年以来获得显著发展, 该地区的媒介素养教育实践依托政府、媒介、民间组织这一"三重架构", 以多元的教育形式, 并融入诸如宗教、社会福利等不同领域的文化背景、社会背景元素, 对学生由课堂到课外进行全方位培养。

(三) 内地(大陆)媒介教育发展概况

在大众传播发布的内容日趋娱乐化、商业化, 我国港台地区的媒介素养教育经验逐渐对内地(大陆)产生影响, 以及在公众话语权的不断提升等多重背景下, 内地(大陆)学界开始更为积极地关注、探索媒介素养教育的提升策略。整体而言, 内地(大陆)对媒介素养教育的研究大致经历了启蒙(1997—1999)、准备(2000—2003)、起步(2004—2005)、批判(2006 至今)四个阶段。纵观我国对媒介素养教育发展的探索历程, 学界与业界主要反映出如下问题:

1. 社会重视程度低

相较于港台地区, 内地(大陆)在媒介素养教育过程中的关键引导作用亟待加强; 此外, 在发挥非营利组织、各社会团体的公益力量以及增强学术推广专业团队的力量上仍旧存在不足。

2. 倾向于理论而缺少实践

由于起步晚, 内地(大陆)学者主要关注且局限于对国外理论的追溯和引用。此外, 学界与业界仍未取得共识, 在协力探索初等—中等—高等乃至成人的媒介素养教育体系方面还缺少实践。

3. 研究及教育视野存在局限

尽管媒介素养研究已逐步打破学科壁垒, 出现了跨学科的趋势, 但绝大部分学术成果仍然局限于新闻传播学、教育学视野。然而媒介素养研究已然扩宽视野，由单学科向跨学科发展，其中最常见的学科包括新闻学、传播学、教育学、心理学、社会学、媒介文化（媒介哲学）等。此外，还需注重将媒介教育与自身政治、经济、文化甚至生态环境等宏观主题相融合。

4. 缺乏系统的学理分析以及对转型期本土化的深入研究

虽然自1990年国内学者开始自觉地关注并探讨媒介素养教育，但是这一阶段正值媒介变革的转型期，我国媒介教育发展呈现出任务紧迫且发展颇快的特点，这也导致了我们在启蒙及准备阶段未充分厘清西方媒介教育理念的概念内涵，认识存在误区。

综上，在高速发展的信息时代，从媒介技术及教育发展的长远视角来看，媒介素养教育应当作为一项持续性的公民教育工程，因为批判意识的提高是推动我国社会智能化生态发展的重要动力，需要形成适应于我国语境的教育策略。因此，在信息发展全球化的视野下，对于我国媒介素养教育范式本土化的探讨及实践显得尤为重要。

五、媒介素养的提升

彭兰在《新媒体用户研究》中指出，"无论是从个体还是群体的角度看，用户获得的主动性都是一种新的权力，而要行使好这样一种权力，用户的媒介素养也就变得更为重要，而这不仅仅是信息消费的素养，同时也包含信息生产的素养"[1]。黄晓勇提出："当前人工智能在传媒行业呈现出燎原之势，新闻雷达、智能写作、高度仿真的'深度伪装'影像等频频出现，广大网民对于智能媒介素养的教育和提升尤为重要。"[2] 所以，无论是在传统媒体环境还是新媒体环境下，媒介素养的提升都是重中之重。在此提出以下提升措施：

---

[1] 彭兰：《新媒体用户研究：节点化、媒介化、赛博格化的人》，北京：中国人民大学出版社，2020年，第191页。

[2] 黄晓勇：《充分重视智能媒介素养的提升》，载《光明日报理论版》，2021年11月29日第11版。

(一) 传统媒体环境下提升媒介素养的措施

1. 媒介宣传层面

传统媒体环境下的媒介包括报纸、杂志、广播和电视,新闻与宣传的关系密切,二者相互渗透并有交叉的地方。陈力丹在《新闻理论硕士课程大纲》中指出,"宣传可以通过报道新闻来达到目的"[①],由此可见,报纸可以通过报道一些正向积极的新闻来引导提升人们的媒介素养,引导大众感受在中国特色社会主义下的"四个自信",增强这种自信,突显大国氛围。特别是面对社会重大事件时,主流媒体应该利用其报纸期刊、广播电视,引导大众树立正确的价值导向。除此之外,童兵在《理论新闻传播学导论》中提道:"电视媒介为观众提供视听结合的氛围感,使人们更容易吸收和理解,电视大部分由家庭和小群体接收,因此能产生强烈的现场感、参与感和信赖心理。"[②] 由此,可以通过对宣传片、影视剧等文化产品的推进与扶持,倡导遵守道德规范的社会风气。比如,电视剧《大江大河》受到2018年度电视剧引导扶持项目,该剧以经济改革为主线,讲述了改革开放初期一些先进个人在社会变革的潮流中不断探索和突围的沉浮故事,力求通过对大时代中一个个普通人命运的描绘,反映汹涌澎湃的变革历程。除此之外,像《人民的财产》《最美的青春》等一系列优秀电视剧也受到国家的重视,借此来宣传和反映我国的社会变革及发展历程。

2. 社会教育层面

针对网络焦点事件,要坚持正面引导,发挥政治导向功能,坚持"引导不误导、鼓舞不鼓动、通俗不庸俗"的方针,切实履行媒体义务,推进媒介素养教育体系设计和落地。针对老人、学生、偏远地区的民众等特殊对象分别进行媒介素养教育体系设计。日本在21世纪力图构建一个"社会行动者网络",这个"网络"由日本各级政府组织、非政府组织、学界、业界等各个主体共同构筑,以媒介素养教育与实践为目的。其中,非政府组织起主体作用,政府组织起推动作用,二者一起推动媒介素养教育的实施与发展。我国也可借鉴这种做

---

① 帅周余:《浅论媒介宣传工作的指导原则》,载《东南传播》,2007年第6期。
② 童兵:《理论新闻传播学导论》,北京:中国人民大学出版社,2011年,第97页。

法，利用整个社会的力量使大众的媒介素养得以提升。整个课程体系应该遵循由易到难、逐层深入的原则，帮助学生搭建完整全面的媒介素养框架。

3. 学校教育层面

学校可以创新教育形式，知识和体验双管齐下。在学校现有的教育基础上，不断优化改革课程设计，因材施教。借鉴国外的经验，一家非营利的全球发展和教育组织 IREX 开展了一个叫作"学会辨别"（Learn to Discern，L2D）的项目。该培训专注于教导民众识别虚假信息和学会如何选择和处理新闻，通过"培训培训师"（Train the Trainers）的模式培训了超过 15000 名各年龄段和专业背景的民众。在培训完成 18 个月后，调查发现参加过 L2D 培训的实验组具备更好的不实信息分析能力，且对新闻媒介环境具有更好地认识。这些影响在参与者完成该计划后甚至还持续了一年半，这表明 L2D 是一种特别有效的方法。廖秉宜和李嫣然提出，"学校可以侧重艺术课的框架性表达，文学叙事方面增加新闻媒体生产的体验，虚实结合，让学生对新闻媒体生产和传播有更广泛和深切的理解和感受，让他们以批判反思的方式参与新闻媒体的生产制作"[①]。苗新蕾表示，"高校应注重思政课的开发，规范学生的网络行为，可以通过线上网络课程和线下面对面授课相辅相成的教育方式，形成系统的媒介素养载体平台"[②]。

（二）新媒体发展环境下提升媒介素养的措施

2022 年 2 月，中国互联网络信息中心（CNNIC）发布了最新的互联网网络发展统计报告（见图 7-1），由图可以看出，无论是网民规模还是互联网普及率均呈现出逐年上涨的趋势，尤其是从 2020 年 3 月到 2020 年 12 月期间，网民增加了近 8500 万人，互联网普及率上涨了近 6 个百分点。截至 2021 年 12 月，我国网民规模达 10.32 亿，其中 20~29 岁、30~39 岁、40~49 岁网民分别占比为 17.3%、19.9% 和 18.4%（见图 7-2），高于其他年龄段群体。如今互联网的普及在为我们带来便利的同时也出现各种不良网络信息，所以需要

---

① 廖秉宜、李嫣然：《全媒体时代新闻受众媒介素养构成及提升策略》，载《中国编辑》，2019 年第 8 期。

② 苗新蕾：《大学生网络媒介素养现状与提升路径》，载《大众标准化》，2021 年第 22 期。

进一步提升新媒体环境下的媒介素养。

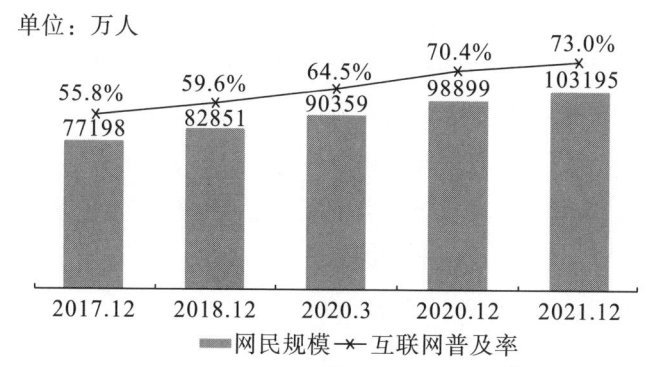

图 7－1　网民规模和互联网普及率①

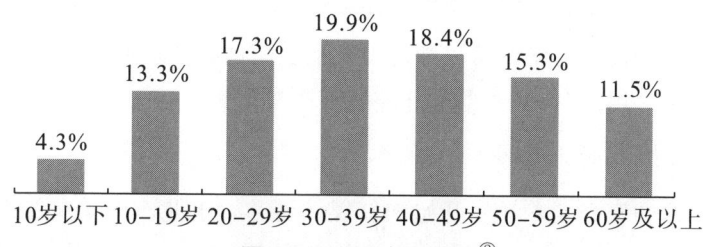

图 7－2　网民年龄结构②

1. 拓宽媒介素养教育的媒体形态

新媒体环境下信息的来源构成尤其复杂，媒介来源日益增多，信息发布的门槛越来越低且来源广泛，各种信息鱼目混珠，人们对信息的全面理性认知将更为困难。随着抖音、微博等新媒体的逐渐发展，人们不仅仅在现实生活中发声，也开始在网络空间中展现自我，因此，对大众的媒介素养教育理应被重视起来。新媒体运营平台也要加强行业自律，做好网络内容建设，发布权威、健康、正能量的信息，杜绝低俗、媚俗的不健康信息，坚决切断有害信息传播链，净化网络新媒体空间，改变泛娱乐化的倾向。

2. 拓展媒介素养教育的对象范围

宋付力提出：媒介素养教育的对象主要有两类人，一是新闻院校的学生，

---

① 中国互联网络信息中心（CNNIC）：《第 49 次中国互联网络发展现状统计报告》，2022 年，第 17、23 页。
② 中国互联网络信息中心（CNNIC）：《第 49 次中国互联网络发展现状统计报告》，2022 年，第 17、23 页。

二是社会公众。从图7-2可看出，50岁及以上网民群体由2020年12月的26.3%提升至26.8%，体现出中老年群体逐渐向互联网进军，说明我们也应该对中老年一代找寻最适合的媒介素养教育方法。但是各个地区所接收的媒介素养教育程度不一样，最显著的就是城市与农村之间的差距，在城市，一些社区可能会定期开展媒介教育的知识讲座。而乡村由于教育资源的落后，这方面知识会有所欠缺，此外，新媒体环境下媒介素养的教育对象还要把平台服务商及平台运营者、互联网技术从业者纳入进来。

3. 更新媒介素养教育的内容范畴

在传统媒体环境下，新闻从业者进行采写，让一则则新闻进入大众的视野，大众也是由此接收新闻，辨别新闻和传播新闻。而在新媒体环境下，受众在新闻生产和传播渠道中的角色和地位发生了变化，受众不再是单方面接收新闻，而是成为"用户"，开始参与新闻的生产与传播。

4. 提升媒介素养教育对象的参与意识

对于受众的媒介素养教育开始向新媒体转移，由此，当受众传播新闻时，应具有生产者、参与者和传播者的意识，提高辨析信息内容的能力，并通过理性对话监督媒体。有了这种素养之后，受众在传播新闻时就会更具有社会责任感和理性感知。新媒体用户的媒介参与行为是其媒介素养提升的关键，正是在这样的具体行为之中，用户的素养提升从意识走向实践操作，形成"意愿—行动—提升"的良性循环。

新媒体环境下，知识开始变得碎片化，并顺应大众喜爱的模式，这虽然表面上能缓解大众对于知识渴望的焦虑，但实质上并不能让用户搭建属于自己的知识体系。受众应当提高自身的媒介素养，在海量纷杂的新闻中找到那份"真实"。

媒介素养和媒介本身的发展和变化是呈正相关的，在如今媒介发展如此迅速的情况下，公民的媒介素养已经难以匹配媒介的变化了，所以如何在传统媒介和新媒体媒介之中找寻出一条最适合的道路，我们仍在探索中。

【思考题】

1. 请简述新闻伦理教育的发展历程。
2. 我国新闻伦理教育的基本内容、基本路径、基本策略分别是什么?
3. 请简述"新媒体素养"的概念。
4. 请简述在新媒体发展环境下,如何提升媒介素养?

参考文献

一、专著

Denise White Peterfreund. 伦理学经典选读［M］. 北京：北京大学出版社，2002.

安启念. 马克思恩格斯伦理思想研究［M］. 武汉：武汉大学出版社，2010.

鲍海波，王敏芝. 新闻学基础理论［M］. 西安：陕西师范大学出版总社，2015.

本书编写组. 伦理学［M］. 北京：高等教育出版社，2021：37.

边沁. 道德与立法原则导论［M］. 时殷弘，译. 北京：商务印书馆，2000.

陈力丹. 马克思主义新闻观思想体系［M］. 北京：中国人民大学出版社，2006.

蒂洛，克拉斯曼. 伦理学与生活［M］. 程立显，刘建，等译. 北京：世界图书出版公司，2008.

董岩，新闻责任论［M］. 北京：人民日报出版社，2010.

菲利普·帕特森，李·威尔金斯. 媒介伦理学：问题与案例［M］. 李青藜，译. 北京：中国人民大学出版社，2006.

高钢. 新闻写作精要［M］. 北京：首都经济贸易大学出版社，2005.

卡伦·桑德斯. 道德与新闻［M］. 洪伟，等译. 上海：复旦大学出版社，2007.

康德. 道德形而上学原理［M］. 苗力田，译. 上海：上海人民出版社，1986.

克利福德·G. 克里斯蒂安. 媒体伦理学：案例与道德论据［M］. 张晓辉，等译. 北京：华夏出版社，2000.

刘建明. 马克思主义新闻观经典读本［M］. 北京：清华大学出版社，2009.

刘建明. 马克思主义新闻观理论基础［M］. 北京：清华大学出版社，2010.

罗尔斯. 正义论［M］. 何怀宏，何包钢，廖申白，译. 北京：中国社会科学出版社，2006.

罗国杰，马博宣，余进. 伦理学教程［M］. 北京：中国人民大学出版社，1985.

麦金太尔. 追寻美德：伦理理论研究［M］. 宋继杰，译. 南京：译林出版社，2003.

牛静. 新闻传播伦理与法规：理论及案例评析［M］. 上海：复旦大学出版社，2016.

彭兰. 新媒体用户研究：节点化、媒介化、赛博格化的人［M］. 北京：中国人民大学出版社，2020.

童兵. 理论新闻传播学导论［M］. 北京：中国人民大学出版社，2011.

魏英敏. 新伦理学教程［M］. 北京：北京大学出版社，2003.

新华社新闻研究所. 新闻工作文献选编［M］. 北京：新华出版社，1990.

新闻自由委员会. 一个自由而负责的新闻界［M］. 展江，等译. 北京：中国人民大学出版社，2004.

休谟. 人性论：下册［M］. 关文运，译. 北京：商务印书馆，1980.

亚里士多德. 尼各马可伦理学［M］. 廖申白，译. 北京：商务印书馆，2003.

杨保军. 新闻真实论［M］. 北京：中国人民大学出版社，2006.

杨国章. 人文传统［M］. 北京：北京语言学院出版社，1993.

展江，彭桂兵. 媒体道德与伦理案例教学［M］. 北京：中国传媒大学出版社，2014.

张之华. 中国新闻事业史文选（公元724年—1995年）［M］. 北京：中国人民大学出版社，1999.

章海山. 当代道德的转型和建构［M］. 广州：中山大学出版社，1999.

郑根成. 媒介载道——传媒伦理研究［M］. 北京：中央编译出版社，2009.

中共中央文献研究室，新华通讯社. 毛泽东新闻工作文选［M］. 北京：新华出版社，1983.

周辅成. 西方伦理学名著选集（上卷）［M］. 北京：商务印书馆，1964.

周鸿书．新闻伦理学论纲［M］．北京：新华出版社，1995．

二、论文

卜卫．论媒介教育的意义、内容和方法［J］．现代传播－北京广播学院学报，1997（1）．

曹培鑫，宋启明．选择的困境：当代新闻报道实践的价值论反思［J］．新闻界，2003（9）．

都海虹．我国新闻教育中伦理观念的培养与传承［J］．青年记者，2015（2）．

蓝鸿文．论新闻伦理道德教育的内容和方法［J］．青年记者，2001（5）．

李蓓．加强职业道德教育，塑造完整人格——媒体商业化形势下新闻人才培养目标的探讨［J］．新闻知识，2007（1）．

李德刚，何玉．新媒介素养：参与式文化背景下媒介素养教育的转向［J］．中国广播电视学刊，2007（12）．

李建新．密苏里新闻伦理教育的内涵及借鉴［J］．新闻大学，2012（5）．

李薇．论新闻报道中的人文关怀［J］．新闻知识，2014（8）．

廖秉宜，李嫣然．全媒体时代新闻受众媒介素养构成及提升策略［J］．中国编辑，2019（8）．

路鹃．我国目前新闻伦理教育的误区与发展路径［J］．新闻界，2009（3）．

骆正林．社交媒体时代虚假新闻的社会危害与治理路径［J］．未来传播，2022（1）．

慕明春．"媒介审判"的机理与对策［J］．现代传播，2005（1）．

潘亚楠．新闻游戏：概念、动因与特征［J］．新闻记者，2016（9）．

蒲平．转型：传媒业界、学界、教育界的共同主题［J］．新闻记者，2019（2）．

秦煜，周长城．新闻领域人工智能应用的伦理风险及治理［J］．新闻知识，2019（12）．

曲红梅．"道德的意识形态"论题与马克思主义伦理学［J］．中国社会科学评价，2021（4）．

帅周余．浅论媒介宣传工作的指导原则［J］．东南传播，2007（6）．

谭平剑．试论我国新闻伦理教育目标与教学内容的重构［J］．传媒观察，2011（1）．

王超群. 智能媒体时代的高校传媒职业伦理教育改革研究［J］. 教育传媒研究，2021（2）.

王大丽. 美国新闻传播教育研究现状——基于《新闻与大众传播教育者》2003—2012年论文的分析［J］. 国际新闻界，2013（2）.

王怡溪，许向东. 数据新闻的人文关怀与数据透明——对新冠肺炎疫情报道中数据可视化报道的实践与思考［J］. 编辑之友，2020（12）.

新华社. 新修订版《中国新闻工作者职业道德准则》发布［J］. 中国广播，2020（1）.

杨保军，杜辉. 智能新闻：伦理风险·伦理主体·伦理原则［J］. 西北师大学报（社会科学版），2018（1）.

姚姿如，喻国明. 试论媒介化时代媒介素养教育新范式及逻辑框架［J］. 中国出版，2021（3）.

张会永. 回到道德现象本身——康德道德形而上学的论证方法初探［J］. 道德哲学研究，2005（3）.

张曦. 马克思主义经典作家的新闻伦理思想探析［J］. 伦理学研究，2016（6）.

郑满宁. 人工智能技术下的新闻业：嬗变、转向与应对——基于ChatGPT带来的新思考［J］. 中国编辑，2023（4）.

周璐. 浅议新媒体环境中的虚假新闻现象［J］. 中国广播，2017（12）.

周秦颐. 新闻伦理学研究对象和研究范围辨析［J］. 华中理工大学学报（社会科学版），1996（11）.